SUPERSTAR
Japanese
スーパー
スター
日本語
最小の文法で
最大の会話能力を！
日本語の
基本文法
実用会話
旅行会話
Learn to understand and speak languages quickly and easily!

슈퍼스타 일본어 첫걸음

저자_ 윤상현

1판 1쇄 인쇄_ 2014. 12. 05.
1판 1쇄 발행_ 2014. 12. 15.

발행처_ 북커스베르겐
발행인_ 신은영

등록번호_ 제313-2009-217호
등록일자_ 2009. 10. 6.

주소_ 경기도 고양시 일산동구 무궁화로 11 한라밀라트 B동 215호
전화_ 02) 722-6826   팩스_ 031) 911-6486

값은 표지에 있습니다.
ISBN 978-89-97343-12-6 14700
      978-89-97343-10-2(세트)

「이 도서의 국립중앙도서관 출판시도서목록(CIP)은 서지정보유통지원시스템 홈페이지
(http://seoji.nl.go.kr)와 국가자료공동목록시스템(http://www.nl.go.kr/kolisnet)에서
이용하실 수 있습니다. (CIP제어번호: CIP2014034024)」

이메일_ bookersbg@naver.com

북커스베르겐은 **옥당**의 외국어 출판브랜드입니다.

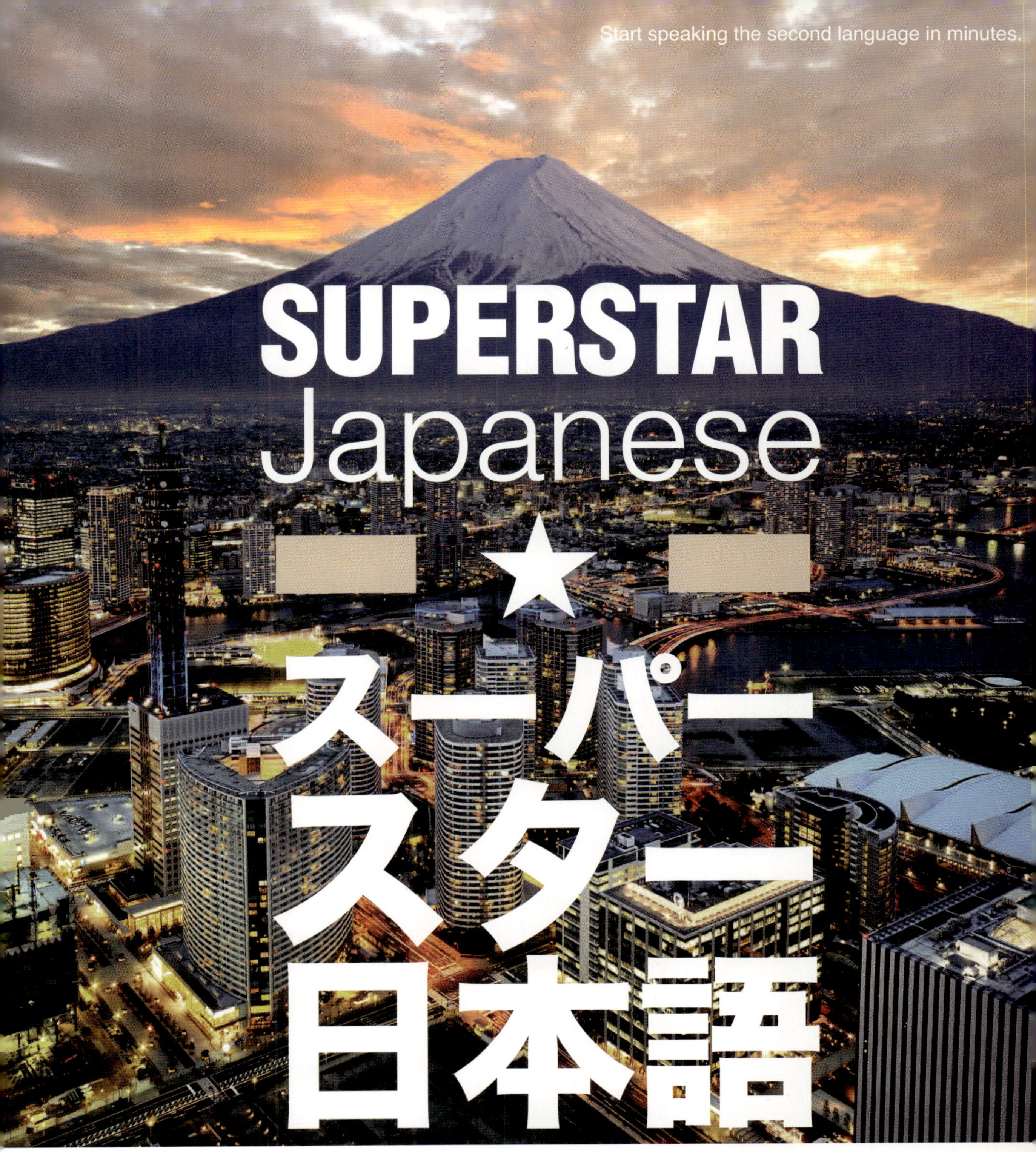

SUPERSTAR
Japanese

★

スーパー
スター
日本語

日本語と仲良くなる
一番親切な方法！

Part 0
일본어를 정말 처음 시작하는
학습자 여러분을 위한
일본어 문자와 발음!
- **일본어 문자와 발음의 핵심!**
- 초보자를 위한 주요 핵심을
  정리했습니다!

Part 1
일본어 첫걸음 1st. 워밍업 스테이지
- **일본어 기본 문법의 완성!**
- 기본 문법으로 완성하는 일본어

P0

P1

P5

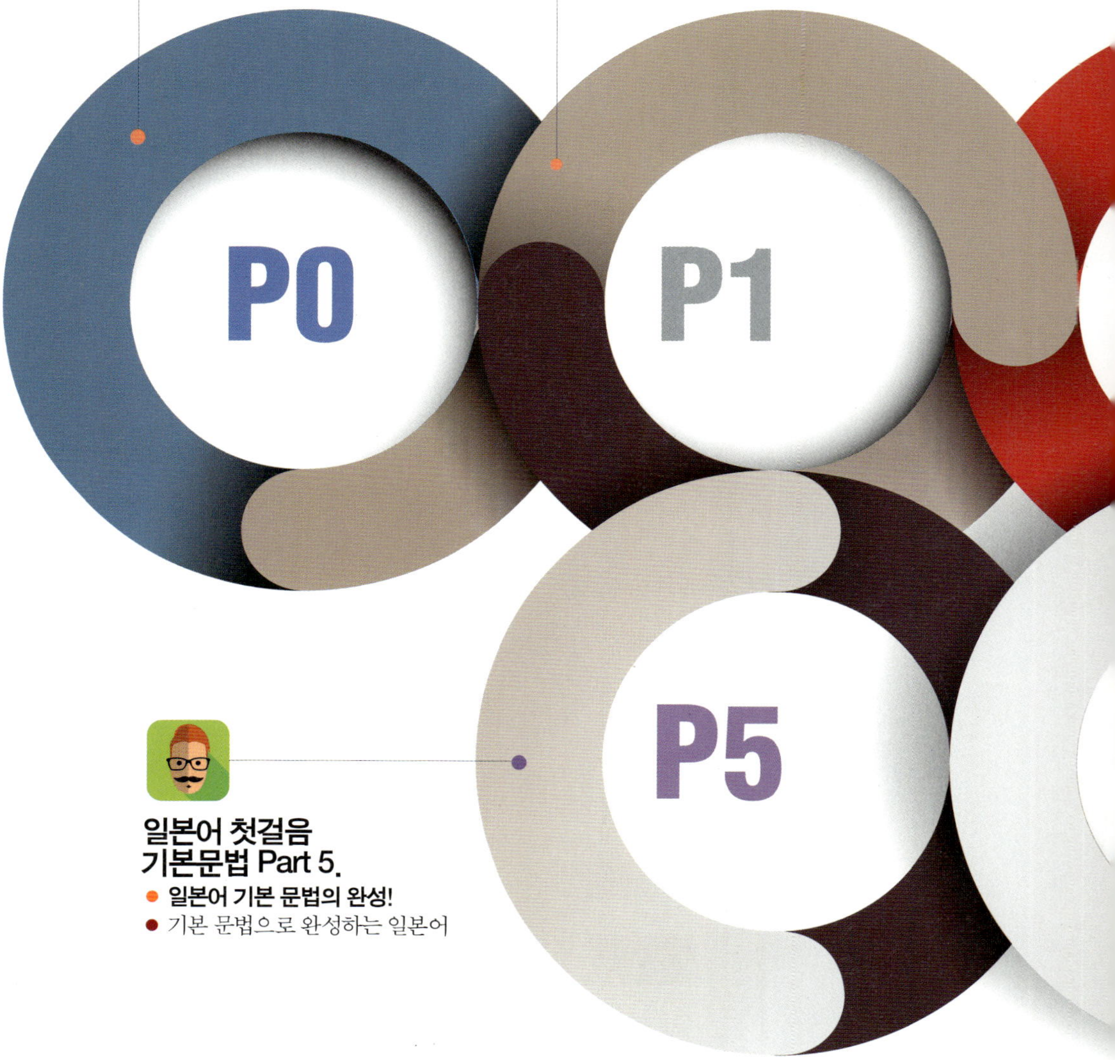

일본어 첫걸음
기본문법 Part 5.
- **일본어 기본 문법의 완성!**
- 기본 문법으로 완성하는 일본어

Part 2
일본어 첫걸음 기본문법 Part 2.
- 일본어 기본 문법의 완성!
- 기본 문법으로 완성하는 일본어

P2

Part 3
일본어 첫걸음 기본문법 Part 3.
- 일본어 기본 문법의 완성!
- 기본 문법으로 완성하는 일본어

P4

P3

Part 4
일본어 첫걸음 기본문법 Part 4.
- 일본어 기본 문법의 완성!
- 기본 문법으로 완성하는 일본어

**Practical, Useful and
Easy-To-Understand Lessons!**

Practical, **Useful** and
Easy-To-Understand Lessons!

그래서 준비했습니다!

문법 따로, 회화 따로인 기존의 교재와는 완전 다르게 접근했습니다.
방금 배운 문법이 바로 활용 가능한 독습서!
그래서 생활회화에 대한 응용력이 커지고,
동시에 조만간 박차고 떠나게 될 나라의 여행회화까지 한방에 해결되는
그야말로 회화 자신감이 만땅 채워지는 정말 제대로 된 학습서!
대한민국 모든 초보 학습자를 위한 절대 친절, 궁극의 자습서를 말입니다!

# 한 과의 구성과 학습법! 확실하게!

02 패턴 문장으로 실력 다지기

기본문법을 활용하여
실력을 다지는 코너.
패턴 문장 3가지!

03 일본어 멀티 플러스

일본어 생활표현을
완성하는 코너!

**Practical, Useful and
Easy-To-Understand Lessons!**

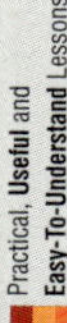

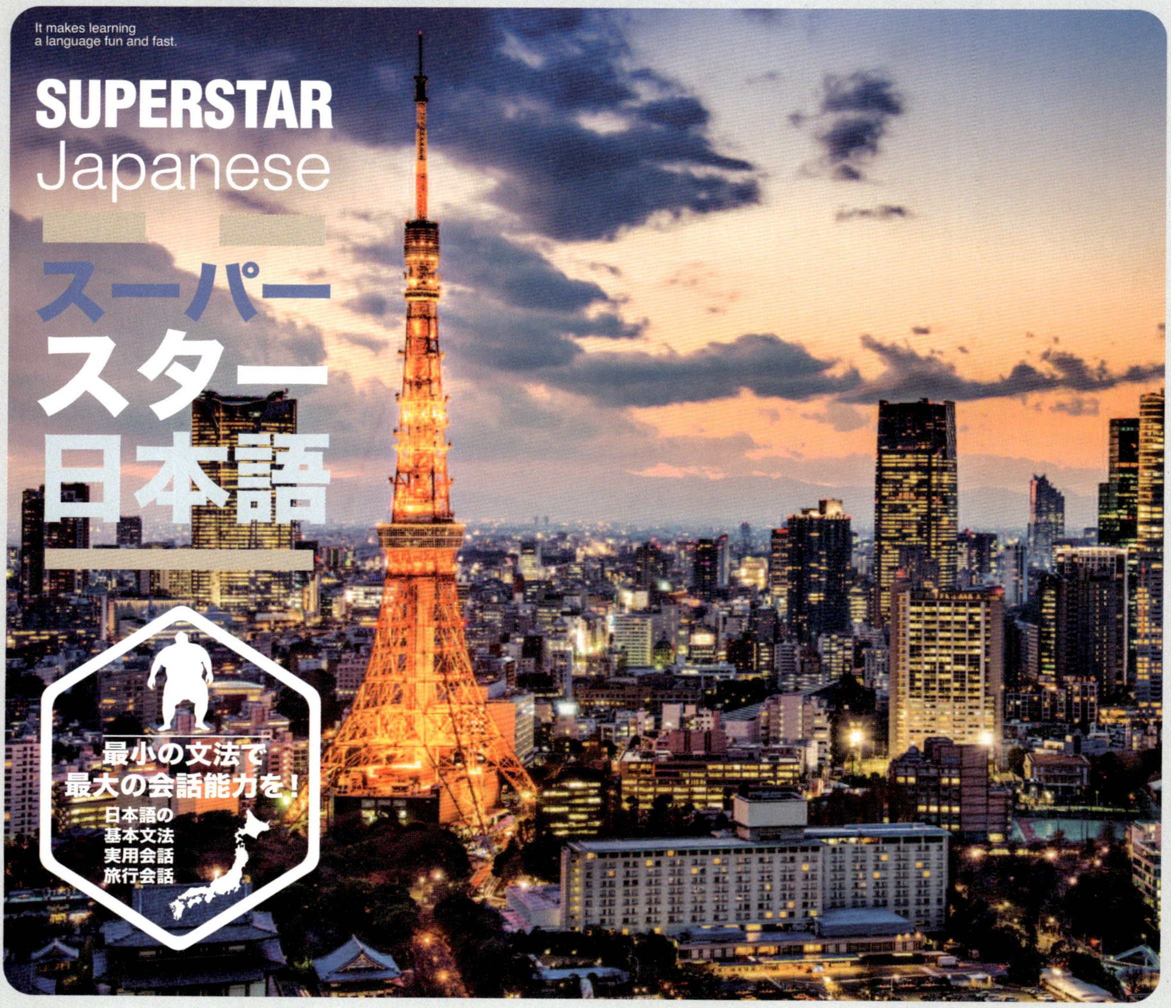
It makes learning
a language fun and fast.
SUPERSTAR
Japanese
スーパー
スター
日本語
最小の文法で
最大の会話能力を！
日本語の
基本文法
実用会話
旅行会話

It makes learning
a language fun and fast.
019

It makes learning
a language fun and fast.
020

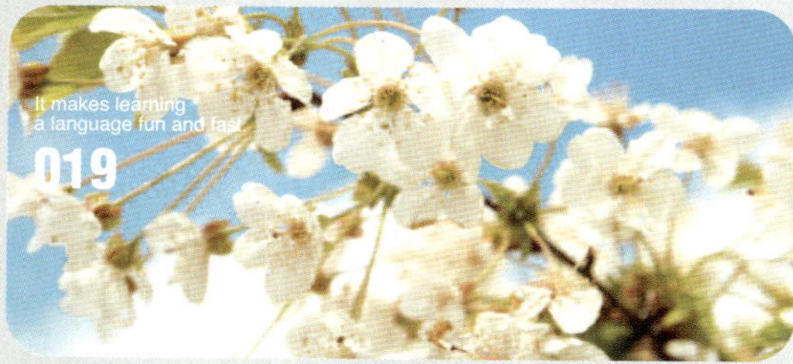

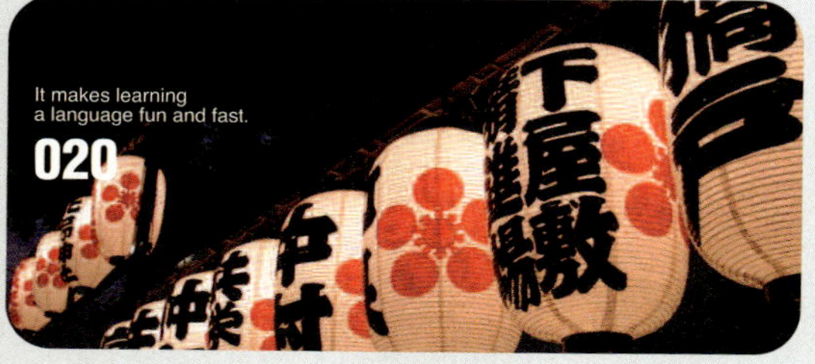

Part 0

일본어를 정말 처음 시작하는
학습자 여러분을 위한
일본어 문자와 발음! 018

1. 히라가나 020
1) 히라가나
2) 히라가나 - 탁음과 반탁음
3) 히라가나 - 요음
4) 히라가나 - 촉음
5) 히라가나 - 발음

2. 가타카나 031

Practical, Useful and Easy-To-Understand Lessons!

Part 1

제01과 일본어로 인사, 소개하기
나는 사랑입니다.
わたしは サランです。 038

제01과 Multi Plus 인사를 잘해야
일본어가 팍팍! 늘어난다! 046
01+01. 일본어 생활표현 : 일본어 인사표현, 베스트!
01+02. 일본어 생활표현 : 젊은 일본어 인사표현들!
01+03. 일본어 생활표현 : 감사하고 사과하기!

제02과 일본어로 소개, 지시하기
그녀는 선생님이었습니다.
かのじょは せんせいでした。 050

제02과 Multi Plus
일본어 여행자를 위한 초간단 숫자공부! 058
02+01. 일본어 생활표현 : 1부터 10까지 숫자 읽기
02+02. 일본어 생활표현 : 숫자 세기 (조수사)

제03과 일본어의 형용사, 아기자기하다
그녀는 귀엽습니다.
かのじょは かわいいです。 062

제03과 Multi Plus
일본어 일상회화의 모든 시간표현 모음전! 070
03+01. 일본어 생활표현 : 요일 말하기!
03+02. 일본어 생활표현 : 년/월/일 말하기!
03+03. 일본어 생활표현 : 시간 말하기!

제04과 일본어의 예쁜 형용동사
그녀는 예쁩니다.
彼女は きれいです。 074

제04과 Multi Plus
일본인의 모든 감정표현 모음전 082
04+01. 일본어 생활표현 : 일본인의 감정표현
04+02. 일본어 생활표현 : 일본인의 호불호!

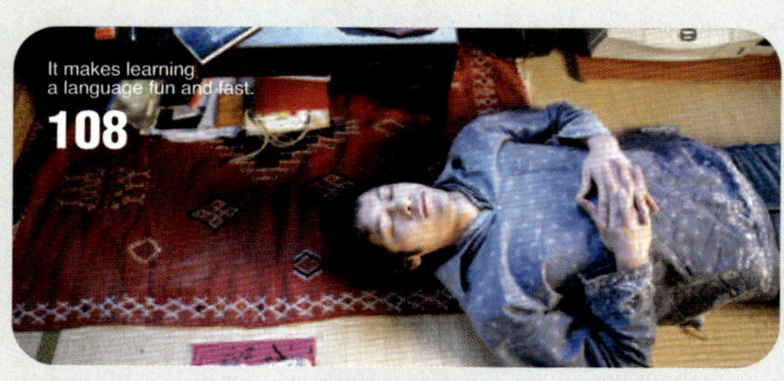

Part 2

제05과. 일본어 실력의 핵심은 '동사'다! (5단동사 1.)
그는 일본어를 배웁니다.
彼は 日本語を 習います。 **088**

제05과 Multi Plus
일본어 생활표현 & 여행회화! **094**
05+01. 일본어 생활표현 : 건강 상태/컨디션 표현!
05+02. 일본어 여행회화 : 병원 관련 표현
05+03. 일본어 여행회화 : 약국 관련 표현

제06과. 일본어 실력의 핵심은 동사다! (5단동사 2.)
그가 배우는 언어는 일본어입니다.
彼が 習う 言語は 日本語です。 **098**

제06과 Multi Plus
일본어 생활표현 & 여행회화! **104**
06+01. 일본어 여행회화 : 길묻기 표현! (1)
06+02. 일본어 여행회화 : 길묻기 표현! (2)
06+03. 일본어 여행회화 : 길묻기 표현! (3)

제07과 일본어 실력의 핵심은 동사다! (1단동사 1.)
그녀는 일본 드라마를 봅니다.
彼女は 日本の ドラマを 見ます。 **108**

제07과 Multi Plus
일본어 생활표현 & 여행회화! **114**
07+01. 일본어 생활표현 : 생일/나이 말하기!
07+02. 일본어 생활표현 : 축하인사 베스트 5

제08과 일본어 실력의 핵심은 동사다! (1단동사 2.)
일본 드라마를 보면 즐겁다.
日本の ドラマを 見れば 楽しい。 **118**

제08과 Multi Plus
일본어 생활표현 & 여행회화! **124**
08+01. 일본어 생활표현 : 식사 관련 표현
08+02. 일본어 생활표현 : 식사예절 표현
08+03. 일본어 생활표현 : 맛 표현

Contents

Practical, Useful and Easy-To-Understand Lessons!

제09과 일본어 실력의 핵심은 동사다!
(불규칙동사 1.)

그는 일본문학을 공부합니다.
彼は 日本文学を 勉強します。　　**128**

제09과 Multi Plus
일본어 생활표현 & 여행회화!　　**134**
09+01. 일본어 여행회화 : 식당을 찾을 때
09+02. 일본어 여행회화 : 식당예약 표현
09+03. 일본 상식 : 맛집 표현

제10과 일본어 실력의 핵심은 동사다!
(불규칙동사 2.)

일본문학을 공부하면 일본이 보입니다.
日本文学を 勉強すれば、
日本が 見えます。　　**138**

제10과 Multi Plus
일본어 생활표현 & 여행회화!　　**144**
10+01. 일본어 여행회화 : 식당용 회화 표현 (1)
10+02. 일본어 여행회화 : 식당용 회화 표현 (2)
10+03. 일본어 여행회화 : 패스트푸드점용 회화표현

제11과 우리말에 없는 일본어 주고 받기 표현
나는 그녀에게 일본 CD를 주었습니다.
私は 彼女に 日本の CDを
あげました。　　**148**

제11과 Multi Plus
일본어 생활표현 & 여행회화!　　**154**
11+01. 일본 상식 : 일본의 불꽃놀이
11+02. 일본 상식 : 꽃놀이
11+03. 일본 상식 : 일본의 온천문화
11+04. 일본 상식 : 파칭코

Part 3

제12과 동사의 활용과 **て**형 / **た**형 (1)
나는 일본어 책을 읽고 드라마를 봅니다.
**私は 日本語の 本を 読んで
ドラマを 見ます。**　　　160

제12과 Multi Plus
일본어 생활표현 & 여행회화!　　　166
12+01. 일본 상식 : 일본 라멘 베스트 3
12+02. 일본 상식 : 일본의 대표 간편식, 규동
12+03. 일본 상식 : 일본인의 베스트 스시
12+04. 일본 상식 : 일본의 편의점 벤또 베스트!

제13과 동사의 활용과 **て**형 / **た**형 (2)
그는 아침에 일어나서 신문을 읽습니다.
彼は 朝 起きて 新聞を 読みます。　170

제13과 Multi Plus
일본어 생활표현 & 여행회화!　　　176
13+01. 일본 상식 : 쇼핑스팟 - 돈키호테
13+02. 일본 상식 : 쇼핑스팟 - 100엔숍
13+03. 일본 상식 : 쇼핑스팟 - 프리마켓
13+04. 일본 상식 : 쇼핑스팟 – 시부야 109

제14과 형용사 및 형용동사의 활용과 **て**형
일본 여성은 상냥하고 귀엽습니다.
**日本の 女性は 優しくて
かわいいです。**　　　180

제14과 Multi Plus
일본어 생활표현 & 여행회화!　　　186
14+01. 일본어 여행회화 : 의류쇼핑 표현!
14+02. 일본어 여행회화 : 쇼핑과 계산하기

Contents

Practical, Useful and Easy-To-Understand Lessons!

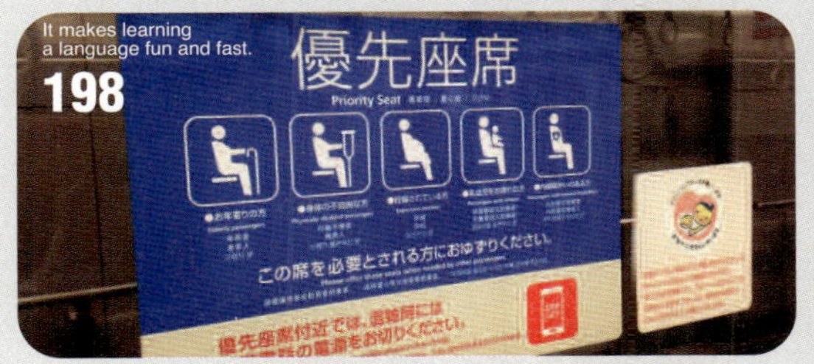

Part 4

제15과 일본어 표현력 도우미, 조동사 (1)
돈가스는 일본에서 처음으로 만들어졌습니다.
トンカツは 日本で 初めて 作られました。 … 192

제15과 Multi Plus
일본어 생활표현 & 여행회화! … 198
15+01. 일본어 여행회화 : 디즈니랜드 관광
15+02. 일본어 여행회화 : 교토 관광
15+03. 일본어 여행회화 : 온천 관광

제16과 일본어 표현력 도우미, 조동사 (2)
선생님은 학생에게 일본어를 배우게 합니다.
先生は 学生に 日本語を 習わせます。 … 202

제16과 Multi Plus
일본어 생활표현 & 여행회화! … 208
16+01. 일본어 생활표현 : 약속을 정할 때
16+02. 일본어 생활표현 : 약속을 변경할 때
16+03. 일본어 생활표현 : 약속에 늦을 때

제17과 일본어 표현력 도우미, 조동사 (3)
그는 내년 일본에 올 것 같다.
彼は 来年 日本へ 来るらしい。 … 212

제17과 Multi Plus
일본어 생활표현 & 여행회화! … 218
17+01. 일본어 생활표현 : 집에서 전화할 때
17+02. 일본어 생활표현 : 전화를 사용할 때
17+03. 일본어 생활표현 : 회사에서 전화할 때

Part 5

제18과 일본어를 좀 더 디테일하게, 부사 (1)
한국과 일본은 매우 가깝습니다.
韓国と 日本は とても 近いです。　224

제18과 Multi Plus
일본어 생활표현 & 여행회화!　230
18+01. 일본어 생활표현 : 남녀 사귀기
18+02. 일본어 생활표현 : 밸런타인데이와 초콜릿
18+03. 일본어 생활표현 : 결혼하기

제19과 일본어를 좀 더 디테일하게, 부사 (2)
그는 일본 소설을 재미있게 읽습니다.
彼は 日本の 小説を おもしろく 読みます。　234

제19과 Multi Plus
일본어 생활표현 & 여행회화!　240
19+01. 일본어 여행표현 : 도난 및 분실
19+02. 일본어 여행표현 : 경찰 신고
19+03. 일본어 여행표현 : 응급상황

제20과 의문사와 접속사 정리
일본 친구는 언제 한국에 옵니까?
日本の 友達は いつ 韓国に 来ますか。 244

제20과 Multi Plus
일본어 생활표현 & 여행회화!　250
20+01. 일본어 여행회화 : 호텔 예약
20+02. 일본어 여행회화 : 일본의 전통 여관 이용
20+03. 일본어 여행회화 : 룸서비스 관련 표현

제21과 일본어의 조사 총정리
이 일본어 사전은 내 것입니다.
この 日本語の 辞書は 私のです。　254

Contents

Practical, Useful and Easy-To-Understand Lessons!

제21과 Multi Plus
일본어 생활표현 & 여행회화!　　260
21+01. 일본어 여행회화 : 공항 면세점 쇼핑표현
21+02. 일본어 여행회화 : 선물할 때 주의할 점
21+03. 일본어 여행회화 : 공항에서 이동 시 표현

제22과 일본어의 품위를 더해주는 경어표현 (1)
일본어 선생님의 성함은 무엇입니까?
日本語の 先生の お名前は 何ですか。　264

제22과 Multi Plus
일본어 생활표현 & 여행회화!　　270
22+01. 일본어 여행회화 : 국제전화
22+02. 일본어 여행회화 : 일본 배낭여행
22+03. 일본어 여행회화 : 일본에서 항공편 이용

제23과 일본어의 품위를 더해주는 경어표현 (2)
선생님은 언제 일본에서 돌아오십니까?
先生は いつ 日本から お帰りに
なりますか。　274

제23과 Multi Plus
일본어 생활표현 & 여행회화!　　280
23+01. 일본어 여행회화 : 일본 입국심사표현
23+02. 일본어 여행회화 : 세관신고표현

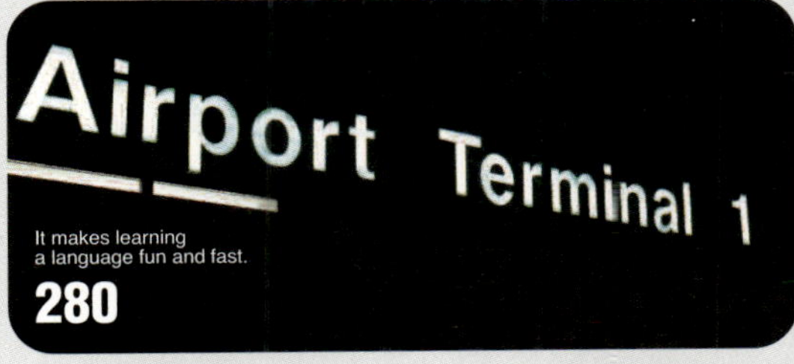

부록 :
청취 및 발음 연습을 위한
MP3 스크립트　　284

Practical, **Useful** and
Easy-To-Understand Lessons!

パート
ワン
part 1.

SUPERSTAR
Japanese

スーパー
スター
日本語

最小の文法で
最大の会話能力を！
日本語の
基本文法
実用会話
旅行会話

일본어 첫걸음 학습자를 위한
진격의 오리엔테이션!

본 코너는 일본어를 처음 시작하는 학습자 여러분을 위해 준비했습니다.
이미 문자를 학습한 적이 있는 분들은 곧바로 제01과로 넘어가셔도 되겠습니다.

● 일본어 문자와 발음의 핵심!
● 초보자를 위한 주요 핵심을 정리했습니다!

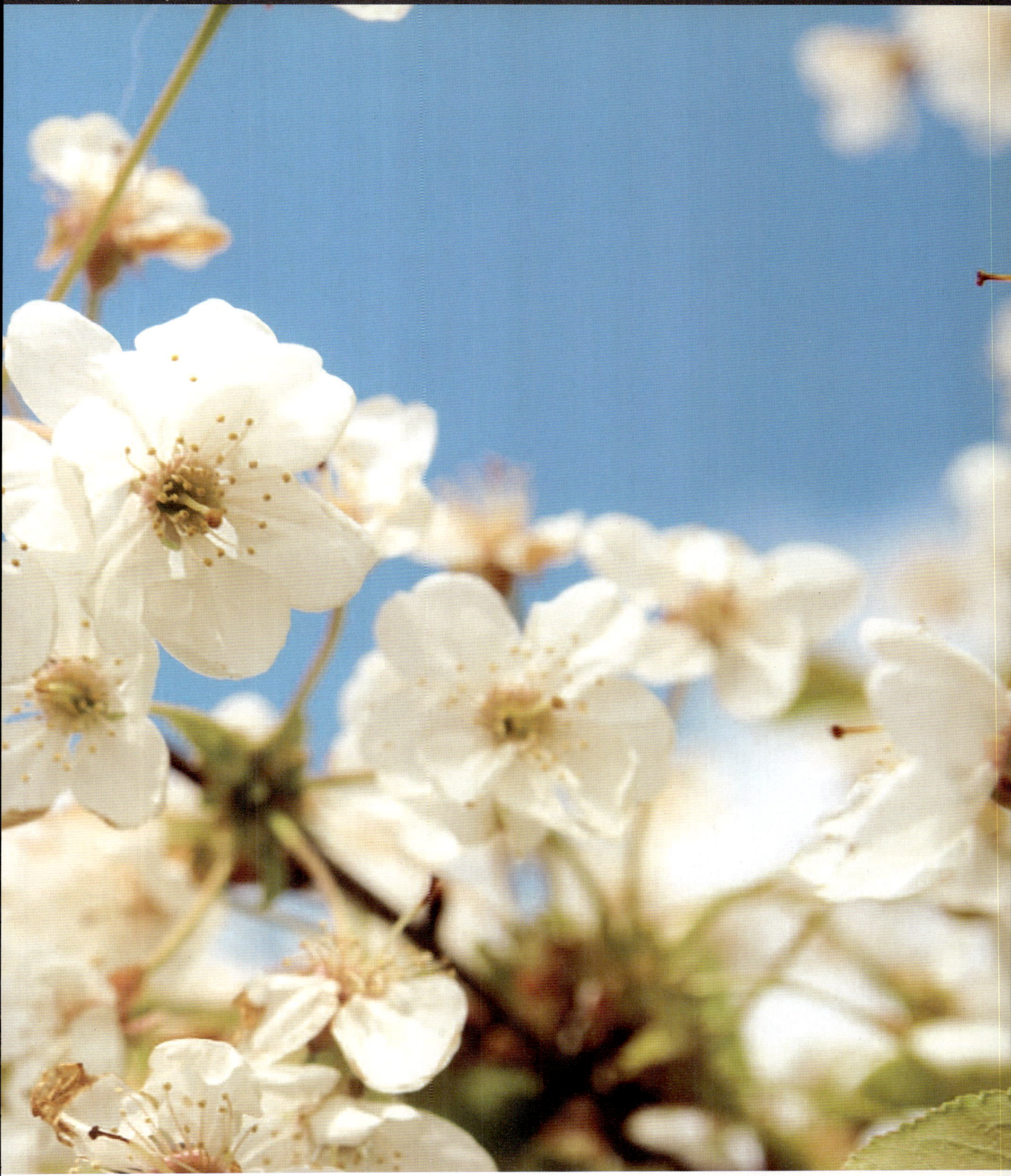

일본어 문자와 발음의 핵심!
초보자를 위한 주요 핵심을
정리했습니다!

日本語 文字と 發音

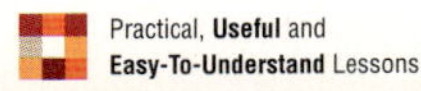

日本語 文字と 發音

Practical, **Useful** and **Easy-To-Understand** Lessons!

日本語 文字と 發音

日本語 文字と 發音

0-1. 한국인 vs 일본어

한국인은 전 세계에서 일본어를 가장 빨리
그리고 가장 완벽하게 학습할 수 있습니다.
단지 일본과 이웃하여서가 아니라 언어구조 자체가 가지는 유사성과
한국인 특유의 외국어 학습능력 때문에 그렇습니다.

앞으로 우리는 학습을 통해서 한국인이
일본어를 잘할 수밖에 없는 이유를 확인해 가는 과정,
그리고 일본어가 입에서 편안하게 술술 나오는 일련의 과정을
스스로 증명하게 될 것입니다.
그래서 여러분은 학습자이면서 일본어 능력을
초단기간에 완성한 증인이 되실 것이고요.

일본어

본 교재의 목표는 여러분의 일본어 경쟁력을 책임지는 것입니다.
일본어를 우리의 언어습관과 대치 또는 비교하면서 자연스럽게 일본어의 구조를 익히고,
일본어 문법의 납득 가능한 이해가 곧바로 일본어 회화 능력으로 이어지게 될 것입니다.
부담 없이 극소량의 문법적 이해로 최대한 많은 일본어를
말할 수 있게 하는 방법을 통해서 말입니다.

 Practical, **Useful** and
Easy-To-Understand Lessons!

일본어 문자와 발음

● 일본어 문자와 발음의 핵심!
● 초보자를 위한 주요 핵심을 정리했습니다!

日本語 文字と 發音

日本語 文字と 發音

일본어 문자와 발음

일본어 첫걸음 학습자를 위한 진격의 오리엔테이션!

0-2. 일본어 문자, 3가지 스타일!

문자는 나라나 민족을 상징하는 기호이기도 하고,
문화를 표현하는 아이콘이기도 합니다.
또한 문자는 언어의 시작이기도 하고 문화의 완성이기도 하죠.
그래서 문자는 가장 중요한 문화적 요소인 것입니다.

문자

일본어 문자는
히라가나 **(ひらがな)**,
가타카나 **(カタカナ)**,
한자 **(漢字)** 로 구성되어 있습니다.

일본어의 기본이 되는 히라가나와
외래어, 의성어나 의태어 등에 사용하는 가타카나는
각각 총 46자로 구성되어 있습니다.
히라가나는 한자의 초서체(흘림체)에서,
가타카나는 한자의 자획 일부를 생략하여 만든 문자입니다.

물론 한자는 중국의 한자를 빌려와 쓴 것이고요.
이렇듯 같은 한자 문화권이면서 우리나라와 일본어는
고유의 문자 창제 방식에서 분명한 차이가 있습니다.

 日本語 文字と 發音

● 일본어 문자와 발음의 핵심!
● 초보자를 위한 주요 핵심을 정리했습니다!

日本語 文字と 發音

日本語 文字と 發音

일본어 문자와 발음

일본어 첫걸음 학습자를 위한 진격의 오리엔테이션!

0-3. 일본어 문자의 기본, 히라가나

자! 그러면 본격적으로 일본어의 문자들을 만나보겠습니다.

1) 히라가나 – 청음

히라가나

'히라가나' **(ひらがな)** 는 일본어 문자의 기본입니다.
일본어 문자는 '50음도표'로 정리되어 있으며,
(실제로는 반복되는 글자를 빼면 46자입니다.)
가로 줄은 '단' **(段)**, 세로 줄은 '행' **(行)** 으로 구성되어 있습니다.

S-00-00

	 あ단	 い단	 う단	 え단	 お단
あ행	あ [a 아]	い [i 이]	う [u 우]	え [e 에]	お [o 오]
か행	か [ka 카]	き [ki 키]	く [ku 쿠]	け [ke 케]	こ [ko 코]

 일본어 문자와 발음  ● 일본어 문자와 발음의 핵심!
● 초보자를 위한 주요 핵심을 정리했습니다! 

Practical, **Useful** and **Easy-To-Understand** Lessons!

ひらがな **50**

さ행	[sa 사]	[si 시]	[su 스]	[se 세]	[so 소]
た행	た [ta 타]	ち [chi 치]	つ [tsu 츠]	て [te 테]	と [to 토]
な행	な [na 나]	に [ni 니]	ぬ [nu 누]	ね [ne 네]	の [no 노]
は행	は [ha 하]	ひ [hi 히]	ふ [hu 후]	へ [he 헤]	ほ [ho 호]
ま행	ま [ma 마]	み [mi 미]	む [mu 무]	め [me 메]	も [mo 모]
や행	や [ya 야]		ゆ [yu 유]		よ [yo 요]
ら행	ら [ra 라]	り [ri 리]	る [ru 루]	れ [re 레]	ろ [ro 로]
わ행	わ [wa 와]				を [o 오]
	ん [n 응]				

 日本語 文字と 發音

● 일본어 문자와 발음의 핵심!
● 초보자를 위한 주요 핵심을 정리했습니다!

Practical, Useful and Easy-To-Understand Lessons!

이상의 표에서 보신 히라가나는 맑은 소리가 난다고 하여 '청음' **(清音)** 이라고 합니다.
우리말 발음은 모음이나 자음+모음(+자음)의 조합으로 한 음절이 되는데 비해,
일본어는 그 자체가 '모음'이거나 혹은 '자음+모음'이 한 음절로 되어 있습니다.
모음은 **あ** 단의 **あ**, **い**, **う**, **え**, **お** 5글자이며, **や**, **ゆ**, **よ** 와 **わ**, **を** 는 반모음입니다.
그 나머지 모두는 '자음+모음'입니다.

あ행

あ행 | **あ** | **い** | **う** | **え** | **お**
[a 아] | [i 이] | [u 우] | [e 에] | [o 오]

S-01-01 **あい** [ai] 사랑

S-01-02 **いえ** [ie] 집

S-01-03 **うえ** [ue] 위

S-01-04 **え** [e] 그림

S-01-05 **おい** [oi] 조카

일본어 모음은 기본적으로 '아/이/우/에/오', 5개입니다.
우리말의 '어'와 같은 발음은 없습니다.
그래서 일본 사람들이 '어머니'를 발음할 때 '오모니'로 밖에 발음이 안 되는 것입니다.

か행

か행 | **か** | **き** | **く** | **け** | **こ**
[ka 카] | [ki 키] | [ku 쿠] | [ke 케] | [ko 코]

S-01-06 **かき** [kaki] 감

S-01-07 **きせつ** [kisetsu] 계절

S-01-08 **くり** [kuri] 밤

S-01-09 **けしき** [kesiki] 경치

S-01-10 **こころ** [kokoro] 마음

か 의 발음은 '카'와 '까'의 중간 정도라고 생각하시면 됩니다.
사실 우리말로 정확히 표현하기는 어렵습니다.

さ행

[sa 사]

[si 시]

[su 스]

[se 세]

[so 소]

さとう		**しお**		**す**
S-01-11 [satou] 설탕		S-01-12 [sio] 소금		S-01-13 [su] 식초
せかい		**そら**		
S-01-14 [sekai] 세계		S-01-15 [sora] 하늘		

일본에서 설탕은 '사토우'라고 발음하기보다는 실제 '사토-' 처럼 장음으로 읽습니다.
즉, 단어 끝이 **う** 로 끝나면 대체로 앞 글자를 장음으로 읽으시면 됩니다.

た행

[ta 타]

[chi 치]

[tsu 츠]

[te 테]

[to 토]

たか		**ちから**		**つばさ**
S-01-16 [taka] 매		S-01-17 [chikara] 힘		S-01-18 [tsubasa] 날개
て		**とり**		
S-01-19 [te] 손		S-01-20 [tori] 새		

か행과 **た**행 발음은 '카'와 '타' 같이 다소 억센 느낌이 납니다.
하지만 일상회화에서는 단어의 첫음이 이런 억센 발음일 경우,
'타'보다는 '다'에 가깝게 발음하는 경우가 많습니다. 예를 들어 '타카' 〉 '다카'로 말입니다.

な행

[na 나]

[ni 니]

[nu 누]

[ne 네]

[no 노]

なみ		**にし**		**ぬま**
S-01-21 [nami] 파도		S-01-22 [nisi] 서쪽		S-01-23 [numa] 늪
ねこ		**のり**		
S-01-24 [neko] 고양이		S-01-25 [nori] 김		

日本語 文字と 發音

일본어에도 동음이의어가 있습니다.
예를 들어 **のり**의 경우 '김/풀/법칙' 등의 뜻이 있습니다.
문제는 대화 중에 구별하는 방법인데,
흔히 단어의 길이나 높낮이보다는 문맥 흐름에 맞춰 구별하는 것이 좋습니다.
예를 들어 식사할 때는 '김'을 먹지, '풀'이나 '법칙'을 먹는 게 아니니까요.

は행

は	ひ	ふ	へ	ほ
[ha 하]	[hi 히]	[hu 후]	[he 헤]	[ho 호]

S-01-26 **はし** [hasi] 젓가락

S-01-27 **ひと** [hito] 사람

S-01-28 **ふね** [hune] 배

S-01-29 **へいおん** [heion] 평온

S-01-30 **ほん** [hon] 책

마찬가지로 '젓가락'이 일본어로 **はし (箸)** 입니다만,
はし (橋) 의 경우에는 '다리'라는 뜻도 있습니다.
발음은 같지만 한자가 각기 다르게 쓰여진 예이죠.

ま행

ま	み	む	め	も
[ma 마]	[mi 미]	[mu 무]	[me 메]	[mo 모]

S-01-31 **まね** [mane] 흉내

S-01-32 **みそ** [miso] 된장

S-01-33 **むら** [mura] 마을

S-01-34 **めいし** [meisi] 명함

S-01-35 **もやし** [moyasi] 콩나물

일본인의 성씨는 무려 약 30만 개에 이릅니다.
명함 **(めいし)** 를 건네받고 이름을 읽지 못하겠다면,
상대방에게 어떻게 읽는지 물어보십시오. 읽는 법을 물어보는 것은 자연스러운 일입니다.

や행

や	ゆ	よ
[ya 야]	[yu 유]	[yo 요]

やま
S-01-36　[yama] 산

ゆ
S-01-37　[yu] 더운 물

よこ
S-01-38　[yoko] 가로

や행은 **や**, **い**, **ゆ**, **え**, **よ** 로 **あ**행의 공통되는 **い**, **え** 를 빼고 표시한 것입니다.

ら행　**ら** [ra 라]　**り** [ri 리]　**る** [ru 루]　**れ** [re 레]　**ろ** [ro 로]

らいねん
S-01-39　[rainen] 내년

りんり
S-01-40　[rinri] 윤리

るふ
S-01-41　[ruhu] 유포

れきし
S-01-42　[rekisi] 역사

ろくおん
S-01-43　[rokuon] 녹음

찬찬히 읽어 보시면 우리말과 상당히 닮았음을 알 수 있습니다.
모두 한자에서 유래된 표현들이죠.
우리의 일본어 학습이 그만큼 수월할 수 있다는 증거이기도 합니다.

わ행　**わ** [wa 와]　　**を** [o 오]

わたし
S-01-44　[watasi] 나

を 의 경우 **お** 와 같이 발음이 [오]입니다만, 현대 일본어에서 **を** 는 목적격 조사 '을/를'로
만 쓰이고 있습니다.

ん [n 응]

ん 은 단독으로 쓰지 못하고, 다른 음 뒤에 와서 마치 우리말의 받침 역할을 합니다.
구체적으로는 다음에 소개할 발음 **(撥音)** 을 참고하세요.

日本語 文字と 發音

Practical, Useful and Easy-To-Understand Lessons!

2) 히라가나 - 탁음과 반탁음

우리말에 ㄱ 이 있고, ㅋ (거센소리)와 ㄲ (된소리)가 있는 것처럼,
일본어에도 '진한 소리'라는 뜻의 '탁음' **(濁音)** 과
'가벼운 소리'라는 뜻의 '반탁음' **(半濁音)** 이 있습니다.
탁음은 히라가나의 오른쪽 상단에 점을 땡땡 2개 붙이며,
반탁음은 동그라미 점을 붙입니다. 탁음은 20개, 반탁음은 5개입니다.

a) 탁음

탁음

が행	が	ぎ	ぐ	げ	ご
S-02-00	[ga 가]	[gi 기]	[gu 구]	[ge 게]	[go 고]
ざ행	ざ	じ	ず	ぜ	ぞ
	[za 자]	[zi 지]	[zu 즈]	[ze 제]	[zo 조]
だ행	だ	ぢ	づ	で	ど
	[da 다]	[zi 지]	[zu 즈]	[de 데]	[do 도]
ば행	ば	び	ぶ	べ	ぼ
	[ba 바]	[bi 비]	[bu 부]	[be 베]	[bo 보]

사실 **じ** 와 **ぢ** 그리고 **ず** 와 **づ** 는 발음이 같습니다.
ぢ 와 **づ** 는 예전에는 썼으나, 현대 일본어에서는 **じ** 와 **ず** 가 많이 쓰이고 있습니다.

Practical, Useful and **Easy-To-Understand** Lessons!

が행

 が
[ga 가]

 ぎ
[gi 기]

 ぐ
[gu 구]

 げ
[ge 게]

 ご
[go 고]

S-02-01 **がくせい**
[gakusei] 학생

S-02-02 **かぎ**
[kagi] 열쇠

S-02-03 **ごうかく**
[goukaku] 합격

かき (柿) 는 과일인 '감'인데 **き** 를 탁음 **ぎ** 로 발음하면 '열쇠'가 됩니다.
발음이 정확하지 않으면 혼동될 수 있습니다.

ざ행

 ざ
[za 자]

 じ
[zi 지]

 ず
[zu 즈]

 ぜ
[ze 제]

 ぞ
[zo 조]

S-02-04 **じゆう**
[ziyuu] 자유

S-02-05 **ちず**
[chizu] 지도

S-02-06 **しぜん**
[sizen] 자연

'지도'는 일본어로 '치즈'라고 발음하고,
우리가 먹는 치즈는, **チーズ** [chi-zu] 로 장음을 넣어 발음합니다.

だ행

 だ
[da 다]

 ぢ
[zi 지]

 づ
[zu 즈]

 で
[de 데]

ど
[do 도]

S-02-07 **くだもの**
[kudamono] 과일

S-02-08 **でぐち**
[deguchi] 출구

S-02-09 **さどう**
[sadou] 다도

日本語 文字と 發音

때때로 발음과 발음이 부딪치게 될 때, 탁음 또는 반탁음 현상이 일어납니다.
예를 들어 겐 **(げん)** 과 헤이 **(へい)** 를 조합해 발음하면 [겐헤이]인데, 편안하게 발음하면
겐페이 **(げんぺい)** 가 되고, 문자로 쓸 때에도 발음대로 겐페이 **(げんぺい)** 라고 해야 맞
습니다. 이처럼 우리말은 발음과 쓰는 것이 각각 다르지만, 일본은 발음대로 써야 합니다.

ば행

[ba 바]

[bi 비]

[bu 부]

[be 베]

[bo 보]

ばら
S-02-10 [bara] 장미

どうぶつ
S-02-11 [doubutsu] 동물

べんとう
S-02-12 [bentou] 도시락

は행의 경우, 탁음인 b 발음과 다음에 나올 반탁음 p 발음은 서로 유사점이 많습니다.
우리말의 '덮다'와 '덥다'가 비슷하게 들리는 이유와 같습니다.

b) 반탁음

ぱ행

S-02-13 [pa 파]

[pi 피]

[pu 푸]

[pe 페]

[po 포]

かんぺき
S-02-14 [kanpeki] 완벽

たんぽぽ
S-02-15 [tanpopo] 민들레

3) 히라가나 – 요음

요음

'요음' **(拗音)** 은 **や**행의 **や, ゆ, よ** 를 **い**단 **(き, し, ち, に, ひ, み, り, ぎ, じ, ぢ, び, ぴ)**의
자음 오른쪽 밑에 작게 써서 한 음절로 발음하는 것을 말합니다.

예를 들어 **き** [키]에다 **や** [야], **ゆ** [유], **よ** [요]를 붙이면
きゃ [kya 캬], **きゅ** [kyu 큐], **きょ** [kyo 쿄]가 되는 것이죠.

しゃかい
S-03-01   [syakai] 사회

きゅうり
S-03-02   [kyuuri] 오이

じょし
S-03-03   [zyosi] 여자

위에서 일본어의 모음은 기본적으로 5개라고 말씀드렸습니다만,
や, ゆ, よ 를 작게 써서 하나의 발음처럼 이중모음이 되는 경우도 있습니다.

4) 히라가나 - 촉음

'촉음' **(促音)** 은 두 음 **(音)** 사이에 **つ** [츠]를 작게 써서,
앞의 음이 막히다 터지면서 뒤의 음에 영향을 주는 소리입니다.
이때 촉음은 한 박자로 발음하는데, 다음과 같이 3가지로 각각 발음됩니다.

a) **つ** 뒤에 **か**행 (**か, き, く, け, こ**) 의 글자가 시작되면 [ㄱ]으로 발음합니다.

いっかい
S-04-01   [ikkai] 1층

にっき
S-04-02   [nikki] 일기

b) **つ** 뒤에 **さ**행 (**さ, し, す, せ, そ**), **た**행 (**た, ち, つ, て, と**) 의 글자가 시작되면 [ㅅ]으로 발음합니다.

ざっし
S-04-03   [zassi] 잡지

おっと
S-04-04   [otto] 남편

c) **つ** 뒤에 **ぱ**행 (**ぱ**, **ぴ**, **ぷ**, **ぺ**, **ぽ**) 의 글자가 시작되면 [ㅂ]으로 발음합니다.

S-04-05 **いっぱい** [ippai] 한 잔/가득　　　S-04-06 **にっぽん** [nippon] 일본

촉음인 **つ**가 한국어로는 'ㄱ, ㅅ, ㅂ'으로 발음한다고 했지만,
사실 일부러 신경 쓸 필요는 없습니다.

5) 히라가나 - 발음

발음

그리고 일본어의 받침음으로 '발음' (撥音) 이라고 하는 **ん** 이 있습니다.
일본어는 우리말처럼 받침이 다양하게 발달되어 있는 대신, **ん** 이 받침소리 역할을 합니다.
ん 역시 촉음 **つ** 와 마찬가지로 뒤에 오는 글자에 따라 3가지로 발음됩니다.

a) **ん** 뒤에 **さ**행, **ざ**행, **た**행, **だ**행, **な**행, **ら**행의 글자가 시작되면 [ㄴ]으로 발음합니다.

S-05-01 **いんさつ** [insatsu] 인쇄　　　S-05-02 **せんたく** [sentaku] 세탁　　　S-05-03 **もんだい** [mondai] 문제

b) **ん** 뒤에 **ま**행, **ば**행, **ぱ**행의 글자가 시작되면 [ㅁ]으로 발음합니다.

S-05-04 **うんめい** [unmei] 운명　　　S-05-05 **とんぼ** [tonbo] 잠자리　　　S-05-06 **えんぴつ** [enpitsu] 연필

c) **ん** 뒤에 **あ**행, **か**행, **が**행, **や**행, **わ**행의 글자가 시작되면 [ㅇ]으로 발음합니다.

S-05-07 **れんあい** [renai] 연애　　　S-05-08 **かんこく** [kankoku] 한국　　　S-05-09 **でんわ** [denwa] 전화

마찬가지로 **ん** 역시 우리말로는 'ㄴ, ㅁ, ㅇ'으로 발음한다고 했지만,
그냥 편안하게 발음하세요. 그것이 정답입니다.

 일본어 문자와 발음

 ● 일본어 문자와 발음의 핵심!
● 초보자를 위한 주요 핵심을 정리했습니다!

 A

Practical, Useful and Easy-To-Understand Lessons!

日本語 文字と 發音

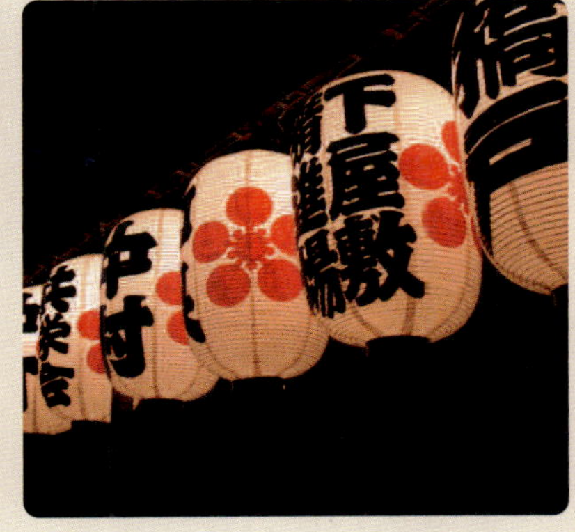

 日本語 文字と 發音

 일본어 문자와 발음

일본어 첫걸음 학습자를 위한 진격의 오리엔테이션!

가타카나

カタカナ 50

 0-4. 일본어 문자의 또 다른 모습, 가타카나

이번에는 '가타카나' (**カタカナ**) 를 만나보겠습니다.
가타카나는 외래어나 의성어, 의태어를 표기할 때 자주 사용하며,
혹은 강조를 위해 사용하기도 합니다.
PC 게임이나 패션잡지, 광고판에 특히 많이 등장합니다.

S-00-00

ア단	イ단	ウ단	エ단	オ단
ア행 ア	イ	ウ	エ	オ
[a 아]	[i 이]	[u 우]	[e 에]	[o 오]
カ행 カ	キ	ク	ケ	コ
[ka 카]	[k 키]	[ku 쿠]	[ke 케]	[ko 코]
サ행 サ	シ	ス	セ	ソ
[sa 사]	[si 시]	[su 스]	[se 세]	[so 소]

日本語 文字と 發音

- 일본어 문자와 발음의 핵심!
- 초보자를 위한 주요 핵심을 정리했습니다!

タ행
 [ta 타]
 [chi 치]
 [tsu 츠]
 [te 테]
 [to 토]

ナ행
 [na 나]
 [ni 니]
 [nu 누]
 [ne 네]
 [no 노]

ハ행
 [ha 하]
 [hi 히]
 [hu 후]
 [he 헤]
 [ho 호]

マ행
 [ma 마]
 [mi 미]
 [mu 무]
 [me 메]
 [mo 모]

ヤ행
 [ya 야]
 [yu 유]
 [yo 요]

가타카나

ラ행
 [ra 라]
 [ri 리]
[ru 루]
[re 레]
 [ro 로]

ワ행
 [wa 와]
 [o 오]

 [n 응]

일본어 문자와 발음

日本語 文字と 發音

- 일본어 문자와 발음의 핵심!
- 초보자를 위한 주요 핵심을 정리했습니다!

Ⓐ

日本語 文字と 發音

일본어 문자와 발음

일본어 첫걸음 학습자를 위한 진격의 오리엔테이션!

가타카나

アルバイト		**ゲーム**
S-06-01 [arubaito] 아르바이트		S-06-02 [ge-mu] 게임
コーヒー		**コピー**
S-06-03 [ko-hi-] 커피		S-06-04 [kopi-] 복사
スタークラフト		**セレモニー**
S-06-05 [suta-kurahuto] 스타 크래프트		S-06-06 [seremoni-] 세리머니
タクシー		**テーブル**
S-06-07 [takusi-] 택시		S-06-08 [te-buru] 테이블
ニート		**ノート**
S-06-09 [ni-to] 니트족		S-06-10 [no-to] 노트
バラク・オバマ		**ビール**
S-06-11 [baraku obama] 버락 오바마		S-06-12 [bi-ru] 맥주
マクドナルド		**ムービー**
S-06-13 [makudonarudo] 맥도널드		S-06-14 [mu-bi-] 영화
ユニバーサル		**ヨーグルト**
S-06-15 [yuniba-saru] 유니버설		S-06-16 [yo-guruto] 요구르트
ライフ スタイル		**ルール**
S-06-17 [raihu sutairu] 라이프 스타일		S-06-18 [ru-ru] 룰/규칙

Practical, Useful and **Easy-To-Understand** Lessons!

ワード
S-06-19　[wa-do] 워드

ワールド・カップ
S-06-20　[wa-rudo kappu] 월드컵

キラキラ
S-06-21　[kirakira] 반짝반짝

ウロウロ
S-06-22　[urouro] 어슬렁어슬렁

ニコニコ
S-06-23　[nikoniko] 싱글벙글

ワクワク
S-06-24　[wakuwaku] 두근두근

참고로 'ー'는 문자가 아니고 장음 표시에 해당합니다.

히라가나와 마찬가지로 가타카나도 같은 방식으로
탁음, 반탁음, 요음 **(拗音)**, 촉음 **(促音)** 그리고 발음 **(撥音)**이 있습니다.

가타카나

スベスベ
S-06-25　[subesube] 매끈매끈

ベタベタ
S-06-26　[betabeta] 끈적끈적

ゴルフ
S-06-27　[goruhu] 골프

デザイナー
S-06-28　[dezaina-] 디자이너

ピカピカ
S-06-29　[pikapika] 번쩍번쩍

ペラペラ
S-06-30　[perapera] 술술 / 유창하게

ピンク
S-06-31　[pinku] 분홍색

マスタープラン
S-06-32　[masuta-puran] 마스터플랜

2チャンネル
S-06-33　[nichyanneru] 2채널

デコレーション
S-06-34　[dekore-syon] 데코레이션

ネットカフェ
S-06-35　[nettokahwe] PC방

フェイスブック
S-06-36　[hweisubukku] 페이스북

インターネット
S-06-37　[inta-netto] 인터넷

レディー・ガガ
S-06-38　[redi-gaga] 레이디 가가

일본어 문자와 발음

Practical, **Useful** and **Easy-To-Understand** Lessons!

日本語 文字と 發音

日本語 文字と 發音

일본어 문자와 발음

일본어 첫걸음 학습자를 위한 진격의 오리엔테이션!

가타카나

학습방법

일본에서는 외래어 표기를 가타카나로 씁니다.

문제는 일본식 영어 발음을 외국인이 잘 못 알아듣는다는 것이죠.
모음 숫자가 한정되어 있기 때문에 표현에 어려움이 많습니다.
일본어의 치명적 아킬레스건이라고 할 수 있죠.

한마디만 더, 일본어 문자를 공부할 때,

우선 히라가나(일본어 대부분이 히라가나로 쓰여있으므로)부터 공부하신 다음,
가타카나를 외우는게 좋습니다. 두 가지 문자를 동시에 학습하면
복잡하고 오히려 능률이 떨어집니다. 또한 50음도표 순서로 꼭 외워주세요.
왜냐하면 하나는 우리나라 사전 찾기와 같이 일한사전 찾는 순서가 그렇기 때문이고,
또 하나는 나중에 말씀 드리겠지만 동사의 활용(변화) 법칙이 그 속에 있기 때문입니다.

지금까지 일본어 문자 모두를 살펴보았습니다.

초보학습자 여러분들에게 가장 효과적인 학습방법은
일단 문자는 눈으로 익혀주시고, 소리에 좀 더 집중해주십시오.
MP3 청취자료를 들으시면서 문자를 그림 보듯 익히시는 것이 좋습니다.
교재를 쭉쭉 읽어나가면서 일본어의 기본적인 흐름과 먼저 친해지는 것이 중요합니다.
그래서 한 문장씩 스스로 말할 수 있는 문장들이 늘어나는 것이
학습의 동력이 되어 줄 것입니다.
지금 우리에게 필요한 것은 쓰기보다 말하기이며,
말이 되면 쓰기는 자연스럽게 익숙해지게 됩니다.

자! 일본어 오리엔테이션을 마치셨으니,

이제부터는 본격적으로 일본어 문장에 도전해 보도록 하겠습니다.

 Practical, **Useful** and
Easy-To-Understand Lessons!

パート ワン
part 1.

SUPERSTAR
Japanese

スーパー スター 日本語

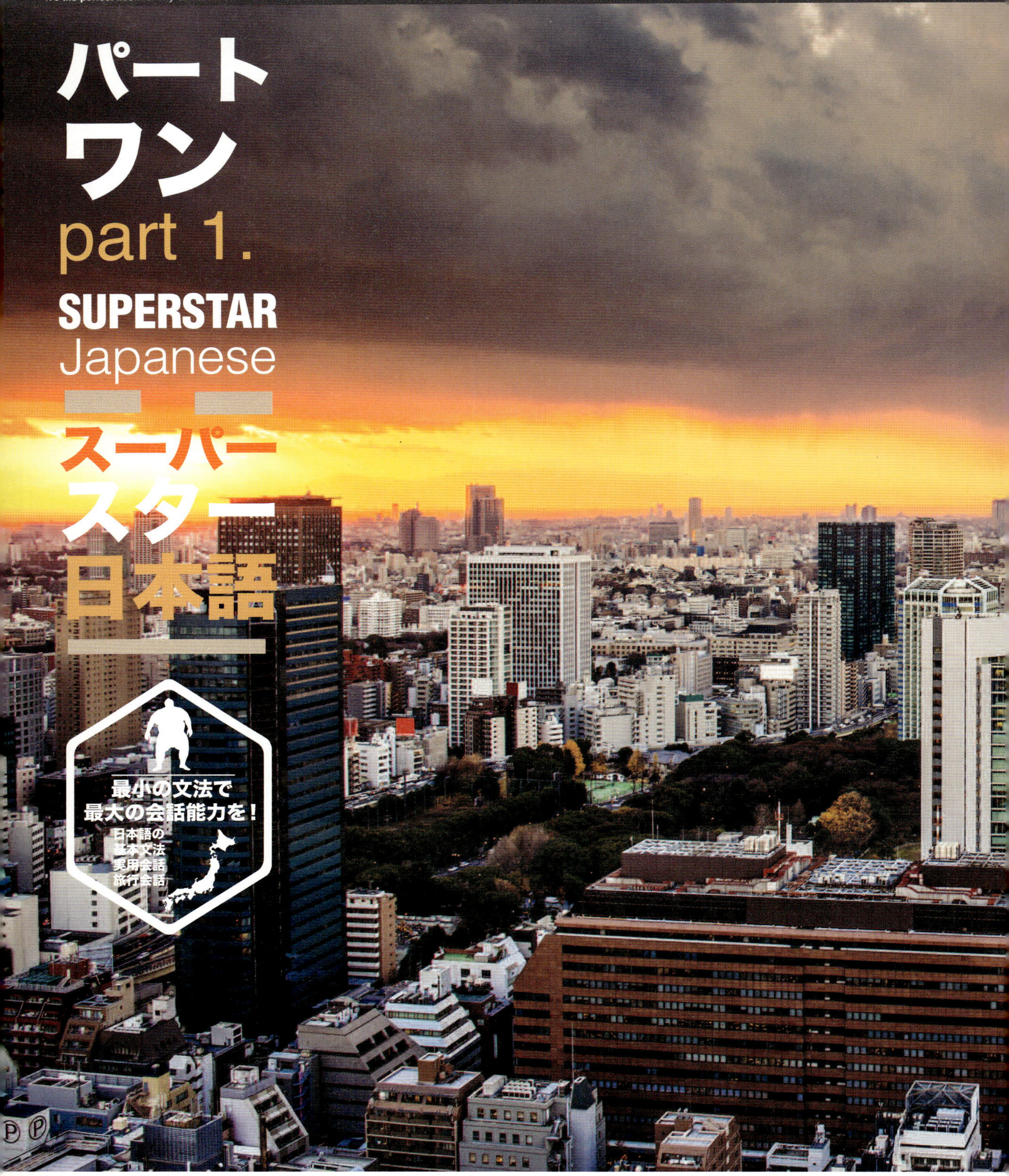

일본어 첫걸음 1st. 워밍업 스테이지

- 일본어 기본 문법의 완성!
- 기본 문법으로 완성하는 일본어

日本語 ウォーミングアップ ステージ

日本語 ウォーミングアップ ステージ

P1

- 일본어 기본 문법의 완성!
- 기본 문법으로 완성하는 일본어

제01~02과(워밍업 스테이지)에서는 우리말과 일본어가 얼마나 닮았고, 때문에 우리가 얼마나 쉽게 일본어 습득이 가능한지를 확인해보겠습니다. 특히 이번 과에서 학습자 여러분께서는 최소한의 구성요소만으로 일본어 문장을 만들 수 있게 됩니다. 첫 번째 시간에는 가장 기본이 되는 표현으로 '소개, 지시, 의문' 문장을 만나 보겠습니다. 이번 과 학습의 핵심은 일본어 문장의 기본 패턴인 ~です [desu] (~입니다)입니다.

 01-01. 우리나라 사람과 일본어

우리말과 일본어는 문자나 단어, 문장 구조에서 굉장히 많이 닮았습니다.
우리말의 상당 부분이 한자에서 유래한 것처럼, 일본어 역시 그렇습니다.
더욱이 문장 구조는 거의 일치할 정도로 유사합니다.
우리말이 '주어+목적어+술어'인 것처럼 일본어 역시 똑같은 어순으로 이루어져 있습니다. 이 말은 결국 우리말처럼 일본어도 술어의 변화에 따라 평서문/의문문/과거문/부정문 등을 만들어낸다는 뜻입니다. 바로 이러한 유사점이 우리에게 일본어가 아주 가까이 있다는 결정적 증거입니다.

01-02. 우리가 일본어를 잘할 수밖에 없는 증거!

자! 이제 본격적으로 일본어 이야기를 시작해 보겠습니다.

먼저 가장 기본이 되는 '~입니다' 문장입니다.

다음의 일본어 4문장을 한번 찬찬히 봐주십시오. (**そう** [sou] 그러한)

そうです。

C-01-01   [Soudesu.]   그렇습니다. (**평서문**)

そうですか。

C-01-02   [Soudesuka?]   그렇습니까? (**의문문**)

そうでした。

C-01-03   [Soudesita.]   그랬습니다. (**평서문 과거형**)

そうでしたか。

C-01-04   [Soudesitaka?]   그랬습니까? (**의문문 과거형**)

'입니다'가 '입니까?〉였습니다〉였습니까?'로 만들어지는 과정이 우리말과 완전 닮았습니다. **です〉ですか〉でした〉でしたか** 로 조어 방식이 우리말과 거의 비슷하다는 것을 보여줍니다. 심지어 소리의 울림까지 유사하고요.

이들 4문장은 우리가 앞으로 일본어를 어떻게 생각하고 접근해야 하는지를 보여주는 가장 핵심적인 예입니다.

Practical, Useful and Easy-To-Understand Lessons!

 ## 01-03. 나+는+한국인+입니다. (~です형)

우리가 일본어를 잘할 수밖에 없는 결정적 이유 중 하나는 일본어의 어순과 문장 구조입니다. 우리말과 거의 같기 때문에 대입, 대체시키는 수준이라는 것이죠.
예를 들어 다음과 같은 우리말 기본 문장 패턴을 가지고 비교해 보겠습니다.

● **わたし (私)** [watashi] 나/저 (1인칭대명사)   ● **~は** [wa] ~은/는 (조사)
● **かんこくじん (韓国人)** [kankokuzin] 한국인

 나 + 는 + 한국인 + 입니다.
わたし + は + かんこくじん + です。 (~です형)
C-01-05 [Watasi wa kankokuzin desu.]

 나 + 는 + 한국인 + 이다.
わたし + は + かんこくじん + だ。 (~だ형)
C-01-06 [Watasi wa kankokuzin da.]

주어와 주격조사 그리고 문장 끝에 오는 술어동사에 이르기까지 일본어와 완벽하게 일치합니다. '나는 한국인**です**, **わたしは** 한국인입니다, 나는 **かんこくじん**입니다, …' 식으로 우리의 언어습관 그대로 일본어를 바꾸어 놓으면 된다는 것이죠.
일본어가 우리에게 쉬울 수밖에 없는 이유 중 하나입니다.
즉 우리말 문장에 일본어 단어를 대치시키는 것만으로 일본어가 된다는 것이죠.
예문에서 **~です** (~입니다)는 정중한 형태의 문장 표현입니다.

이와 함께 **~だ** (~다/~이다)라는 반말체도 함께 기억해주십시오.
~だ형은 보통 친한 사이에 쓰는 표현입니다.

The Perfect Book

**日本語
ウォーミングアップ
ステージ**

자! 그러면 패턴문장으로 실력을 다져볼까요!

- **アメリカじん** [amerikazin] 미국인
- **かのじょ (彼女)** [kanozyo] 그녀 (3인칭대명사)
- **かれ (彼)** [kare] 그 (3인칭대명사)
- **~が** [ga] ~이/가 (조사)
- **にほんじん (日本人)** [nihonzin] 일본인
- **ちゅうごくじん (中国人)** [chyugokuzin] 중국인

**パターン
패턴
예문
3**

C-01-07

わたしが アメリカじん です。

[Watasiga amerikazin desu.] 제가 미국인입니다.

C-01-08

かのじょは にほんじん だ。

[Kanozyowa nihonzin da.] 그녀는 일본인이다. (그녀는 일본인이야.)

C-01-09

かれは ちゅうごくじん です。

[Karewa chyugokuzin desu.] 그는 중국인입니다.

---

❶ 나라 이름 뒤에 **じん (人)** 을 붙여서 그 나라 국민을 나타냅니다. (**アメリカ > アメリカじん**) 대부분의 국가명은 영어식 발음입니다만, 네덜란드와 터키는 포르투갈식으로 **オランダ** [oranda] 와 **トルコ** [toruko] 라고 부릅니다.
❷ **~だ**형은 처음 만난 사이에는 쓰지 않습니다. 일본 소설이나 드라마, 영화에서 자주 보는 표현이죠.
❸ 주격조사에는 **~は** (은/는)과 **~が** (이/가)가 있습니다. 단! **は** 가 조사로 쓰일 경우에는 발음이 [ha] 가 아니라 [wa] 로 읽습니다.
❹ **かのじょ (彼女)** '그녀'는 '여자친구'라는 의미도 있습니다. '남자친구'는 **かれし (彼氏)** 라고 합니다.

01-04. 그녀+는+일본인+입니까? (~ですか형)

일본어로 '의문문'을 만드는 방법 역시 간단합니다.
우리가 의문문을 만들 때 문장 끝에 '~까?'를 붙이듯, 일본어 또한 **です**형 끝에 **か** 를 붙여서 **~ですか** (~입니까?)로 말합니다.

 日本語 ウォーミングアップ ステージ 

● 일본어 기본 문법의 완성!
● 기본 문법으로 완성하는 일본어

Practical, Useful and Easy-To-Understand Lessons!

단 일본어 문장 대부분은 물음표(?)를 따로 붙이지 않습니다. 그냥 동그라미 점인 마침표(。)로 마무리하면 됩니다.

반말체인 경우에는 ~だ 없이 그냥 마지막 명사 부분의 억양을 살짝 위로 올려서 '그녀는 일본인(이야)?'하고 말하면 됩니다.

● かのじょ (彼女) [kanozyo] 그녀 (3인칭대명사)   ● にほんじん (日本人) [nihonzin] 일본인

그녀 + 는 + 일본인 + 입니까?
かのじょ + は + にほんじん + ですか。 (~ですか형)
C-01-10   [Kanozyo wa nihonzin desuka?]

그녀 + 는 + 일본인 + 이야?
かのじょ + は + にほんじん。 (반말체)
C-01-11   [Kanozyo wa nihonzin?]

 ## 자! 그러면 패턴문장으로 실력을 다져볼까요!

● あなた [anata] 당신 (2인칭대명사)
● かれ (彼) [kare] 그 (3인칭대명사)
● こうむいん (公務員) [koumuin] 공무원
● がくせい (学生) [gakusei] 학생

● かいしゃいん (会社員) [kaisyain] 회사원
● ~も [mo] ~도/나 (조사)
● ~ら (等) [ra] ~들 (복수접미사)

 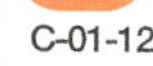
あなたは かいしゃいん ですか。
C-01-12   [Anatawa kaisyain desuka?] 당신은 회사원입니까?

パターン
패턴
예문
3

かれも こうむいん ですか。
C-01-13   [Karemo koumuin desuka?] 그도 공무원입니까?

かれらは がくせい。
C-01-14   [Karerawa gakusei?] 그들은 학생이야?

❶ 가장 자주 쓰는 인칭대명사는 **わたし (私)** (나), **あなた** (당신), **かれ (彼)** (그)와 **かのじょ (彼女)** (그녀) 등이 있습니다. 인칭대명사를 복수형으로 만들려면 **ら (等)** (들)을 붙이면 됩니다. 그 외에도 **わたしたち** (우리들)에서처럼 **~たち (達)** 를 붙이거나, **ひとびと (人人)** (사람들)처럼 두 번 반복해서 복수를 나타낼 때도 있습니다.

❷ 1인칭대명사에는 **わたし** 뿐만 아니라 **ぼく** 나 **おれ** 등이 있고, 2인칭대명사인 경우 **あなた**, **おまえ**, **きみ** 등이 있습니다. 어떤 인칭대명사를 쓰느냐에 따라 상대방과의 '친밀도'를 나타내기 때문에 사용에 주의가 필요합니다. 특히 처음 만난 일본인에게 **あなた** 라는 표현은 쓰지 않고 예의를 갖추어 성씨를 불러야 합니다.

❸ **がくせい (学生)** 의 발음은 '가쿠세이'보다는 '각세-' [gaksee]로 발음하시는 것이 원어 발음에 가깝습니다.

 01-05. 그녀+는+대학생+이 아닙니다. (~ではありません 형)

이번에는 '부정표현'을 만나 보겠습니다.
우리말도 긍정문을 부정문으로 바꿀 때, '입니다'를 '아닙니다'로만
바꾸면 되는 것처럼 일본어 역시 **~です** (~입니다)를
~ではありません (~이 아닙니다)로 바꾸면 됩니다.
(일상회화에서는 **~ではありません** 보다는
축약된 형태의 **~じゃありません** 을 주로 씁니다.)

'~이 아닙니까?'라고 의문문을 만들려면 **~ではありませんか** 라고 하면 됩니다.
그리고 반말체인 '~이(가) 아니다'는 **~ではない** 또는
축약된 형태의 **~じゃない** 로 하면 됩니다.

반말체 부정의문문 역시 문장 끝부분을 살짝 올려 발음하면 됩니다.

● **だいがくせい (大学生)** [daigakusei] 대학생

그녀 + 는 + 대학생 + 이 아닙니다.

かのじょ + は + だいがくせい + ではありません。

C-01-15　[Kanozyo wa daigakusei dewaarimasen.] (~ではありません형)

그녀 + 는 + 대학생 + 이 아니다.

かのじょ + は + だいがくせい + ではない。

C-01-16　[Kanozyo wa daigakusei dewanai.] (~ではない형)

❶ だいがくせい (大学生) 의 がくせい 역시 '가쿠세이'보다는 '각세-' [gaksee]로 발음합니다.

자! 그러면 패턴문장으로 실력을 다져볼까요!

- **すずき (鈴木)** [suzuki] 스즈키 (성씨)　　• **さん** [san] 씨/님　　• **り (李)** [ri] 이 (성씨)
- **くん (君)** [kun] 군　　• **りゅうがくせい (留学生)** [ryuugakusei] 유학생
- **せんせい (先生)** [sensei] 선생님

すずきさんは ちゅうごくじん ではありません。

C-01-17　[Suzukisanwa chyugokuzin dewaarimasen.] 스즈키씨는 중국인이 아닙니다.

りくんは りゅうがくせい じゃありませんか。

C-01-18　[Rikunwa ryuugakusei zyaarimasenka?] 이 군은 유학생이 아닙니까?

せんせいは アメリカじん ではありません。

C-01-19　[Senseiwa amerikazin dewaarimasen.] 선생님은 미국인이 아닙니다.

Practical, Useful and Easy-To-Understand Lessons!

❶ 호칭의 경우 우리의 '님/씨'는 일본어로 **さん** 입니다. 병원이나 은행, 관공서 등과 같이 존칭이 필요한 곳에서는 주로 **さま (様)** 를 사용합니다. 그리고 손아래 사람을 부를 때는 우리처럼 **くん (君)** 이라고 합니다.

❷ 일본 사람은 보통 성 **(姓)**+**さん** 으로 부릅니다. 일본에는 성씨가 30만 개 이상이어서 굳이 이름까지 부르지 않아도 구별이 가능하기 때문이죠.

❸ 일본에서는 '선생+님'과 같이 이중존칭을 사용하지 않습니다. 예를 들어 '사장님/과장님' 같은 경우에도 **しゃちょう (社長)** (사장), **かちょう (課長)** (과장)이라고만 씁니다. 직함에 이미 존대의 의미가 포함되어 있기 때문이죠.

Practical, Useful and
Easy-To-Understand Lessons!

Practical, Useful and Easy-To-Understand Lessons!

日本語 マルチ プラス

제01과 Multi Plus
인사를 잘해야 일본어가 팍팍! 늘어난다!

일본, 일본인에 대한 인상은 '깨끗한 나라, 친절하고 예의 바른 사람들'입니다.
일본의 친절과 예의의 중심에는 '인사'가 있습니다.
다양한 인사표현은 일본인의 일상이며 예절의 핵심입니다.
우리는 해도 되고 안 해도 될만한 인사들이 일본에서는 안 하면 '무례한 사람'이 될 수 있습니다.
인사를 열심히 하지 않으면 순식간에 예의 없는 사람이 될 수 있습니다.
우리가 제01과 멀티플러스에서 최우선적으로 인사표현을 다루는 이유가 여기에 있습니다.

Practical, Useful and
Easy-To-Understand Lessons!

01+01. 일본어 생활표현 : 일본어 인사표현, 베스트!

가장 일본어다운 표현, 시간대별 일본어 인사표현을 만나보겠습니다.
우리는 하루 중 아무 때고 '안녕하세요?'로 다 되지만, 일본어는 아침, 점심, 저녁 시간
대별로 사용하는 인사표현이 따로 있습니다.

❶ **おはよう ございます。**
M+01-01
[Ohayou gozaimasu.] 안녕하세요. (아침인사)

❷ **おはよう。**
M+01-02
[Ohayou.] 안녕. (친한 친구끼리 아침에 인사할 때)

❸ **こんにちは。**
M+01-03
[Konnichiwa.] 안녕하세요. (점심인사)

❹ **こんばんは。**
M+01-04
[Konbanwa.] 안녕하세요. (저녁인사)

❺ **おげんきですか。**
M+01-05
[Ogenkidesuka?] 안녕하세요?/잘 지내시죠? (안부 인사말)

❶ 아침인사 **おはよう** 는 '이르다'라는 뜻의 **はや(早)い** 에서 유래되었습니다. 마찬가지로 **こんにち(今日)は** 와 **こんばん(今晩)は** 도 '오늘 낮' (日) 과 '오늘 밤' (晩) 이라는 뜻에서 비롯되었습니다.

日本語 マルチ プラス

- 멀티플러스 일본어 표현과 회화
- 생활표현과 여행회화를 완성하는 코너!

01+02. 일본어 생활표현 : 젊은 일본어 인사표현들!

우리의 '방가방가' 같은 표현들이 있습니다. 젊은이들 사이에서 유행어로 사용되고 있는 인사표현들을 소개합니다.

⑥ **おは。**
M+01-06
[Oha.] 안녕.

⑦ **おはつ。**
M+01-07
[Ohatsu.] 방가방가.

⑧ **おっす。**
M+01-08
[Ossu.] 안녕하십니까?

⑨ **あけおめ。**
M+01-09
[Akeome.] 새해 복 많이 받아.

⑩ **ハイ。**
M+01-10
[Hai.] 하이.

❶ **おは。** [Oha.] (안녕.)은 **おはよう。** 의 축약표현입니다.
❷ **おはつ。** [Ohatsu.] (방가방가.) 채팅할 때 첫인사입니다.
❸ **おっす。** [Ossu.] (안녕하십니까?)는 규율이 엄한 운동부 같은 곳에서 사용하며,
아침인사의 맨 앞 **お** 와 맨 뒤의 **す** 만 붙여 쓴 인사입니다.
❹ **あけおめ。** [Akeome.] (새해 복 많이 받아.) 신년인사 **あけまして おめでとうございます。**
(새해 복 많이 받으세요.)의 축약표현입니다.
❺ **ハイ。** [Hai.] (하이.) 친한 친구끼리 가볍게 인사할 때 사용합니다.

Practical, **Useful** and **Easy-To-Understand** Lessons!

01+03. 일본어 생활표현 : 감사하고 사과하기!

일본어가 예쁘게 들리는 이유는 격한 받침음이 없이 대체로 유연한 발음으로 연결된다는 것과 대화의 앞뒤가 일본인 특유의 미소와 함께 인사말이 채워지기 때문입니다. 일본어를 좀 더 일본어답게 하려면 인사표현에 대한 일본 사람들의 철학을 이해하지 않으면 안 됩니다. 정말 고마워서가 아니어도, 정말 내가 잘못한 상황이 아니어도 감사와 사과의 인사는 즉각적으로 표현되어야 하는 것이 일본어입니다.

⑪ **すみません。**
M+01-11
[Sumimasen.] 죄송합니다. (사과표현)

⑫ **ありがとう ございます。**
M+01-12
[Arigatou gozaimasu.] 고맙습니다. (감사표현)

⑬ **ありがとう。**
M+01-13
[Arigatou.] 고마워. (친한 친구끼리 감사표현)

⑭ **ごめんなさい。**
M+01-14
[Gomennasai.] 미안합니다.

⑮ **ごめん。**
M+01-15
[Gomen.] 미안. (친한 친구끼리 사과표현)

❶ 특히 **すみません。**은 일본인이 가장 자주 사용하는 말로, 사과표현뿐만 아니라, 모르는 사람에게 길을 물어 보거나, 남의 집에 들어갈 때 또는 감사표현으로 '실례합니다'와 '감사합니다' 등 다양한 의미를 포함합니다.

Practical, Useful and Easy-To-Understand Lessons!

제01과에 이어서 제02과 역시 워밍업 스테이지입니다.
우리말과 일본어가 닮아서 이해가 쉬운 부분을 더 찾아보겠습니다.
이번 과에서 만날 내용은 **~です** (~입니다) 문형의 확장판인 과거형 **~でした** (~였습니다)와 과거부정형 **~ではありませんでした** (~아니었습니다)입니다. 이렇게 하면 **です**형의 다양한 표현들이 모두 정리되는 것입니다. 아울러 지시대명사와 소유를 나타내는 조사 **~の** (~의)에 대해서도 살펴보겠습니다.

02-01. 우리나라 사람과 일본 사람

우리말과 일본어가 서로 닮았다는 것은, 우리와 일본인의 인식 구조도 매우 닮았음을 뜻합니다. 즉 보고 느끼고 표현하는 것 또한 유사하다는 것인데, 그만큼 서로를 잘 이해할 수 있다는 결정적 장점이 있습니다. 우리가 일본어를 쉽게 잘할 수밖에 없는 또 하나의 이유죠. 일본어를 단순히 의사 전달의 도구로 볼 것이냐, 일본인의 생각과 문화를 읽는 도구로 볼 것이냐가 결정되는 대목입니다.

02-02. 그녀+는+선생님+이었습니다. (~でした형)

이번 코너는 **~です** 의 과거형입니다. 만드는 방법은 매우 간단합니다.
~です (~입니다)를 **~でした** (~였습니다)로 바꾸어 주기만 하면 됩니다.
아울러 의문문은 **~でしたか** (~였습니까?)이고,
반말체의 경우에는 **~だ** (~이다)를 **~だった** (~였다)로 하면 됩니다.

- かのじょ (彼女) [kanozyo] 그녀 (3인칭대명사)
- せんせい (先生) [sensei] 선생님

그녀 + 는 + 선생님 + 이었습니다.

かのじょ + は + せんせい + でした。 (~でした형)

C-02-01　[Kanozyo wa sensei desita.]

그녀 + 는 + 선생님 + 이였다.

かのじょ + は + せんせい + だった。 (~だった형)

C-02-02　[Kanozyo wa sensei datta.]

자! 그러면 패턴문장으로 실력을 다져볼까요!

- フリーター [huri-ta-] 프리타 (일정한 직업 없이 아르바이트로 생활하는 사람)
- きのう (昨日) [kinou] 어제
- ~の [no] ~의 (조사)
- たんじょうび (誕生日) [tanzyoubi] 생일
- きむら (木村) [kimura] 기무라 (성씨)
- モデル [moderu] 모델

Practical, Useful and Easy-To-Understand Lessons!

パターン 패턴 예문 3

かれは フリーター でした。

C-02-03
[Karewa huri-ta- desita.] 그는 프리타였습니다.

きのうは わたしの たんじょうび でした。

C-02-04
[Kinouwa watasino tanzyoubi desita.] 어제는 나의 생일이었습니다.

木村さんは モデル だった。

C-02-05
[Kimurasanwa moderu datta.]
기무라씨는 모델이었다. (기무라씨는 모델이였어.)

❶ 우리는 '생일' (生日)이라고 하지만 일본에서는 '탄생일', 즉 **たんじょうび (誕生日)** 라고 합니다. '생년월일'은 우리말과 똑같이 **せいねんがっぴ (生年月日)** [seinengappi] 라고 합니다.

❷ **きょう (今日)** [kyou] (오늘), **あした (明日)** [asita] (내일)입니다. 그래서 '내일은 그녀의 생일입니다.'는 **あしたは かのじょの たんじょうび です。** [Asitawa kanozyono tanzyoubi desu.] 라고 하면 됩니다.

❸ 일본의 대학생은 3학년을 마치면 직장을 구하기 시작합니다. 그리고 직장이 정해지면 **ないてい (内定)** [naitei] 라고 하며, 남은 1년 동안은 앞으로 다닐 회사에서 필요한 업무를 미리 준비합니다.

02-03. 그녀+는+학생+이 아니었습니다.(~ではありませんでした형)

이번 코너는 **でした** 의 부정형입니다.

과거부정표현(엄밀하게 말해서 부정 과거표현)은 지금까지 배우신 '부정'과 '과거'를 합한 문장입니다.

즉 **~ではありません** (부정표현) + **でした** (과거표현)을 합해서 **~ではありませんでした** (~이/가 아니었습니다) 또는 축약된 형태인 **~じゃありませんでした** 로 하면 됩니다.

반말체의 경우에도 ~ではない 를 ~ではなかった 또는 ~じゃなかった (~이/가 아니었다)로 하면 됩니다.

● がくせい (学生) [gakusei] 학생

그녀 + 는 + 학생 + 이 아니었습니다.

かのじょ + は + がくせい + ではありませんでした。

C-02-06　[Kanozyo wa gakusei dewaarimasendesita.] (~ではありませんでした형)

그녀 + 는 + 학생 + 이 아니었다.

かのじょ + は + がくせい + ではなかった。

C-02-07　[Kanozyo wa gakusei dewanakatta.] (~ではなかった형)

자! 그러면 패턴문장으로 실력을 다져볼까요!

● やくそく (約束) [yakusoku] 약속　　● にじ (二時) [nizi] 2시　　● サッカー [sakka-] 축구
● せんしゅ (選手) [sensyu] 선수　　● せんせい (先生) [sensei] 선생님

やくそくは にじ ではありませんでした。

C-02-08　[Yakusokuwa nizi dewaarimasendesita.] 약속은 2시가 아니었습니다.

かれは サッカーせんしゅ じゃありませんでした。

C-02-09　[Karewa sakka-sensyu zyaarimasendesita.] 그는 축구 선수가 아니었습니다.

せんせいの たんじょうびは きのう じゃなかった。

C-02-10　[Senseino tanzyoubiwa kinou zyanakatta.] 선생님의 생일은 어제가 아니었다.

❶ やくそく (約束) 의 발음은 [yakusoku] 이지만, 촉음으로 발음한 '약소쿠' [yaksoku] 로 발음하는 것이 원어발음에 가깝습니다.

02-04. 이것은 무엇입니까?

이번 코너는 **です**형과 함께 지시대명사를 알아보겠습니다.
지시대명사는 '이것/그것/저것' 그리고 '어느 것' 또는 '이/그/저/어느'와 같이 관형사로 쓰이거나 '여기/거기/저기/어디'처럼 장소를 혹은 '이쪽/그쪽/저쪽/어느 쪽'처럼 방향을 나타내기도 합니다.

이렇게 '이/그/저/어느' (**こ**, **そ**, **あ**, **ど**)를 기억해두시면 여러모로 활용하실 수 있습니다.

지시대명사 :

- **この** [kono] 이　　● **その** [sono] 그　　● **あの** [ano] 저　　● **どの** [dono] 어느
- **これ** [kore] 이것　● **それ** [sore] 그것　● **あれ** [are] 저것　● **どれ** [dore] 어느 것
- **ここ** [koko] 여기　● **そこ** [soko] 거기　● **あそこ** [asoko] 저기　● **どこ** [doko] 어디
- **こっち/こちら** [kocchi/kochira] 이쪽　　　　● **そっち/そちら** [socchi/sochira] 그쪽
- **あっち/あちら** [acchi/achira] 저쪽　　　　● **どっち/どちら** [docchi/dochira] 어느 쪽

- **なん (何)** [nan] 무엇

이것 + 은 + 무엇 + 입니까?

これ + は + なん + ですか。

C-02-11　[Kore wa nan desuka?]

이것 + 은 + 무엇이지?

これ + は + なに。

C-02-12　[Kore wa nani?]

❶ **なん (何)** (무엇)은 경우에 따라서 **なに** [nani] 로도 발음합니다.

자! 그러면 패턴문장으로 실력을 다져볼까요!

- **くだもの (果物)** [kudamono] 과일
- **りんご** [ringo] 사과
- **ひと (人)** [hito] 사람
- **だれ (誰)** [dare] 누구

パターン
패턴
예문
3

ここは どこ ですか。
C-02-13　[Kokowa doko desuka?] 여기는 어디입니까?

あの くだものは りんご ですか。
C-02-14　[Ano kudamonowa ringo desuka?] 저 과일은 사과입니까?

この ひとは だれ ですか。
C-02-15　[Kono hitowa dare desuka?] 이 사람은 누구입니까?

❶ '이 사람' **この ひと** 보다 정중한 표현은 '이 분' **この かた (方)** [kata] 입니다.
❷ **こっち** 와 **こちら** 는 둘 다 '이쪽'이라는 뜻이며, **こちら** 의 경우 '이 쪽(분)'이라는 뉘앙스도 포함되어 있습니다.

02-05. 그것＋은＋누구＋의＋책입니까?

이번에는 일본어에서 가장 많이 쓰이는 조사 중 하나인 **の** [no] 에 대해 알아보겠습니다.

~の 는 (대)명사＋**の**＋(대)명사와 같이 (대)명사 사이에 쓰일 때 '~의'라는 소유의 뜻이 있습니다. 또는 **~のです** (~의 것입니다)로 쓰여 '~것'이란 뜻도 있습니다.

- **だれ (誰)** [dare] 누구
- **ほん (本)** [hon] 책

그것 ＋ 은 ＋ 누구 ＋ 의 ＋ 책 ＋ 입니까?

それ ＋ は ＋ だれ ＋ の ＋ ほん ＋ ですか。

C-02-16　　[Sore wa dare no hon desuka?]

그것 ＋ 은 ＋ 나 ＋ 의 것 ＋ 입니다.

それ ＋ は ＋ わたし ＋ の ＋ です。

C-02-17　　[Sore wa watasi no desu.]

자! 그러면 패턴문장으로 실력을 다져볼까요!

- **おんがく (音楽)** [ongaku] 음악
- **り (李)** [ri] 이 (성씨)
- **けいたい (携帯)** [keitai] 휴대폰
- **パソコン** [pasokon] PC/퍼스널 컴퓨터

パターン 패턴예문 3

C-02-18

かのじょは おんがくの せんせい です。

[Kanozyowa ongakuno sensei desu.] 그녀는 음악(과목)의 선생님입니다.

C-02-19

だれの けいたい。

[Dareno keitai?] 누구의 휴대폰이니?

C-02-20

この パソコンは りさんの です。

[Kono pasokonwa risanno desu.] 이 PC는 이씨의 것입니다.

❶ 우리는 '음악 선생님'이라 하지만 일본어는 단어 사이에 **の** 를 넣어 **おんがくの せんせい** 라고 합니다.
❷ **パソコン** 은 '퍼스널 컴퓨터'(PC)의 일본식 표기입니다.

日本語と仲良くなる一番親切な方法！

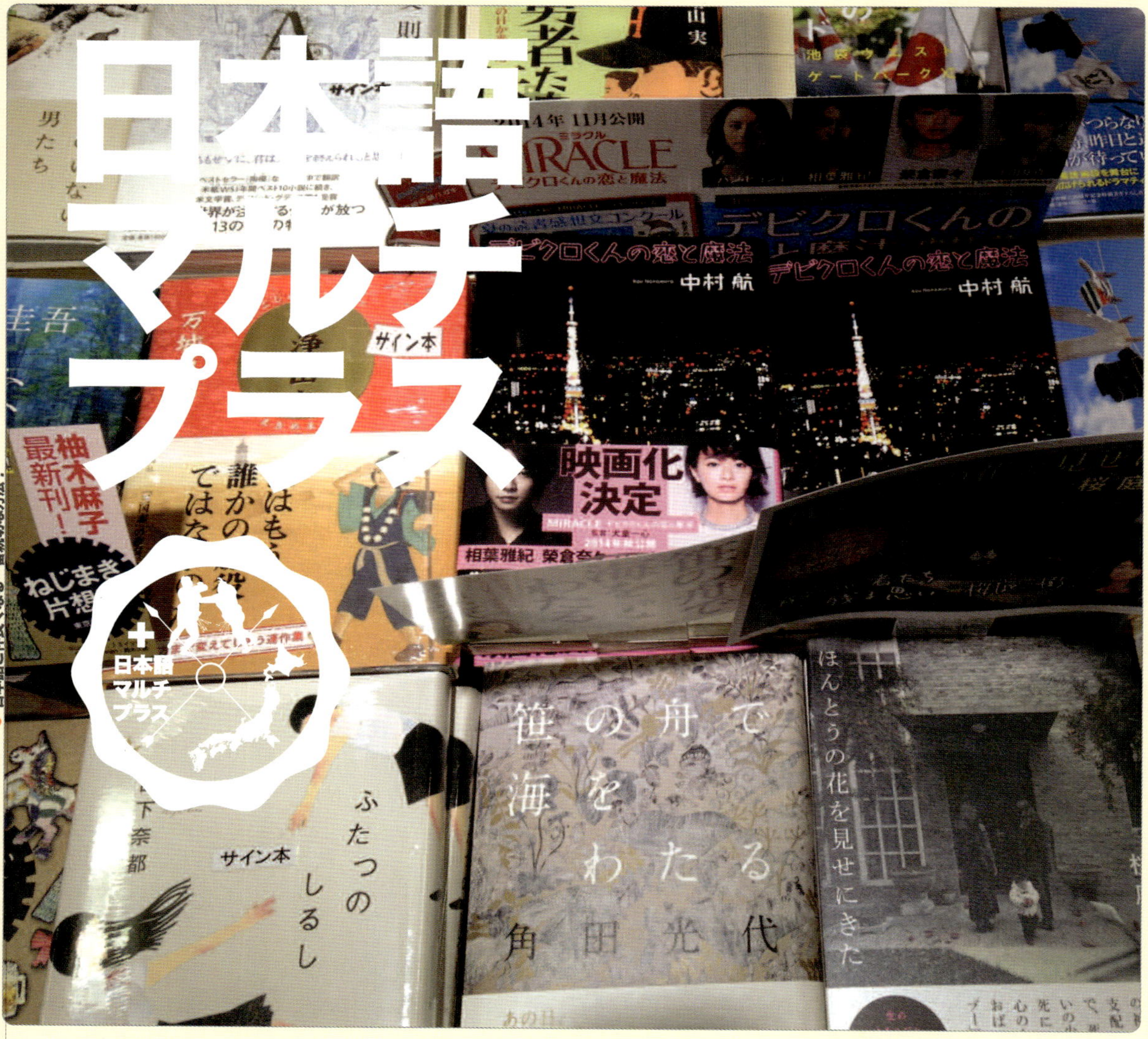

日本語と仲良くなる一番親切な方法！

제02과 Multi Plus
일본어 여행자를 위한 초간단 숫자공부!

숫자만큼 여행자에게 중요한 것도 없습니다.
조만간 일본으로 떠나시려는 여행자 여러분을 위해서 후다닥 일본어 숫자를 준비했습니다.

 02+01. 일본어 생활표현 : 1부터 10까지 숫자 읽기

일본어의 숫자는 한자를 빌어와 쓴 것이기 때문에 우리의 발음과 매우 비슷합니다. 일본어 숫자 학습방법은 1부터 10 그리고 백, 천, 만 정도만 알면 웬만한 일상적 숫자 읽기는 곧바로 해결됩니다.

いち (一) [ichi] 1	**に (二)** [ni] 2	**さん (三)** [san] 3
し (四, 혹은 **よん, よ)** [si] 4	**ご (五)** [go] 5	**ろく (六)** [roku] 6
しち (七, 혹은 **なな)** [sichi] 7	**はち (八)** [hachi] 8	
きゅう (九, 혹은 **く)** [kyuu] 9	**じゅう (十)** [zyuu] 10	
ひゃく (百) [hyaku] 100	**せん (千)** [sen] 1000	**まん (万)** [man] 10000

자! 그러면 숫자를 만들어 보겠습니다.
예를 들어 290은 2+100+9+10으로 읽습니다.
그러니까 **に+ひゃく+きゅう+じゅう** 가 되는 것이죠. 그리고 800은 8+100이니까 **はち+ひゃく** 입니다만, 발음상 **はっ+ぴゃく** [happyaku] 로 발음이 편하게 바뀌었습니다. 비슷한 예로 300은 **さんひゃく** 가 아니라 **さんびゃく** [sanbyaku], 600은 **ろくひゃく** 가 아니라 **ろっぴゃく** [roppyaku] 로 발음합니다.

단! 경우에 따라서 '4' 는 **よん/ よ** 로, '7' 은 **なな** 로, '9'는 **く** 로 발음할 때도 있습니다. 예를 들어 '네 개'는 **よんこ (四個)** 그리고 '일곱 명'은 **ななにん (七人)**, '아홉 시'는 **くじ (九時)** 로 읽습니다. 특별히 주의가 필요한 숫자들입니다.

- **これ** [kore] 이것
- **りんご** [ringo] 사과
- **パソコン** [pasokon] PC/퍼스널 컴퓨터
- **パーセント** [pa-sento] %
- **いくら** [ikura] 얼마
- **りょうり (料理)** [ryouri] 요리
- **えん (円)** [en] 엔 (일본통화)
- **さんじゅう (三十)** [san zyuu] 30
- **わりびき (割引)** [waribiki] 할인

  # 日本語 マルチ プラス

● 멀티플러스 일본어 표현과 회화
● 생활표현과 여행회화를 완성하는 코너!

Practical, Useful and **Easy-To-Understand** Lessons!

マルチ プラス + 멀티 플러스

 **❶ これは いくらですか。**

M+02-01

[Korewa ikuradesuka?] 이것은 얼마입니까?

  **❷ この りんごは にひゃくきゅうじゅうえんです。**

M+02-02

[Kono ringowa nihyakukyuuzyuuendesu.] 이 사과는 290엔입니다.

  **❸ その りょうりは よんせんはっぴゃくえんです。**

M+02-03

[Sono ryouriwa yonsenhappyakuendesu.] 그 요리는 4,800엔입니다.

  **❹ あの パソコンは ろくまんごせんえんです。**

M+02-04

[Ano pasokonwa rokumangosenendesu.] 저 PC는 65,000엔입니다.

❺ これは さんじゅっ パーセント わりびきです。

M+02-05

[Korewa sanzyup pa-sento waribikidesu.] 이것은 30% 할인입니다.

(숫자 30의 발음은 [sanzyuu] 입니다만, 뒤에 퍼센트와 같이 붙여 쓰일 경우에는 [sanzyuppa-sento] 로 발음하는 것이 자연스럽습니다.)

 02+02. 일본어 생활표현 : 숫자 세기 (조수사)

우리처럼 일본도 숫자는 '일, 이, 삼'으로 읽고 갯수를 셀 땐 '한 개, 두 개, 세 개' 식으로 읽습니다. 그리고 열한 개부터는 한자 음대로 읽습니다. 예를 들어 **じゅういっこ (十一個)** [zyuuikko] '열한 개'와 같은 방식이죠.

ひとつ (一つ) [hitotsu] 한 개, **ふたつ (二つ)** [hutatsu] 두 개, **みっつ (三つ)** [mittsu] 세 개, **よっつ (四つ)** [yottsu] 네 개, **いつつ (五つ)** [itsutsu] 다섯 개, **むっつ (六つ)** [muttsu] 여섯 개, **ななつ (七つ)** [nanatsu] 일곱 개, **やっつ (八つ)** [yattsu] 여덟 개, **こ このつ (九つ)** [kokonotsu] 아홉 개, **とお (十)** [too] 열 개, **いくつ** [ikutsu] 몇 개

● **りんご** [ringo] 사과　● **なし** [nasi] 배　● **~ください** [kudasai] ~주세요
● **ぜんぶ (全部)** [zenbu] 전부　● **ぜんぶで (全部で)** [zenbude] 전부 합해서

⑥ M+02-06

りんごは いくらですか。

[Ringowa ikuradesuka?] 사과는 얼마입니까?

 마루치 플러스 + 멀티 플러스

 **⑦** M+02-07

ひとつ ひゃくえんです。

[Hitotsu hyakuendesu.] 한 개 100엔입니다.

  **⑧** M+02-08

この なし みっつ ください。

[Kono nasi mittsu kudasai.] 이 배 세 개 주세요.

 **⑨** M+02-09

ぜんぶ いくらですか。

[Zenbu ikuradesuka?] 전부 얼마입니까?

 **⑩** M+02-10

ぜんぶで さんびゃくろくじゅうえんです。

[Zenbude sanbyakurokuzyuuendesu.] 전부 합해서 360엔입니다.

02+03. 일본어 상식 : 일본의 상용한자, 1945

일본에서 일상생활용으로 쓰이는 한자를 상용한자(**常用漢字**)라고 합니다.
일본의 상용한자는 약 1,945개 입니다. 이 정도만 알면 일본에서의 언어생활이 해결
된다는 뜻이죠. 일본은 우리와 달리 한자를 음과 뜻으로 각각 읽습니다. 예를 들어
'배울 학' **学** 의 경우, 우리는 뜻은 '배우다'이지만 음인 '학'으로만 읽습니다.
그러나 일본에서는 '학'은 **がく** [gaku] 로 '배우다'는 **まなぶ** [manabu] 로 각각 따
로 읽습니다. 즉 음으로 읽을 경우 '학생' (**学生**)처럼 하나의 단어로 명사가 되거나,
뜻으로 읽을 경우 동사/형용사/형용동사와 같이 술어가 되기도 합니다.

제03과와 제04과에서는 앞에서 배운 **です**형을 활용해서 일본어 '형용사'를 공부합니다.
'형용사+**です**형'은 가장 자주 사용하는 문형 중 하나로 활용도가 매우 높기 때문에 그만큼 중요합니다.
형용사+**です** 문형의 다양한 조합을 통해서 여러분의 일본어가 더욱 풍성해질 것입니다.

 03-01. 일본사람 참 아기자기하다!

일본사람은 자신의 감정이나 생각을 쉽게 말하지 않습니다.
남녀가 연애를 할 때는 물론 어떤 주제에 대해 토론을 할 때도 '저는 ~라고 생각합니다.' 또는 '난 ~가 좋을 거 같아.' 하는 식으로 매우 간접적으로 표현합니다. 이는 자신의 속내를 직접적으로 드러내지 않으려는 의도와 자신의 생각이 상대에게 폐를 끼칠 수도 있다는 조심스러움에서 비롯됩니다.

일본인의 이러한 의식은 일본어 표현에도 그대로 적용됩니다. 그래서 '좀 더 조심스러운 뉘앙스로 아기자기하게 말하는 것이 일본어답다'라고 할 수 있습니다.

 03-02. 형용사의 기본형을 만나다!

'형용사'는 사물의 성질과 상태를 나타냅니다.
문법적으로는 명사를 수식하는 말입니다.
우리말 형용사의 기본형이 모두 '다'로 끝나는 것처럼,
일본어 형용사는 모두 **い** 로 끝납니다.
예를 들어 '빨갛다', '춥다' 등이 일본어로는 **あかい**, **さむい** 입니다.
우리말과 일본어의 형용사 어미는 각각 '다'와 **い** 라는 것을 알 수 있습니다.

 03-03. 그녀는 귀엽습니다. (~です)

맛깔나게 말하는 사람들의 특징은 형용사를 화려하게 구사한다는 점입니다.
형용사를 많이 알면 여러분의 일본어가 그만큼 다채로워진다는 이야기이기도 합니다. 자! 그러면 기본이 되는 '형용사+**です**' (~입니다) 문형부터 시작해 보겠습니다.
형용사+**です** 는 정중한 형태의 표현입니다. 의문문은 **か** 를 붙여주면 되고, 반말체의 경우에는 형용사만 쓰면 됩니다.

- **かわいい** 귀엽다

그녀는 귀엽습니다.
かのじょは かわいいです。
C-03-01

그녀는 귀엽습니까?
かのじょは かわいいですか。
C-03-02

그녀는 귀엽다.

かのじょは かわいい。

C-03-03

자! 그러면 패턴문장으로 실력을 다져볼까요!

- **やさしい (優しい)** 상냥하다
- **せいかく (性格)** 성격
- **いい (혹은 よい)** 좋다
- **おとこ (男)** 남자
- **せ (背)** 키
- **たかい (高い)** 높다
- **おおきい (大きい)** 크다

パターン

**패턴
예문**

3

C-03-04

かれは やさしいです。

그는 상냥합니다.

C-03-05

かのじょの せいかくは いいです。

그녀의 성격은 좋습니다.

C-03-06

あの おとこは せが たかい。

그 남자는 키가 크다.

❶ 일본어의 명사나 형용사의 어간 대부분은 한자로 되어 있습니다. 일본어에서 한자는 문장을 짧게 만들기도 하지만 뭔가 좀 더 유식해 보이게도 합니다. ^_^; 이제부터 학습자 여러분께서는 한자 읽는 법을 병행해서 익혀주시면 좋겠습니다.
❷ '남자'는 **おとこ (男)** 라고 하지만, 이보다는 **おとこのひと (男の人)** 나 **だんし (男子)**, **だんせい (男性)** 라고 하는 것이 좀 더 고상한 표현입니다. '여자'의 경우도, **おんな (女)** 보다는 **おんなのひと (女の人)** 나 **じょし (女子)**, **じょせい (女性)** 라고 표현하기는 것이 좋습니다.
❸ 우리는 '키가 크다'고 하지만, 일본 사람들은 '키가 높다'고 말합니다. 반대로 '키가 작다'는 '키가 낮다' (**せが ひくい**) 라고 합니다.
❹ '그'는 **その** 이지만, 두 사람 다 서로 알고 있는 경우엔 **あの** 라고 표현합니다.

03-04. 그녀는 아름다웠습니다. (~かったです)

이번 코너는 '형용사의 과거형'에 대해서 알아보겠습니다.
형용사를 과거형으로 말하려면 어미 **い** 를 **かった** 로 바꾸면 됩니다.
그래서 만드는 방법은 형용사의 과거형 **かった+です** 가 됩니다.
과거형 의문문은 **かった+ですか** 이고, 반말체는 그대로 **かった** 라고 하면 됩니다.

● うつくしい (美しい) 아름답다

그녀는 아름다웠습니다.
C-03-07

かのじょは うつくしかったです。

그녀는 아름다웠습니까?
C-03-08

かのじょは うつくしかったですか。

그녀는 아름다웠다.
C-03-09

かのじょは うつくしかった。

자! 그러면 패턴문장으로 실력을 다져볼까요!

● かお (顔) 얼굴
● かるい (軽い) 가볍다
● ちいさい (小さい) 작다
● せ (背) 키
● たいじゅう (体重) 몸무게
● ひくい (低い) 낮다/작다

日本語 基本文法 パート 1.

The Perfect Book　　　Practical　　　Useful

日本語と仲良くなる 一番親切な方法！

パターン 패턴 예문 **3**

C-03-10

かれの かおは ちいさかったです。

그의 얼굴은 작았습니다.

C-03-11

わたしの たいじゅうは かるかったです。

저의 몸무게는 가벼웠습니다.

C-03-12

かのじょの せは ひくかった。

그녀의 키는 작았어?

03-05. 그녀는 아름답지 않습니다. (〜くないです)

이번에는 '형용사의 부정형'입니다.
우리말 형용사 '아름답다'의 부정형은 '않다'를 붙여 '아름답지 않다'로 만듭니다.
이때 형용사 어미 '다'가 '지'로 변한 다음에 부정어가 연결됩니다. 일본어의 형용사도
마찬가지로 '아름답다'인 **うつくしい** 에서 어미인 **い** 를 **く** 로 바꾼 다음에 부정어
ない 를 연결합니다. 즉 '아름답지 않다'는 **うつくしくない** 가 되는 것이죠.

● **うつくしい (美しい)** 예쁘다

C-03-13

그녀는 예쁘지 않습니다.

かのじょは うつくしくないです。

C-03-14

그녀는 예쁘지 않다.

かのじょは うつくしくない。

 **자! 그러면 패턴문장으로 실력을 다져볼까요!**

● おとなしい (大人しい) 온순하다   ● おもい (重い) 무겁다

パターン 패턴예문 3

C-03-15 **あの じょせいは かわいくないです。**
그 여자는 귀엽지 않습니다.

 C-03-16 **だんせいの せいかくは おとなしくないです。**
남자의 성격은 온순하지 않습니다.

 C-03-17 **かれの たいじゅうは おもくない。**
그의 체중은 무겁지 않다.

❶ 부정어인 **ない** 도 기본형이 **い** 로 끝나는 형용사입니다. 형용사는 형용사를 꾸밀 수 없기 때문에, 앞의 형용사 **い** 가 **く** 로 바뀌면서 부사(형용사의 부사화)가 되면서 부정어 **ない** 를 수식할 수 있게 된 것입니다.
❷ 참고로 **〜くないです** 형으 좀 더 부드러운 표현으로 **〜くありません** 이 있습니다.

 **03-06. 그녀는 아름답지 않았습니다. (〜くなかったです)**

이번에는 '형용사의 과거부정형'입니다.
'형용사의 과거부정형'은 지금까지 배운 '형용사 과거형'과 '형용사 부정형'을 합친 것이라 생각하면 됩니다. 부정형 '아름답지 않다' **うつくしくない** 와 과거형 '아름다웠다' **うつくしかった** 를 **です** 형에 더하면 '아름답지 않았습니다' **うつくしくなかったです** 가 됩니다 그리고 **です** 를 빼면 자동적으로 반말체가 됩니다.

日本語 基本文法 パート 1.

- 일본어 기본 문법의 완성!
- 기본 문법으로 완성하는 일본어

The Perfect Book　　　Practical　　　Useful

日本語と仲良くなる
一番親切な方法！

最小の文法で
最大の会話能力を！
日本語の
基本文法
実用会話
旅行会話

C-03-18

그녀는 아름답지 않았습니다.

かのじょは うつくしくなかったです。

C-03-19

그녀는 아름답지 않았다.

かのじょは うつくしくなかった。

자! 그러면 패턴문장으로 실력을 다져볼까요!

- はなし (話) 이야기
- うわさ (噂) 소문
- むずかしい (難しい) 어렵다
- わるい (悪い) 나쁘다
- まずしい (貧しい) 가난하다

パターン
패턴
예문
3

C-03-20

かれの はなしは むずかしくなかったです。

그의 이야기는 어렵지 않았습니다.

C-03-21

かのじょは まずしくなかったです。

그녀는 가난하지 않았습니다.

C-03-22

かれの うわさは わるくありませんでした。

그의 소문은 나쁘지 않았습니다.

---

❶ ～くなかったです 형은 ～くありませんでした 로 바꾸어 쓸 수도 있습니다.

03-07. 그녀는 귀여운 사람입니다. (형용사+명사)

형용사는 두 가지 형태로 사용됩니다. '그는 착하다.'처럼 술어적으로 쓰이는 경우와 '그는 착한 사람이다.'처럼 명사 앞에서 수식하는 경우가 있습니다. 일본어 형용사의 명사 수식 방법은 간단한데요, 형용사 모양 그대로 명사 앞에 놓기만 하면 됩니다.

- ひと (人) 사람

C-03-23
그녀는 귀여운 사람입니다.
かのじょは かわいい ひとです。

자! 그러면 패턴문장으로 실력을 다져볼까요!

- あに (兄) 형
- かた (方) 분
- おもしろい 재미있다
- すずき (鈴木) 스즈키 (성씨)
- ~と ~와/과 (조사)
- おかあさん (お母さん) 어머니
- わるい (悪い) 나쁘다

C-03-24
あには おもしろい ひとです。
형은 재미있는 사람입니다.

 パターン 패턴 예문 **3**

C-03-25
かのじょの おかあさんは うつくしい かたです。
그녀의 어머니는 아름다운 분입니다.

C-03-26
すずきさんは わるい ひとではありません。
스즈키 씨는 나쁜 사람이 아닙니다.

❶ 보통 자신의 부모님은 ちち (父) 아빠, はは (母) 엄마로 부르지만, 남의 집 부모의 경우엔 おとうさん (お父さん) (아버지), おかあさん (お母さん) (어머니)로 말합니다.

❷ 자신의 형 혹은 오빠는 あに (兄) 라고 하지만, 남의 집의 경우엔 おにいさん (お兄さん) 이라고 합니다. 참고로 일본은 '누나/언니' 모두 あね (姉), '남동생'은 おとうと (弟), '여동생'은 いもうと (妹) 라고 합니다. 남의 집일 경우 '누나'는 おねえさん (お姉さん) 이라고 합니다.

日本語 マルチ プラス

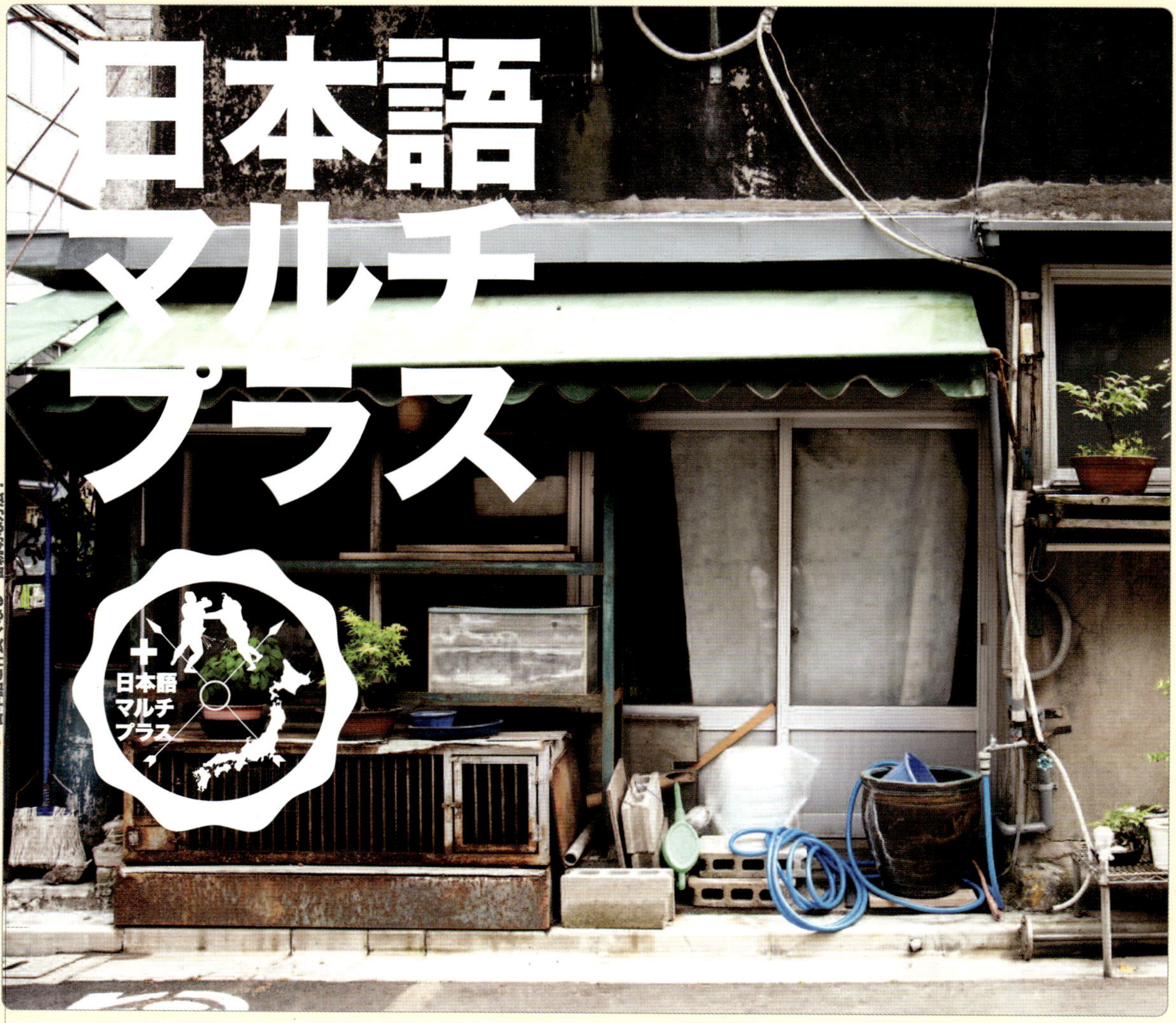

日本語と仲良くなる一番親切な方法！

제03과 Multi Plus
일본어 일상회화의 모든 시간표현 모음전!

이번 시간, 우리의 목표는 '시간'입니다. 시간을 알면 중요한 일본어 일상회화들이 해결됩니다.
지금까지 익힌 **です**형을 가지고 시간 관련 표현을 정리해 보겠습니다.

Practical, Useful and Easy-To-Understand Lessons!

日本語と仲良くなる一番親切な方法！

03+01. 일본어 생활표현 : 요일 말하기!

자! 그러면 먼저 요일 표현부터 시작하겠습니다. 우리와 똑같은 한자로 되어있습니다. 요일 관련 주요 표현을 준비했습니다. 통문장으로 기억해주십시오.

요일명 정리 : **げつようび (月曜日)** 월요일, **かようび (火曜日)** 화요일, **すいようび (水曜日)** 수요일, **もくようび (木曜日)** 목요일, **きんようび (金曜日)** 금요일, **どようび (土曜日)** 토요일, **にちようび (日曜日)** 일요일, **なんようび (何曜日)** 무슨 요일

- **きょう (今日)** 오늘
- **きのう (昨日)** 어제
- **あした (明日)** 내일
- **あさって (明後日)** 모레
- **おととい (一昨日)** 그저께

❶ **きょうは なんようびですか。**
M+03-01
오늘은 무슨 요일입니까?

❷ **きょうは どようびです。**
M+03-02
오늘은 토요일입니다.

❸ **きのうは きんようびでした。**
M+03-03
어제는 금요일이었습니다.

❹ **あしたは にちようびですか。**
M+03-04
내일은 일요일입니까?

❺ **おとといは なんようびでしたか。**
M+03-05
그저께는 무슨 요일이었습니까?

❶ 시간을 말할 때, **です**형은 현재뿐만 아니라 미래시제도 함께 쓸 수 있습니다. 예를 들어 '아니요, 내일은 월요일입니다.'의 경우, **いいえ、あしたは げつようびです。** 라고 하면 됩니다.
❷ 월요일에서 '월' (月) 을 뜻으로 읽으면 **つき (月)** 밤에 뜨는 '달'이란 의미입니다.

日本語 マルチ プラス

● 멀티플러스 일본어 표현과 회화
● 생활표현과 여행회화를 완성하는 코너!

03+02. 일본어 생활표현 : 년/월/일 말하기!

월 (月) 읽기

いちがつ (一月) 1월, にがつ (二月) 2월, さんがつ (三月) 3월, しがつ (四月) 4월, ごがつ (五月) 5월, ろくがつ (六月) 6월, しちがつ (七月) 7월, はちがつ (八月) 8월, くがつ (九月) 9월, じゅうがつ (十月) 10월, じゅういちがつ (十一月) 11월, じゅうにがつ (十二月) 12월

일 (日) 읽기

ついたち (一日) 1일, ふつか (二日) 2일, みっか (三日) 3일, よっか (四日) 4일, いつか (五日) 5일, むいか (六日) 6일, なのか (七日) 7일, ようか (八日) 8일, ここのか (九日) 9일, とおか (十日) 10일, じゅういちにち (十一日) 11일, はつか (二十日) 20일, さんじゅういちにち (三十一日) 31일

● なんがつ (何月) 몇 월
● なんにち (何日) 며칠
● こどものひ (子供の日) 어린이날
● ことし (今年) 금년
● きょねん (去年) 작년
● らいねん (来年) 내년
● おととし (一昨年) 재작년

マルチ プラス + 멀티 플러스

⑥ **きょうは なんがつ なんにちですか。**
M+03-06
오늘은 몇 월 며칠입니까?

⑦ **きょうは いちがつ ついたちです。**
M+03-07
오늘은 1월 1일입니다.

⑧ **ごがつ ごにちは こどものひです。**
M+03-08
5월 5일은 어린이날입니다.

⑨ **きのうは じゅうがつ はつかでした。**
M+03-09
어제는 10월 20일이었습니다.

⑩ **ことし 2016ねんは へいせい 28ねんです。**
M+03-10
금년 2016년은 헤이세이 28년입니다.

---

❶ 일본에서는 년도를 말할 때, 흔히 서력보다는 천황의 즉위 년도를 기준으로 년도를 말합니다. 마치 우리나라 조선시대 때 세종 몇 년처럼 말입니다. 그래서 2014년이라면 일본에서는 **へいせい (平成)** 26년이라고 말합니다.
❷ 2016년은 **にせんじゅうろくねん (二千十六年)** 그리고 28년은 **にじゅうはちねん (二十八年)** 으로 말하면 됩니다.

Practical, Useful and Easy-To-Understand Lessons!

03+03. 일본어 생활표현 : 시간 말하기!

일본어로 시간을 표현할 때, 우리말과 같이 **じ (時)** 시, **ふん (分)** 분, **びょう (秒)** 초로 말하면 됩니다.

- **じ (時)** 시
- **いま (今)** 지금
- **ごご (午後)** 오후
- **あさ** 아침

- **ふん (分)** 분
- **なんじ (何時)** 몇 시
- **~まえ (前)** ~전
- **はん (半)** 반

- **びょう (秒)** 초
- **ごぜん (午前)** 오전
- **ちょうど (丁度)** 정각

**マルチ
プラス
+
멀티
플러스**

 M+03-11

⑪ **いま なんじですか。**
지금 몇 시입니까?

 M+03-12

⑫ **ごぜん じゅういちじ さんじゅっぷんです。**
오전 11시 30분입니다.

 M+03-13

⑬ **ごご よじ じゅっぷん まえです。**
오후 4시 10분 전입니다.

 M+03-14

⑭ **ちょうど じゅうにじです。**
정각 12시입니다.

 M+03-15

⑮ **あさ ごじ はんです。**
아침 5시 반입니다.

❶ '4시'는 **よじ** 로, '9시'는 **くじ** 로 읽습니다. 발음 편의상 바뀌게 된 것이죠.
❷ '10분'은 **じっぷん** 으로 '30분'은 **さんじゅっぷん** 으로 읽습니다. 역시 발음 편의상 바뀌게 된 것입니다.
❸ 우리가 '30분'을 '반'이라고 하듯, **さんじゅっぷん** 또는 **はん** 이라고 합니다.

Practical, Useful and Easy-To-Understand Lessons!

Practical, Useful and Easy-To-Understand Lessons!

제04과에서는 형용사에 이어서 '형용동사'를 만나보겠습니다. 형용동사는 **です**형 문형은 물론이고 형용사와도 밀접한 관계가 있습니다. 지금까지 학습하신 **です**형과 형용사의 활용을 알면 형용동사는 쉽게 이해할 수 있습니다. (이번 과부터는 한자 (히라가나)로 표기하겠습니다.)

 04-01. 일본인, '성격'을 말하다!

일본 사람들이 말하는 '좋은 성격'이란 '남을 잘 배려함'을 뜻합니다.
그리고 일본 사람들은 자신의 의견을 보다 간접적으로 표현하는 사람을 선호합니다.
우리는 어떤 사람의 성격이 '좋다/나쁘다'라고 말하지만,
일본 사람들은 **やさしい** (착하다) 또는 **きが きく** (생각이 세심한 데까지 미친다)
와 같은 방식으로 표현합니다. 어떤 사람의 성격을 말할 때 절대로 단정적인 표현을
사용하지 않는 것이 **にっぽん スタイル** (니뽄 스타일)입니다.

04-02. 일본어의 형용동사!

'형용동사'는 한마디로 '형용사+동사'로 둘을 합친 말입니다.
즉 형용동사는 의미상 사물의 성질/상태를 나타내며 명사를 수식하는 형용사이면서, 형태상으로는 **~だ** (~(이)다/하다)로 끝나는 동사입니다. 예를 들어 우리말의 '예쁘다', '친절하다'는 형용사의 의미에 끝이 '다'로 끝난 '하다'동사입니다. 이것이 일본어에서는 **きれいだ, 親切(しんせつ)だ** 와 같은 형용동사가 되는 것입니다.

04-03. 그녀는 예쁩니다. (~です)

형용동사의 기본형은 **~だ** 입니다.
~だ 로 끝나기 때문에 그냥 그대로 쓰면 반말체가 됩니다. (그녀는 예쁘다.)
정중체나 의문문을 만들려면 우리가 제01과에서 배운 것처럼 **~だ** (~다/~이다)를 **~です** (~입니다)로 바꾸어 주면 정중체가 되고, 여기에 **か** 를 더 붙여주면 의문문이 됩니다.

● 彼女 (かのじょ) 그녀   ● きれいだ 예쁘다

C-04-01
그녀는 예쁩니다.
彼女は きれいです。

C-04-02
그녀는 예쁩니까?
彼女は きれいですか。

C-04-03
그녀는 예쁘다.
彼女は きれいだ。

 ## 자! 그러면 패턴문장으로 실력을 다져볼까요!

● 親切(しんせつ)だ 친절하다　● 真面目(まじめ)だ 성실하다/진지하다　● 好(す)きだ 좋아하다

 **パターン 패턴 예문 3**

C-04-04

彼女は 親切です。

그녀는 친절합니다.

C-04-05

彼は 真面目ですか。

그는 성실합니까?

C-04-06

彼女が 好き。

그녀를 좋아해?

❶ 사실 형용동사 어간과 명사는 거의 같은 형태이기 때문에 구별하기가 힘듭니다. (예를 들어 '친절'이라는 명사와 '하다'라는 동사가 결합되었을 경우) 그래서 굳이 구별하지 않고 형용동사를 '명사+(이)다/하다'로 쓰기도 합니다. 하지만 '명사+(이)다/하다'는 형용동사처럼 사물의 성질/상태를 나타내지 않는다는 분명한 차이점이 있습니다. 예를 들어 '한국인이다'는 형용동사가 아니라 '명사+이다'인 것이죠.
❷ 반말체를 의문형으로 만들 경우, 형용동사의 어미인 **~だ** 만 빼면 됩니다. 예를 들어 '그는 성실해?'는 **かれは まじめ。** 라고 하면 됩니다.
❸ 일본의 젊은이들은 愛(あい)してる。 (사랑해?) 보다는 好(す)き。 (좋아해?)를 많이 씁니다. '사랑해'는 왠지 진부한 느낌이 든다고 합니다.
❹ 그리고 好(す)き 앞에는 목적격 조사 を 대신에 が 를 씁니다. **~が 好(す)き** 의 해석은 '~을/를 좋아하다' 입니다.

 ## 04-04. 그는 성실하였습니다. (~でした)

이번엔 형용동사의 과거형에 대해서 알아보겠습니다.
형용동사를 과거형으로 표현할 경우, 제02과에서 배운 대로 **~です** 를 **~でした** 로만 바꾸면 됩니다.

그리고 마찬가지로 의문문은 **~でしたか** 이고, 반말체는 그대로 **~だった** 로 하시면 됩니다. 같은 패턴으로 만들기 때문에 간단합니다.

● 彼 (かれ) 그   ● 真面目(まじめ)だ 성실하다/진지하다

C-04-07

그는 성실하였습니다.
彼は まじめでした。

C-04-08

그는 성실하였습니까?
彼は まじめでしたか。

C-04-09

그는 성실하였다.
彼は まじめだった。

자! 그러면 패턴문장으로 실력을 다져볼까요!

● 幸(しあわ)せだ 행복하다   ● ハンサムだ 핸섬하다

彼女は きれいでした。
그녀는 예뻤습니다.

パターン
패턴
예문
3

彼女は 幸せでしたか。
그녀는 행복했습니까?
C-04-11

彼は ハンサムだった。
그는 핸섬했다.
C-04-12

日本語 基本文法 パート 1.

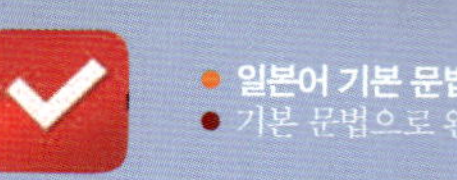

❶ 일본인들은 영어를 섞어서 말하는 것을 좋아합니다. 그래서 영어 형용사도 형용동사처럼 사용합니다. 즉 '핸섬'을 'ハンサム+하다'로 쓰거나, スリムだ (날씬하다), スマートだ (스마트하다) 등과 같은 방식으로 말합니다.
❷ 이 외에 일본인들이 자주 쓰는 형용동사로는 大切(たいせつ)だ (소중하다)나 大事(だいじ)だ (중요하다)가 있습니다.

04-05. 그는 유명하지 않습니다. (~ではありません)

형용동사는 **です**형만 알면 곧바로 활용할 수 있습니다.
'형용동사의 부정형'은 **です**형의 부정형인 ~ではありません 이나~じゃありません 으로 바꾸면 됩니다. 반말체의 경우에는 마찬가지로 ~ではない 나~じゃない 로 하면 되겠죠. 물론 의문형도 ~ではありませんか 이고 반말체는 그대로 끝부분을 살짝 올려 발음하시면 됩니다.

● 有名(ゆうめい)だ 유명하다

그는 유명하지 않습니다.
C-04-13

彼は 有名ではありません。

그는 유명하지 않습니까?
C-04-14

彼は 有名ではありませんか。

그는 유명하지 않다.
C-04-15

彼は 有名ではない。

자! 그러면 패턴문장으로 실력을 다져볼까요!

● 服 (ふく) 옷　　● 派手(はで)だ 화려하다　　● 子 (こ) 아이
● でぶだ 뚱뚱하다　　● ゴージャスだ 럭셔리하다

パターン 패턴예문 **3**

C-04-16
彼の 服は 派手ではありません。
그의 옷은 화려하지 않습니다.

C-04-17
あの 子は でぶじゃない。
그 아이는 뚱뚱하지 않아?

C-04-18
彼女は ゴージャスじゃありません。
그녀는 럭셔리하지 않습니다.

❶ '아이'는 **子 (こ)** 또는 **子供 (こども)** 라고 합니다. '젊은이'는 **若者 (わかもの)**, '어른'은 **大人 (おとな)** 라고 합니다.
❷ '화려하다'의 반대어인 '수수하다'는 **地味(じみ)だ** 라고 합니다. 참고로 '럭셔리하다'의 반대어로 '촌스럽다/멋없다'는 **田舎(いなか)くさい** 혹은 **ださい** 라고 표현합니다.

04-06. 그녀는 친절하지 않았습니다. (~ではありませんでした)

이번에는 '형용동사의 과거부정형'입니다.
이것 또한 형용동사 과거형과 부정형을 합친 것이라 생각하시면 됩니다.
즉 부정형인 **~ではありません** 혹은 축약된 형태의 **~じゃありません** 과 과거형
인 **~でした** 를 더하면 되겠죠. 물론 반말체도 **~ではなかった** 나 **~じゃなかった**
로 하시면 됩니다. 지금까지 배운 내용이 계속 반복적으로 활용되고 있습니다.

● **親切(しんせつ)だ** 친절하다

그녀는 친절하지 않았습니다.

彼女は 親切ではありませんでした。

C-04-19

그녀는 친절하지 않았습니까?

彼女は 親切ではありませんでしたか。

C-04-20

그녀는 친절하지 않았다.

彼女は 親切ではなかった。

C-04-21

자! 그러면 패턴문장으로 실력을 다져볼까요!

● 暇(ひま)だ 한가하다
● 私 (わたし) 나/저
● 英語 (えいご) 영어
● 部屋 (へや) 방
● 上手(じょうず)だ 능숙하다/잘하다
● きれいだ 깨끗하다

パターン
패턴
예문
3

彼は 暇ではありませんでした。

그는 한가하지 않았습니다.

C-04-22

彼女の 英語は 上手じゃありませんでした。

그녀의 영어는 능숙하지 않았습니다.

C-04-23

私の 部屋は きれいじゃなかった。

내 방은 깨끗하지 않았어.

C-04-24

❶ '능숙하다'는 上手(じょうず)だ 라고 하고, '서투르다/잘 못하다'는 下手(へた)だ 라고 합니다.
❷ 형용동사 きれいだ 는 '예쁘다'와 '깨끗하다'의 두 가지 의미가 있습니다.

[Practical, Useful and Easy-To-Understand Lessons!]

 ## 04-07. 그는 친절한 사람입니다. (형용동사+명사)

형용동사도 의미상 형용사이기 때문에, 술어는 물론 명사 앞에서 수식할 수 있습니다. 이때 유의해야 할 점은 형용사의 경우 그대로 명사 앞에 놓은 것에 반해, 형용동사는 **だ** 가 **な** 로 바뀐 다음에 명사를 수식합니다. 그런 의미에서 형용사를 **い**형용사, 형용동사를 **な**형용사라고 말하기도 합니다.

● 人 (ひと) 사람

 그는 친절한 사람입니다.
C-04-25
彼は 親切な 人です。

 ## 자! 그러면 패턴문장으로 실력을 다져볼까요!

● 大切(たいせつ)だ 소중하다　　● 勇敢(ゆうかん)だ 용감하다
● 警察官 (けいさつかん) 경찰관　　● 変(へん)だ 이상하다

  ## 彼女は 大切な 人です。
C-04-26
그녀는 소중한 사람입니다.

パターン 패턴예문 **3**

 ## 彼は 勇敢な 警察官でした。
C-04-27
그는 용감한 경찰관이었습니다.

 ## 彼は 変な 人だ。
C-04-28
그는 이상한 사람이야.

❶ 警察官 (경찰관) 연관 표현으로 '형사'는 刑事 (けいじ), '경찰서'는 警察署 (けいさつしょ), '파출소'는 交番 (こうばん), '순경'은 おまわりさん 이라고 합니다.
❷ '이상한 사람'을 変(へん)な 人 (ひと), 또는 '별난 사람'을 変(か)わった 人 (ひと) 라고 합니다. '변할 변' 자를 쓰고 있는데 이는 정상 상태에서 벗어난 '변한 사람, 이상한 사람'이라는 뜻입니다.

Practical, **Useful** and **Easy-To-Understand** Lessons!

日本語 マルチ プラス

제04과 Multi Plus
일본인의 모든 감정표현 모음전

이번 시간에는 '일본인의 감정표현'에 대해서 알아보겠습니다.
です형에 형용사와 부사를 활용하면 다양하고 세밀한 감정을 표현할 수 있습니다.
가장 자주 쓰는 감정표현들을 통해 일본 사람들이 어떻게 감정을 묘사하는지 확인해보겠습니다.

Practical, **Useful** and
Easy-To-Understand Lessons!

Practical, Useful and **Easy-To-Understand** Lessons!

 04+01. 일본어 생활표현 : 일본인의 감정표현

일본에는 **外(そと)と内(うち)**, '밖'과 '안'이라는 말이 있습니다. 여기서 '밖'이란 주로 가족 이외의 사람을 말하며, '밖'의 사람들에게는 좀처럼 자신의 감정이나 생각을 표현하지 않습니다. 하지만 '안', 즉 가족을 포함한 우리라고 느끼는 사람에게는 속내를 솔직하게 말합니다. 일본인의 이러한 정서를 **本音(ほんね)と建前(たてまえ)**, (본심과 형식 또는 속마음과 겉치레)라고 합니다. 우리는 한 번의 술자리만으로 친구가 되기도 하지만, 일본 사람은 '밖'에서 '안'으로 들어오기가 여간해서 쉽지 않습니다.

(주요 감정 표현 베스트 10. 어휘정리 : **嬉(うれ)しい** 기쁘다, **悲(かな)しい** 슬프다, **幸(しあ)せだ** 행복하다, **不幸(ふこう)だ** 불행하다, **寂(さび)しい** 외롭다, **懐(なつ)かしい** 그립다, **憂鬱(ゆううつ)だ** 우울하다, **心配(しんぱい)だ** 걱정하다, **つまらない** 재미없다, **楽(たの)しい** 즐겁다)
- **とても** 매우 ● **嬉(うれ)しい** 기쁘다 ● **めちゃ** 당치 않음/터무니없음 ● **楽(たの)しい** 즐겁다
- **ちっとも** (부정표현과 호응하여) 조금도/전혀 ● **ちょっと** 조금/약간 ● **おもしろい** 재미있다
- **悲(かな)しい** 슬프다 ● **全然** **(ぜんぜん)** 아주/ (부정표현과 호응하여) 전혀 ● **寂(さび)しい** 외롭다

❶ 私は とても 嬉しいです。

M+04-01

나는 매우 기쁩니다.

❷ めちゃ 楽しいです。

M+04-02

무지 즐겁습니다.

❸ ちっとも おもしろくない。

M+04-03

조금도 재미없어.

❹ ちょっと 悲しい。

M+04-04

조금 슬퍼.

❺ 全然 寂しくない。

M+04-05

전혀 외롭지 않아.

 Practical, Useful and
Easy-To-Understand Lessons!

 日本語 **マルチ プラス** 

● 멀티플러스 일본어 표현과 회화
● 생활표현과 여행회화를 완성하는 코너!

Practical, Useful and Easy-To-Understand Lessons!

04+02. 일본어 생활표현 : 일본인의 호불호!

일본인은 어떤 경우에도 직접적, 단정적으로 말하지 않습니다.
설령 싫다고 하더라도 그대로 말하기보다는 **それは ちょっと…。** (그것은 좀 ….)
하는 식으로 간접적으로 자신의 감정을 나타냅니다.

하지만 좋을 때의 반응은 오히려 과장된 **すごい。** (굉장해.), **すてき。** (멋있어.)라
는 표현을 쓰기도 합니다. 일본 사람들 특유의 표현방식을 이해하지 못하면 자칫 오
해를 불러 일으킬 수 있습니다.

(주요 감정 표현 베스트 10. 어휘정리 : **いい** 좋다, **悪(わる)い** 나쁘다, **気(き)に入(い)る** 마음에 든다, **気
(き)に入(い)らない** 마음에 안 든다, **欲(ほ)しい** 가지고 싶다, **嫌(いや)だ** 싫다, **大好(だいす)きだ** 매우
좋아하다, **大嫌(だいきら)いだ** 매우 싫어하다, **ださい** 촌스럽다/멋없다, **格好(かっこう)いい** 근사하다/
잘생기다/멋있다)

● **~が 大好(だいす)きだ** ~를 매우 좋아하다　● **~が** ~이/가 (주격조사)　● **性格 (せいかく)** 성격
● **嫌(いや)だ** 싫다　● **大丈夫(だいじょうぶ)だ** 괜찮다　　　● **男 (おとこ)** 남자
● **格好(かっこう)いい** 근사하다/잘생기다/멋있다　　　　　● **苦手(にがて)だ** 서툴다/질색이다

⑥ **彼女が 大好きです。**

M+04-06

그녀를 매우 좋아합니다.

⑦ **彼の 性格が 嫌じゃありません。**

M+04-07

그의 성격이 싫지 않습니다.

⑧ **すみません、大丈夫ですか。**

M+04-08

죄송합니다, 괜찮습니까?

⑨ **あの 男は 格好いい。**

M+04-09

저 남자는 멋있어.

⑩ **彼女は 苦手だ。**

M+04-10

그녀는 상대하기 어려워. (질색이야.)

04+03. 일본 상식 : 일본남녀 이름 BEST 10!

가장 흔한 일본남녀의 이름 BEST 10을 준비했습니다.
일본 사람들의 이름은 주로 한자의 뜻과 관련이 많습니다.
참고로 일본에서 가장 흔한 남자이름은 **一郎 (いちろう)** (이치로),
여자이름은 **花子 (はなこ)** (하나코)입니다.
(**ニコニコ大百科** 참조)

남자이름 (男性名)

あきら (明) 밝음	**あつし (敦)** 인정이 많음
さとし (聡) 총명함	**つよし (剛志)** 굳센 의지
のぼる (昇) (지위 등이) 오르다	**はじめ (元)** 으뜸/처음
ひろし (広) 널리 알림	**まこと (誠)** 진실됨/참됨
まさる (勝) 승리/뛰어남	**やすし (泰)** 큼/너그러움

여자이름 (女性名)

あい (愛) 사랑	**あや (綾)** 비단처럼 부드러움
きょうこ (京子) 세련되고 멋있음	**さやか** 밝고 청명함 (주로 히라가나로 씀)
ともこ (智子) 지혜로움	**ひとみ (瞳)** 눈동자
みどり (緑) 푸르름	**やよい (弥生)** 음력 3월
よしこ (美子) 아름다운 아이	**りえ (理恵)** 다스리고 깨달음/은혜/사랑

パート
ツー

part 2.

SUPERSTAR
Japanese

スーパー
スター
日本語

일본어 첫걸음 기본문법 Part 2.

일본어 기본 문법의 완성!
기본 문법으로 완성하는 일본어

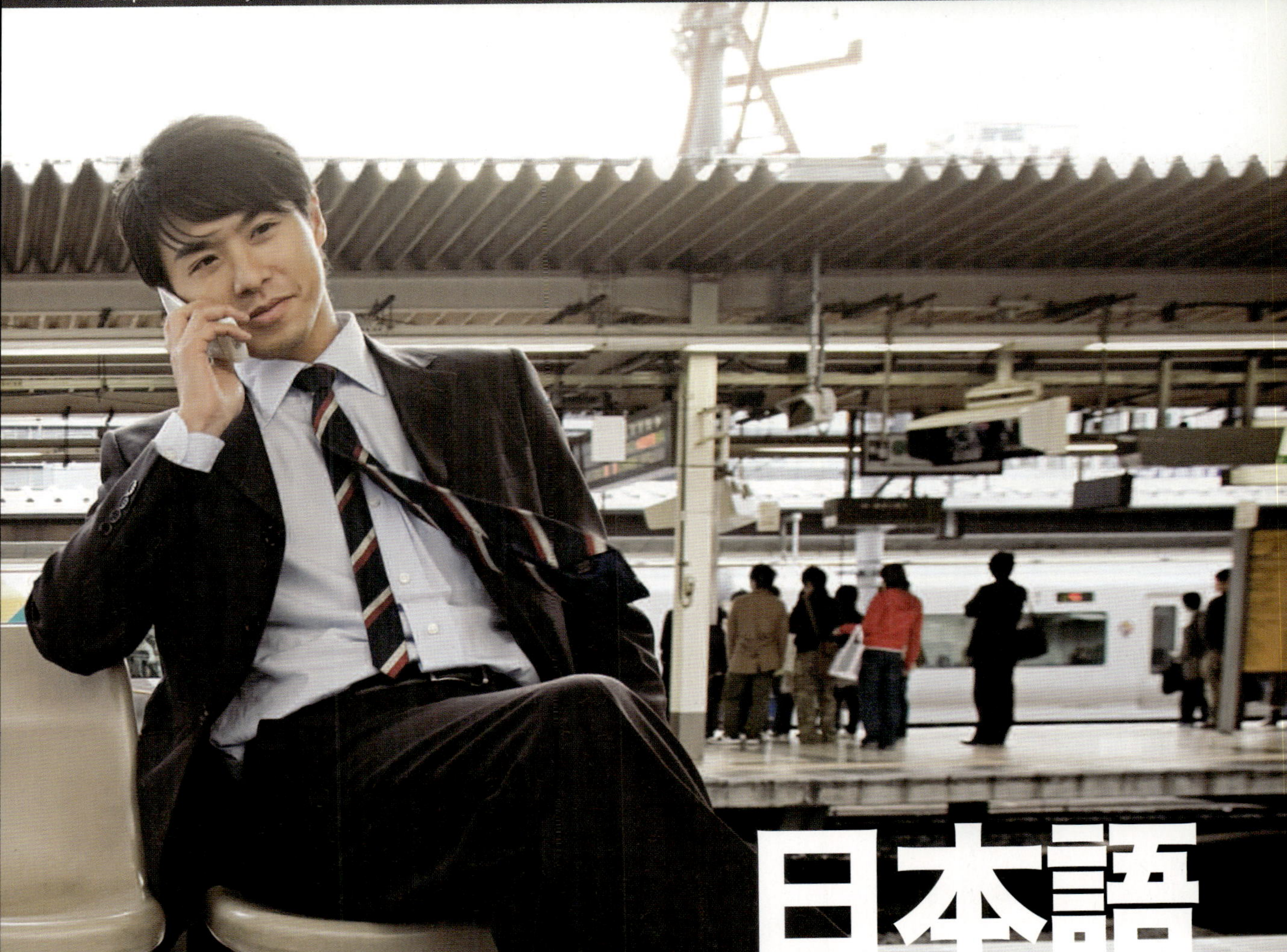

日本語
基本文法
パート 2.

日本語 基本文法 パート 2.

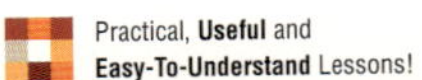

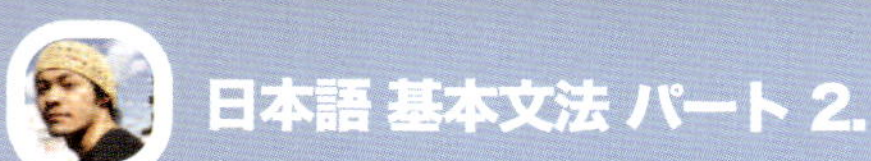

日本語 基本文法 パート 2.

'동사'는 모든 표현의 완성일 뿐만 아니라 가장 강력한 메시지를 담고 있는 문장의 핵입니다.
동사를 많이 안다는 것, 동사를 잘 활용할 수 있다는 것은 그만큼 언어능력이 좋다는 뜻입니다.
일본어의 동사를 본격적으로 다루게 되는 앞으로의 6개 과가 특히 중요한 이유입니다.
일본어 동사의 특성을 이해한다면 여러분께서는 일본어 학습의 가장 중요한 고지를 점하게 됩니다.

 05-01. 일본인의 생김새

일요일에 도쿄 **原宿 (はらじゅく)** (하라주쿠)를 방문하면 **マンガ** (만화)나 **アニメ** (애니메이션) **ゲーム** (게임)의 캐릭터 의상을 입고 서로 **パフォーマンス** (퍼포먼스)를 즐기는 **コスプレ** (코스프레)를 볼 수 있습니다. 한편 **渋谷 (しぶや)** (시부야) 거리를 걷다보면 얼굴을 까맣게 하고 눈 주위를 하얗게 화장한 젊은 여성을 볼 수 있는데, 이들은 **コギャル** (코갸르)라고 부릅니다. 코갸르도 얼굴을 새까맣게 선탠한 **ガングロ** (강구로), 15cm 이상의 높은 하이힐을 신은 **アツゾコクツ** (아츠조코 구츠) 또는 고등학교 코갸르는 **オネギャル** (오네갸르), 중학교 코갸르는 **マゴギャル** (마고갸르) 등으로 부릅니다. 이들의 공통적인 특징은 남의 시선을 의식하지 않고 자신의 생김새를 드러내고 즐긴다는 것입니다.

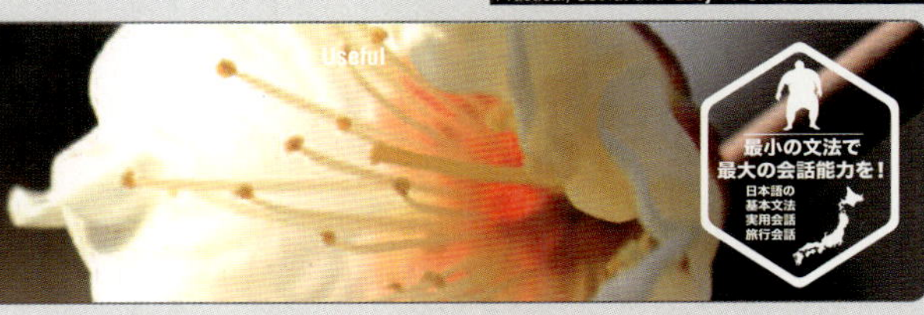

05-02. 일본어 동사의 생김새!

일본어의 품사들은 각각 특정한 어미로 끝납니다.
이런 특징 때문에 일본어는 생김새로 품사를 구별할 수 있습니다.
예를 들면 앞에서 배운 것처럼 일본어의 '형용사'는 **い** 로 끝나고,
'형용동사'는 **だ** 로 끝납니다. 그리고 '동사'는 **う**단으로 끝납니다.
う단 그러니까 히라가나의 '50음도표'에서 **あ**행의 **う**, **か**행의 **く**,
さ행의 **す**, **た**행의 **つ**, **な**행의 **ぬ**, **ば**행의 **ぶ**, **ま**행의 **む**, **ら**행의 **る** 모두가
일본어 동사의 어미 '다'가 됩니다. (**う/く/す/つ/ぬ/ぶ/む/る**)

예를 들면 **習(なら)う** (바우다), **書(か)く** (쓰다), **話(はな)す** (말하다), **待(ま)つ**
(기다리다), **死(し)ぬ** (죽다), **遊(あそ)ぶ** (놀다), **読(よ)む** (읽다), **ある** (있다) 혹은
見(み)る (보다), **食(た)べる** (먹다) 등의 형태입니다.

05-03. 일본어 동사의 종류!

일본어의 동사는 크게 '규칙동사'와 '불규칙동사'로 나눌 수 있습니다.
규칙동사는 '동사의 어미가 일정한 법칙에 따라 변화(활용)하는 동사'를 말합니다.
규칙동사에는 '5단동사'와 '1단동사'가 있습니다.
그리고 불규칙동사는 '동사의 어미는 물론 경우에 따라서는 동사의 어간까지 불규칙
적으로 변화(활용)하는 동사'를 말합니다.
이렇게 일본어의 동사는 3가지로 정리할 수 있습니다.

자! 그러면 일본어 동사에서 가장 큰 부분인 '5단동사'부터 시작해보겠습니다.

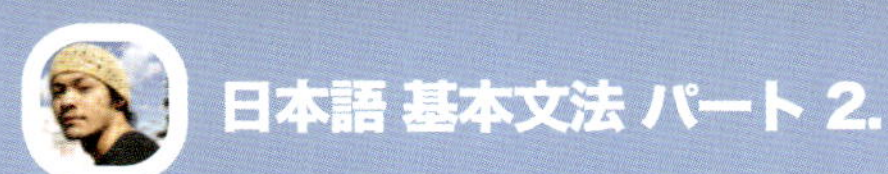 日本語 基本文法 パート 2.

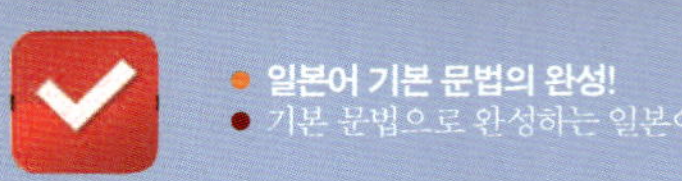
• 일본어 기본 문법의 완성!
• 기본 문법으로 완성하는 일본어

05-04. 일본어의 5단동사란?

일본어 동사의 대부분은 규칙동사인 5단동사입니다.
이 말은 5단동사가 제일 중요하다는 뜻이기도 합니다.
5단동사란 동사의 어미가 5가지 형태로 규칙적인 변화(활용)를 한다는 뜻입니다.
5가지 각각의 쓰임과 의미를 학습해 나가는 것이 5단동사 학습의 핵심이 되겠습니다.

5단동사란 예를 들어 **習(なら)う** (배우다)의 어미 **う** 가 **あ** 행 **(わ, い, う, え, お)** 의 다섯까지 어미 즉, **ならわ, ならい, ならう, ならえ, ならお** 로 활용한다는 것입니다. 활용한다는 것은 '배우다'가 '배우지 않는다/배웁니다/배우는/배우면/배워라/배워야지/배우자' 등으로 말을 만드는 방법입니다.

각각의 활용법은 먼저 **習(なら)う** 가 **~ない** (~하지 않다)와 결합하여 **習(なら)わない** (배우지 않는다)가 되고, **ならい** 는 **~ます** (~입니다)와 결합하여 **習(なら)います** (배웁니다)가 됩니다. 그리고 동사의 기본형 **習(なら)う** 는 그대로 명사나 대명사, 수사와 같은 체언과 결합하여 **習(なら)う 人 (ひと)** (배우는 사람)처럼 되고, **ならえ** 의 경우는 '가정형'인 **~ば** (~면)과 결합해서 **習(なら)えば** (배우면) 혹은 **~ば** 를 뺀 상태에서 **ならえ** (배워라)로 '명령형'이 됩니다. 마지막으로 **ならお** 는 의지의 '~해야지' 또는 권유의 '~하자'라는 뜻인 **う** 와 결합하여 **習(なら)おう** (배워야지/배우자)의 뜻이 됩니다.
결국 우리는 이렇게 다양하게 일본어를 말하기 위해서 '일본어 5단동사의 활용법'을 배우는 것입니다.

05-05. 5단동사의 1번째 변화와 **ない**형

자! 그러면 본격적으로 5단동사의 변화에 대해 시작해 보겠습니다.
제일 먼저 5단동사의 5가지 어미활용 **わ, い, う, え, お** 중에서 첫 번째인 **あ**단을 만나보겠습니다.

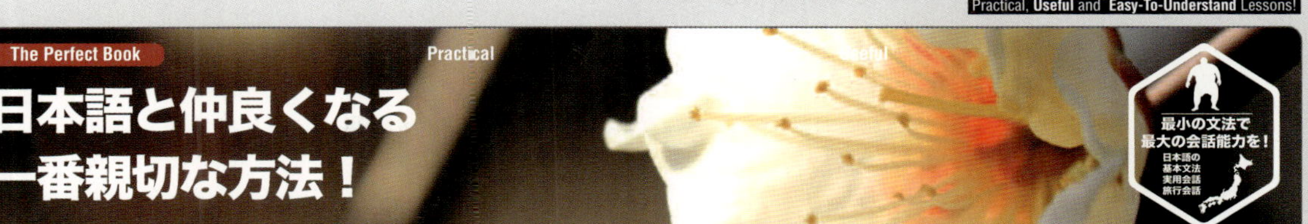

5단동사 어미 **う**단이 **あ**단으로 바뀌면 부정형 **～ない** (~하지 않다)와 결합할 수 있습니다. 예를 들어 '배우다'의 부정 '배우지 않다/않는다'는 동사 習(なら)**う** 의 어미 **う** 가 **わ** 로 바뀌고 (원래는 **あ** 이지만, 발음관계상 **わ** 로 바뀐 것임.) **ない** 를 붙여 習(なら)**わない** 가 됩니다.

그리고 이때 習(なら)**わない** 의 **ない** 는 형용사이기 때문에, 여기에 **です**형을 붙이면 곧바로 정중체, 의문문을 만들 수 있습니다. 아울러 **ない** 의 발음을 살짝 위로 올려주면 반말체 의문문이 됩니다.

● 彼 (かれ) 그   ● 日本語 (にほんご) 일본어   ● 習(なら)う 배우다

그는 일본어를 배우지 않는다.

彼は 日本語を 習わない。

C-05-01

그는 일본어를 배우지 않습니다.

彼は 日本語を 習わないです。

C-05-02

그는 일본어를 배으지 않습니까?

彼は 日本語を 習わないですか。

C-05-03

그는 일본어를 배우지 않아?

彼は 日本語を 習わない。

C-05-04

 **자! 그러면 패턴문장으로 실력을 다져볼까요!**

● 子供 (こども) 아이   ● 嘘 (うそ) 거짓말   ● 言(い)う 말하다
● 待(ま)つ 기다리다   ● 何(なに)も 아무것도   ● 知(し)る 알다

Practical, Useful and Easy-To-Understand Lessons!

パターン
패턴
예문
3

C-05-05

子供は 嘘を 言わない。
아이는 거짓말을 말하지 않는다.

C-05-06

彼は 彼女を 待たないですか。
그는 그녀를 기다리지 않습니까?

C-05-07

私は 何も 知らない。
나는 아무것도 모른다.

❶ '거짓말을 하다'는 **うそを つく** 라고 하고, '거짓말쟁이'는 **うそつき** 라고 합니다.

05-06. 5단동사의 2번째 변화와 **ます**형

5단동사의 활용 중에서 가장 중요하다고 할 수 있는 것이 바로 동사의 어미 **う**단이 **い**단으로 변화하는 두 번째 활용입니다.

그 이유는 **い**단이 가장 많이 사용하는 형태인 **ます**형과 결합되기 때문입니다. **ます**형은 동사의 원형인 '~하다'를 정중체인 '~합니다'로 만드는 방법입니다.

예를 들어 **習(なら)う** (배우다)의 어미 **う** 가 두 번째 단 **ならい** 가 되고 여기에 **ます** 를 붙이면 **ならいます** (배웁니다)가 됩니다. 이렇게 **ます**형이 만들어지면 우리가 앞서 배운 **です** 문형처럼 의문문, 반말체를 똑같은 방식으로 만들 수 있습니다. (의문문은 **か** 를 붙여서 **ますか**, 반말체는 동사의 기본형 상태 그대로 만들면 됩니다.)

● **習(なら)う** 배우다

C-05-08

그는 일본어를 배웁니다.
彼は 日本語を 習います。

C-05-09

그는 일본어를 배웁니까?
彼は 日本語を 習いますか。

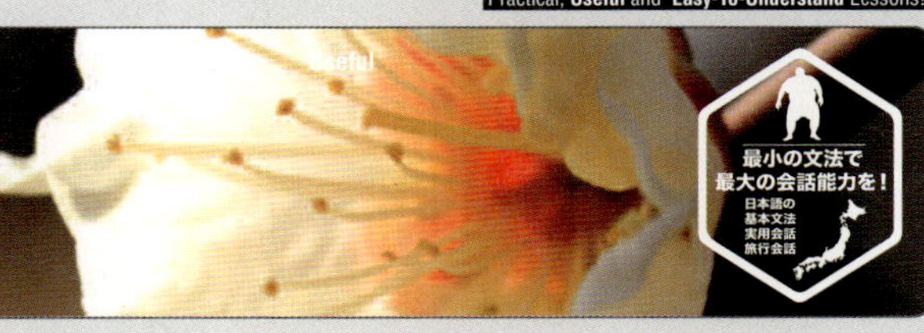

C-05-10

그는 일본어를 배운다.

彼は 日本語を 習う。

❶ ~です형과 ~ます형은 우리말로 둘 다 '~입니다' 이지만, ~です형은 '명사/형용사 + です' 로 쓰고,
~ます형은 '동사 + ます'로 씁니다.

자! 그러면 패턴문장으로 실력을 다져볼까요!

- 平仮名 (ひらがな) 히라가나　　● 書(か)く 쓰다　　● 友達 (ともだち) 친구
- ~と ~와/과　　● ~で ~로 (수단/재료) / ~에서 (장소)
- 話(はな)す 이야기하다　　● 文学 (ぶんがく) 문학　　● 学(まな)ぶ 배우다

C-05-11

私は 平仮名を 書きます。

나는 히라가나를 씁니다.

C-05-12

友達と 日本語で 話しますか。

친구와 일본어로 이야기합니까?

C-05-13

私たちは 日本の 文学を 学びます。

우리는 일본 문학을 배웁니다.

❶ 習(なら)う 와 学(まな)ぶ 는 둘 다 '배우다'의 뜻입니다만, **習う** 의 경우는 (남에게) '배우다', **学ぶ** 는 (스스로) '배우다'의 뉘앙스가 있습니다.

Practical, **Useful** and **Easy-To-Understand** Lessons!

日本語 マルチ プラス

● 日本語と仲良くなる一番親切な方法！

제05과 Multi Plus
일본어 생활표현 & 여행회화!

이번 시간에는 '일본인의 건강 표현'에 대해서 알아보겠습니다.
가장 자주 쓰는 건강 관련 표현을 정리했습니다.

05+01. 일본어 생활표현 : 건강 상태/컨디션 표현!

일본도 병원의 **処方箋 (しょほうせん)** (처방전)이 있어야 **薬屋 (くすりや)** (약국)에서 **くすり** (약)을 살 수 있습니다. 심지어 콘텍트 렌즈를 살 경우에도 **眼科 (がんか)** (안과)의 시력측정 검사서를 지참하지 않으면 안 됩니다. 참고로 유학생 부부도 **医療保険 (いりょうほけん)** (의료보험) 혜택을 받을 수 있습니다. 출산시 병원비는 무료이며, 지역에 따라서는 **養育費 (よういくひ)** (양육비) 지원도 해줍니다.

(주요 신체 표현 베스트 10. 어휘정리 : **体 (からだ)** 몸, **頭 (あたま)** 머리, **鼻 (はな)** 코, **口 (くち)** 입, **肩 (かた)** 어깨, **胸 (むね)** 가슴, **腹 (はら)** 혹은 **お腹 (なか)** 배, **腰 (こし)** 허리, **腕 (うで)** 팔, **足 (あし)** 발)
● **金 (きん)** 김 (성씨) ● **さん** 씨/님 ● **顔色 (かおいろ)** 안색 ● **悪(わる)い** 나쁘다 ● **~ね** ~지/구나/군요 (가벼운 감동을 나타내는 종조사) ● **気分 (きぶん)** 기분 ● **体 (からだ)** 몸 ● **具合 (ぐあい)** 상태/형편 ● **少(すこ)し** 조금 ● **だるい** 나른하다 ● **完全(かんぜん)に** 완전히 ● **へとへとだ** 녹초가 되다

❶ 金さん 顔色が 悪いですね。
M+05-01
김씨, 안색이 나쁘군요.

❷ 気分が 悪いです。
M+05-02
기분이 좋지 않습니다.

❸ 体の 具合が よくない。
M+05-03
몸 상태가 좋지 않아.

❹ 少し だるい。
M+05-04
조금 나른해.

❺ 完全に へとへとだ。
M+05-05
완전히 녹초가 됐어.

05+02. 일본어 여행회화 : 병원 관련 표현

일본 여행을 계획 중이시라면 출발 전에 반드시 여행자보험을 준비하세요. (6일간 약 3천원 정도이며, 지불한 의료비는 귀국 후 환급받을 수 있습니다.) 일본의 **病院費 (びょういんひ)** (병원비)는 비싸기로 유명합니다. 예를 들어 **診察 (しんさつ)** (진찰)만 받아도 3천엔이 넘습니다. 여기에 간단한 **治療 (ちりょう)** (치료)에 **注射 (ちゅうしゃ)** (주사)라도 한 대 맞게 되면 마음이 더 아픈 금액이 청구될 수 있죠.

- 近 (ちか)く 근처
- 病院 (びょういん) 병원
- 痛 (いた)い 아프다
- 熱 (ねつ) 열
- お腹 (なか) 배
- 注射 (ちゅうしゃ) 주사
- 打(う)つ 치다/(주사를) 맞다

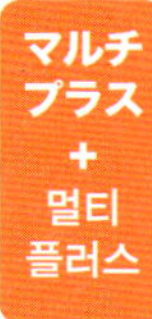

⑥ M+05-06

近くに 病院が ありますか。
근처에 병원이 있습니까?

⑦ M+05-07

どこが 痛いですか。
어디가 아픕니까?

⑧ M+05-08

熱は ありますか。
열은 있습니까?

⑨ M+05-09

お腹が 痛いです。
배가 아픕니다.

⑩ M+05-10

注射を 打ちます。
주사를 맞습니다.

❶ 여행자들이 현지 병원을 찾는 가장 대표적인 증상은 反吐 (へど) (구토), 下痢 (げり) (설사), 頭痛 (ずつう) (두통), 目眩(めまい) (현기증), お腹(なか)を こわす (배탈이 나다) 등입니다.

Practical, **Useful** and **Easy-To-Understand** Lessons!

 05+03. 일본어 여행회화 : 약국 관련 표현

일본에서는 약을 사려면 **ドラッグストアー** (드럭스토어)를 이용합니다. 여러 체인 스토어가 곳곳에 있으며 약품(조제약은 제외)뿐만 아니라, 건강식품에서 영양제 그리고 생활잡화까지 판매하고 있습니다.

- 風邪 (かぜ) 감기
- 薬 (くすり) 약
- 処方箋 (しょほうせん) 처방전
- 要(い)る 필요하다
- 飲(の)む (약을) 먹다/마시다
- 頭痛 (ずつう) 두통
- 頭痛薬 (ずつうやく) 두통약
- ~ください ~주세요
- 咳 (せき) 기침
- よく 잘
- 効(き)く 효과가 있다
- いつ 언제
- 何回 (なんかい) 몇 회

⑪ **風邪薬にも 処方箋が 要りますか。**
M+05-11
감기약에도 처방전이 필요합니까?

⑫  **薬を 飲みます。**
M+05-12
약을 먹습니다.

⑬ **頭痛薬を ください。**
M+05-13
두통약을 주세요.

⑭  **咳に よく 効きます。**
M+05-14
기침에 잘 듣습니다.

⑮  **この 薬は いつ 何回 飲みますか。**
M+05-15
이 약은 언제 몇 번 먹습니까?

❶ 우리말은 약을 '먹다'라고 하지만 일본에서는 약을 '마시다' 飲(の)む 라고 합니다.
❷ 약국은 薬局 (やっきょく) 라고도 하지만, 보통 薬屋 (くすりや) 라고 합니다. ~屋(や) 는 우리도 옛날에 '~옥' 하는 식으로 음식점 이름으로 사용했습니다. 참고로 花屋 (はなや) (꽃집), 居酒屋 (いざかや) (일본식 간이주점), 屋台 (やたい) (포장마차) 등에도 사용됩니다.

5단동사 활용 두 번째 시간입니다. 5단동사의 활용법을 알면 곧바로 말할 수 있는 표현들이 몇 배로 늘어납니다. 이번 시간에 5단동사 활용과 함께 여러분은 동사로 명사를 수식하는 방법, 가정문, 명령문, 의지/권유 표현을 만드실 수 있게 됩니다.

 06-01. 일본인의 몸짓

일본인의 몸짓 언어 중에 우리와 다른 것들이 있습니다.

우리는 보통 자신을 가리킬 때 손가락으로 얼굴을 가리키지만, 일본 사람은 자신의 코를 가리킵니다. 또한 남에게 사과를 할 때도 두 손(혹은 한 손으로)을 합장하듯 하는데, 이것은 식사를 할 때도 마찬가지입니다.

그리고 특히 상대방을 놀릴 때, 우리는 메롱하며 혀를 내미는데, 일본인은 손가락으로 아래 눈꺼풀을 뒤집어 보이는 **あかんべえ** (아칸베)라는 동작을 합니다.

The Perfect Book

日本語と仲良くなる
一番親切な方法！

06-02. 5단동사의 3번째 변화와 명사수식형

이번에는 5단동사의 5가지 어미활용 중에서 세 번째 **う**단입니다.
세 번째 **う**단은 동사의 기본형 상태입니다. 중요한 점은 일본어는 동사의 기본형 그대로 명사를 수식할 수 있다는 것입니다. 예를 들어 **習(なら)う** (배우다)를 명사 **日本語 (にほんご)** (일본어)와 함께 쓰면 **習(なら)う 日本語 (にほんご)** (배우는 일본어)가 됩니다. 즉 5단동사는 동사의 원형으로 명사를 수식할 수 있습니다.

● 彼 (かれ) 그 ● 習(なら)う 배우다 ● 言語 (げんご) 언어 ● 日本語 (にほんご) 일본어

그가 배우는 언어는 일본어입니다.

彼が 習う 言語は 日本語です。

C-06-01

자! 그러면 패턴문장으로 실력을 다져볼까요!

● 行(い)く 가다
● 休(やす)む 쉬다
● バス 버스

● 図書館 (としょかん) 도서관
● 時間 (じかん) 시간
● 釜山 (プサン) 부산

● 近(ちか)い 가깝다
● 乗(の)る 타다
● ~行(ゆ)き ~행

私が 行く 図書館は 近いです。

C-06-02

내가 가는 도서관은 가깝습니다.

パターン
패턴
예문
3

彼は 休む 時間が ありません。

C-06-03

그는 쉬는 시간이 없습니다.

彼が 乗る バスは 釜山行きの バスです。

C-06-04

그가 타는 버스는 부산행 버스입니다.

 **日本語 基本文法 パート 2.**

- 일본어 기본 문법의 완성!
- 기본 문법으로 완성하는 일본어

Practical, Useful and Easy-To-Understand Lessons!

 ## 06-03. 5단동사의 4번째 변화와 가정의 **ば**

다음은 5단동사의 5가지 어미활용 중에서 네 번째 **え**단을 만나보겠습니다.
네 번째 **え**단은 가정형 문장을 만들 때 필요합니다.
즉 동사 어미인 **う**단을 **え**단으로 바꾼 다음 가정형 어미인 ~**ば** 를 결합하면
習(なら)え+ば = 習(なら)えば (배우면)이 되는 것입니다.

- **おもしろい** 재미있다

C-06-05

그에게 일본어를 배우면 재미있습니다.
彼に 日本語を 習えば おもしろいです。

 ## 자! 그러면 패턴문장으로 실력을 다져볼까요!

- **本屋 (ほんや)** 서점
- **毎日 (まいにち)** 매일
- **いい** 좋다
- **学校 (がっこう)** 학교
- **買(か)う** 사다
- **泳(およ)ぐ** 수영하다
- **角 (かど)** 모퉁이
- **見(み)える** 보이다
- **安(やす)い** (가격이) 싸다
- **体 (からだ)** 몸
- **曲(ま)がる** 돌다

C-06-06

この 本屋で 買えば 安いです。
이 서점에서 사면 쌉니다.

パターン
패턴
예문
3

C-06-07

毎日 泳げば 体に いいです。
매일 수영하면 몸에 좋습니다.

The Perfect Book

日本語と仲良くなる
一番親切な方法！

この 角を 曲がれば 学校が 見える。

이 모퉁이를 돌면 학교가 보인다.

❶ 참고로 일본에는 중고책 서점인 BOOK OFF 가 전국적으로 있습니다. 중고책(소설, 만화책 등)뿐만 아니라 CD나 잡지도 저렴하게 구입할 수 있습니다.
❷ 角 (각)을 かど 라고 읽으면 '모퉁이'라는 뜻이고, つの 라고 읽으면 '뿔'이라는 뜻이 됩니다.

06-04. 5단동사의 4번째 변화와 명령형

이번에도 5단동사의 어미활용 중에서 네 번째 **え**단을 알아보겠습니다.
え단은 명령문을 만들 때 필요합니다. 예를 들어서 '배우다'를 '배워라'라고 명령형으로 만들려면, 동사어미 **う**단을 **え**단으로 바꾸면 됩니다.

즉 **習(なら)う** (배우다)를 **習(なら)え** 라고 하면 '배워라'가 되는 것입니다.
이렇게 간단하게 일본어 명령문을 만들 수 있습니다.

일본어를 배워라.

日本語を 習え。

자! 그러면 패턴문장으로 실력을 다져볼까요!

- 勇気 (ゆうき) 용기
- 楽(たの)しむ 즐기다
- 持(も)つ 가지다
- 韓国 (かんこく) 한국
- 趣味 (しゅみ) 취미
- 頑張(がんば)る 힘내다

パターン
패턴
예문
3

C-06-10

勇気を 持て。

용기를 가져!

C-06-11

趣味を 楽しめ。

취미를 즐겨라!

C-06-12

韓国 頑張れ。

한국 힘내라!

❶ 일본어는 기본적으로 느낌표(!)나 물음표(?)를 사용하지 않지만 인터넷이나 SNS에서는 사용하는 추세입니다.

06-05. 5단동사의 5번째 변화와 의지/권유의 う

다음은 5단동사의 5가지 어미활용 중에서 다섯 번째 **お**단입니다.
의지나 권유를 표현하려면, 즉 '배우다'를 '배워야지/배우자'라고 말하려면,
동사어미 **う**단을 다섯 번째 **お**단으로 바꾸고 여기에 **う**를 붙여 주면 됩니다.
그러니까 習(なら)う > 習(なら)お+う = 習(なら)おう (배워야지 또는 배우자)
가 되는 것이죠.

일본어를 배워야지(배우자).

日本語を 習おう。

C-06-13

자! 그러면 패턴문장으로 실력을 다져볼까요!

- 先生 (せんせい) 선생님
- 一人 (ひとり) 혼자/한 사람
- 飲(の)む 마시다
- お言葉 (ことば) 말씀
- 歩(ある)く 걷다
- 従(したが)う 따르다
- ジュース 주스

先生の お言葉を 従おう。

선생님의 말씀을 따라야지/따르자.

C-06-14

パターン
패턴
예문
3

一人で 歩こう。

혼자서 걸어야지/걷자.

C-06-15

ジュースを 飲もう。

주스를 마셔야지/마시자.

C-06-16

❶ 言葉 (ことば) (말)에 존경의 접두사 お 를 붙이면 お言葉 (말씀)이 됩니다.

日本語 マルチ プラス

● 멀티플러스 일본어 표현과 회화
● 생활표현과 여행회화를 완성하는 코너!

Practical, **Useful** and **Easy-To-Understand** Lessons!

日本語 マルチ プラス

일본어와 친해지는 가장 적절한 방법!

제06과 Multi Plus
일본어 생활표현 & 여행회화!

여행 중에 일본어를 사용할 수 있는 가장 손쉬운 방법이 '길묻기'입니다.
몇 가지 표현만 알면 목적지도 찾고 일본인의 친절도 경험할 수 있는 일본 여행의 노하우입니다.

06+01. 일본어 여행회화 : 길묻기 표현! (1)

일본에서 자유여행이 좋은 점 두 가지! 첫째는 완벽한 교통체계입니다. 예를 들어 도쿄 지하철 JR 노선은 도시 전체를 마치 거미줄처럼 촘촘하게 연결하고 있습니다. 특히 **一日乗車券 (いちにちじょうしゃけん)** (일일승차권 : 약 700~800￥)을 이용하면 경제적으로 여행할 수 있습니다. 둘째는 일본은 쇼핑천국입니다. 특화된 백화점은 물론이고, **激安 (げきやす)** (초저가)로 유명한 **ヨドバシカメラ** 나 **ビックカメラ** 에서는 컴퓨터나 디카, 게임 등을 파격가로 구매할 수 있습니다.

● **一番 (いちばん)** 1번 / 가장 ● **近(ちか)い** 가깝다 ● **地下鉄駅 (ちかてつえき)** 지하철역 ● **~から** ~에서 (조사) ● **~まで** ~까지 (조사) ● **コンビニ** 편의점 ● **遠(とお)い** 멀다 ● **近(ちか)く** 근처 ● **薬屋 (くすりや)** 약국 ● **~に** ~에/으로/에게 ● **交通 (こうつう)** 교통 ● **便利(べんり)だ** 편리하다 ● **ホテル** 호텔 ● **ゆりかもめ線(せん)** 유리카모메 선 ● **乗(の)り換(か)える** 환승하다 ● **所 (ところ)** 곳/장소

❶ **一番 近い 地下鉄駅は どこですか。**
M+06-01
가장 가까운 지하철역은 어디입니까?

❷ **ここから コンビニまで 遠いですか。**
M+06-02
여기에서 편의점까지 멉니까?

❸ **この 近くに 薬屋は どこですか。**
M+06-03
이 근처에 약국은 어디입니까?

❹ **交通が 便利な ホテルは どこですか。**
M+06-04
교통이 편리한 호텔은 어디입니까?

❺ **ゆりかもめ線に 乗り換える 所は どこですか。**
M+06-05
유리카모메 선으로 환승하는 곳은 어디입니까?

 日本語 マルチ プラス 

● 멀티플러스 일본어 표현과 회화
생활표현과 여행회화를 완성하는 코너!

Practical, **Useful** and **Easy-To-Understand** Lessons!

❶ 일본은 지하철과 전철역이 각각 따로 있습니다. **電車(でんしゃ)駅(えき)は どこですか。** (전철역은 어디입니까?) 하시면 되겠죠.
❷ 도쿄에서 가장 볼거리가 많은 **お台場(だいば)** 에 가려면 **新橋(しんばし)** 역에서 **ゆりかもめ線(せん)** 으로 갈아 타면 됩니다. (약 22분 소요, 어른 370￥)
❸ 길안내를 받으셨다면 반드시 답례하십시오. **どうも ありがとう ございました。** (매우 감사합니다.) 혹은 짧게 줄여서 **どうも。** 라고 하면 됩니다.

06+02. 일본어 여행회화 : 길묻기 표현! (2)

일본 여행에서 길을 찾을 때 주위에 있는 일본인에게 말을 걸어 보세요. 십중팔구 친절하게 알려줄 겁니다. 물론 처음에는 **すみません。** (실례합니다.)로 말을 시작해야겠죠.

- **トイレ** 화장실
- **地下鉄 (ちかてつ)** 지하철
- **かかる** 걸리다
- **迷(まよ)う** 잃다/헤매다
- **住所 (じゅうしょ)** 주소
- **~で** ~으로 (도구/수단)
- **案内所 (あんないじょ)** 안내소
- **お願(ねが)い します** 부탁합니다
- **どのぐらい** 얼마나
- **道 (みち)** 길

 ❻ **この 近くに トイレは どこですか。**
M+06-06
이 근처에 화장실은 어디입니까?

 ❼ **この 住所まで お願い します。**
M+06-07
이 주소까지 부탁합니다.

 ❽ **地下鉄で どのぐらい かかりますか。**
M+06-08
지하철로 얼마나 걸립니까?

 ❾ **案内所は どこに ありますか。**
M+06-09
안내소는 어디에 있습니까?

 ❿ **道を 迷いました。**
M+06-10
길을 잃었습니다.

06+03. 일본어 여행회화 : 길묻기 표현! (3)

방향 표현을 알면 길묻기가 쉬워집니다.

방향 표현 : **左 (ひだり)** 왼쪽, **右 (みぎ)** 오른쪽, **上 (うえ)** 위, **下 (した)** 아래, **前 (まえ)** 앞, **後(うし)ろ** 뒤, **向(む)こう** 맞은 편, **東 (ひがし)** 동, **西 (にし)** 서, **南 (みなみ)** 남, **北 (きた)** 북

- 道 (みち) 길
- まっすぐ 곧장
- 行(い)く 가다
- ~まで ~까지 (조사)
- どうやって 어떻게
- 曲(ま)がる 돌다
- 曲(ま)がって 돌아서
- すぐ 바로
- 駅 (えき) 역
- 向(む)こう 맞은 편
- 側 (がわ) 옆/쪽
- 銀行 (ぎんこう) 은행
- 遠(とお)い 멀다

⑪ **この 道を まっすぐ 行って ください。**
M+06-11
이 길을 곧장 가주세요.

⑫ **ホテルまで どうやって 行きますか。**
M+06-12
호텔까지 어떻게 갑니까?

⑬ **右に 曲がって すぐ 左です。**
M+06-13
오른쪽으로 돌아서 바로 왼쪽입니다.

⑭ **駅の 向こう 側です。**
M+06-14
역의 맞은 편입니다.

⑮ **銀行は ここから 遠いですか。**
M+06-15
은행은 여기에서 멉니까?

❶ **行って** (가서), **曲(ま)がって** (돌아서), **やって** (해서)로 활용하는 방법은 제12과 '동사의 활용과 **て**형 / **た**형'을 참고하여 주십시오.

일본어 동사의 변화(활용)를 안다는 것은 일본어를 더욱 잘할 수 있다는 뜻입니다. 문장의 긍정과 부정을 비롯하여 의문, 가정, 명령, 의지와 같이 생각과 느낌을 자유자재로 표현할 수 있게 해주는 것이 바로 동사의 활용입니다. 그래서 일본어 동사의 활용법은 감히 일본어 문법의 전부라고 말할 수 있습니다.

 07-01. 말 잘하는 남자 vs 수다스러운 여자

일본에서는 '말 잘하는 사람'을 口(くち)が うまい (입이 좋다/훌륭하다)라고 합니다. 그리고 '말이 많거나 수다스러운 사람'을 口(くち)が うるさい (입이 시끄럽다) 혹은 '수다쟁이'라는 뜻으로 **おしゃべり** 라고 하며 '허풍선이'는 **ほら吹(ふ)き** 라고 부릅니다.

반대로 말이 없고 과묵하면 口(くち)が 重(おも)い (입이 무겁다)라고 합니다. 그리고 평소에 '입이 거친 사람'은 口(くち)が 悪(わる)い (입이 나쁘다), '말과 행동이 다른 사람'은 口(くち)と 腹(はら)が 違(ちが)う (입과 배가 다르다)라고 표현합니다.

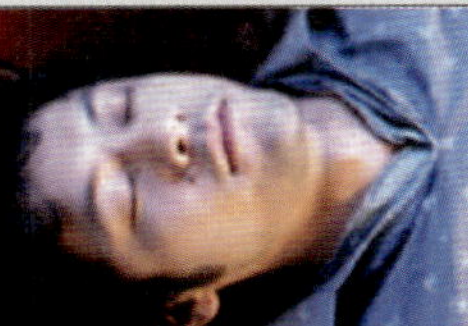
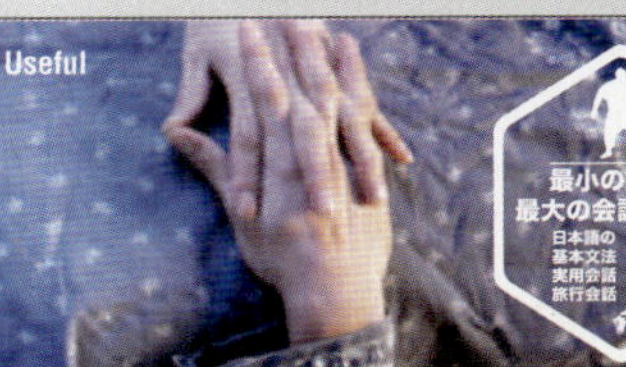

07-02. 일본어의 1단동사란 무엇인가?

먼저 1단동사의 구별법은 동사의 어미가 **る** 이고, 바로 앞 글자가 **い**단이나 **え**단인 동사들입니다.

그러니까 예를 들어 **居(い)る** (있다), **起(お)きる** (일어나다), **見(み)る** (보다), **降(お)りる** (내리다) 등 (**い**단의 경우), 그리고 **教(おし)える** (가르치다), **捨(す)てる** (버리다), **寝(ね)る** (자다), **食(た)べる** (먹다), **入(い)れる** (넣다) 등이 (**え**단의 경우) 1단동사입니다.

1단동사의 어미 활용은 아주 간단합니다.

5단동사는 어미가 다섯 번 활용하는 것이고, 1단동사는 한 번만 변화하는 동사를 말합니다.

자! 그러면 본격적으로 1단동사의 활용을 연습해 보겠습니다.

1단동사의 **ない**형 〉 **ます**형 〉 명사수식형 〉 가정형 〉 명령형 〉 의지/권유형 순으로 설명드리겠습니다.

07-03. 1단동사의 **ない**형

1단동사의 부정형(~하지 않다)부터 시작해 보겠습니다.

1단동사를 부정형으로 만들려면 동사어미 **る** 를 떼어내고
부정의 **ない** 만 붙여주면 됩니다.

그리고 여기에 **です**형을 붙이면 곧바로 정중체 (**です**),
의문문 (**ですか**) 를 만들 수 있습니다.

아울러 **ない** 의 발음을 살짝 위로 올리면 반말체 의문문이 됩니다.

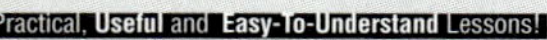

日本語 基本文法 パート 2.

Practical, **Useful** and **Easy-To-Understand** Lessons!

● 彼女 (かのじょ) 그녀 ● 日本 (にほん) 일본 ● ドラマ 드라마 ● 見(み)る 보다

C-07-01

그녀는 일본 드라마를 보지 않는다.

彼女は 日本の ドラマを 見ない。

C-07-02

그녀는 일본 드라마를 보지 않습니다.

彼女は 日本の ドラマを 見ないです。

C-07-03

그녀는 일본 드라마를 보지 않습니까?

彼女は 日本の ドラマを 見ないですか。

C-07-04

그녀는 일본 드라마를 보지 않아?

彼女は 日本の ドラマを 見ない。

자! 그러면 패턴문장으로 실력을 다져볼까요!

● 何(なに)も 아무것도 　● 食(た)べる 먹다 　● 警備員 (けいびいん) 경비원
● 夜中 (よなか) 한밤중 　● 寝(ね)る 자다 　● 朝 (あさ) 아침
● 早(はや)く 일찍 　● 起(お)きる 일어나다

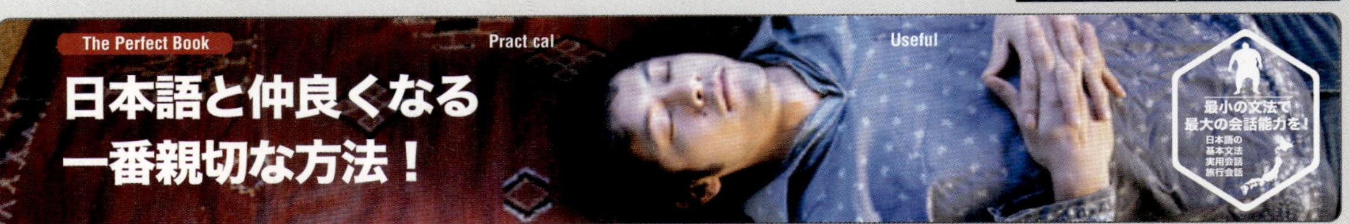

パターン 패턴 예문 3

C-07-05

彼女は 何も 食べないです。

그녀는 아무것도 먹지 않습니다.

C-07-06

警備員は 夜中に 寝ないですか。

경비원은 한밤중에 자지 않습니까?

C-07-07

彼は 朝早く 起きない。

그는 아침 일찍 일어나지 않니?

❶ '먹다'는 여성어인 **食(た)べる** 와 남성어인 **食(く)う** 2가지가 있습니다. 외국인의 경우엔 남성어보다는 여성어인 **食(た)べる** 를 쓰는 게 길반적입니다.
❷ 아침 늦게까지 자는 '잠꾸러기'를 **朝寝坊 (あさねぼう)** 라고 합니다.

07-04. 1단동사의 **ます**형

1단동사 **見(み)る** 가 **ます**형과 결합할 때도 마찬가지입니다.
동사의 어미 **る** 를 뗀 **見(み)** 에 **ます** 를 붙여 **見(み)ます** (봅니다)라고 하면 됩니다. 그리고 **です**문형과 마찬가지로 의문문, 반말체를 만들 수 있습니다.
(의문문은 **か** 를 붙여서 **ますか**, 반말체는 동사의 기본형 상태 그대로 만들면 됩니다.)

C-07-08

그녀는 일본 드라마를 봅니다.

彼女は 日本の ドラマを 見ます。

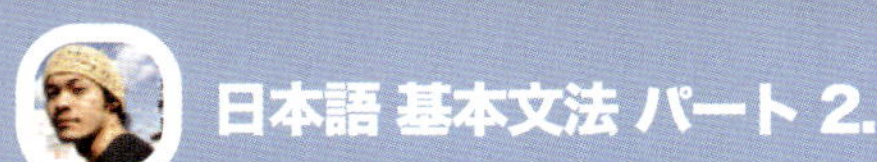

日本語 基本文法 パート 2.

- 일본어 기본 문법의 완성!
- 기본 문법으로 완성하는 일본어

그녀는 일본 드라마를 봅니까?

彼女は 日本の ドラマを 見ますか。

C-07-09

그녀는 일본 드라마를 본다.

彼女は 日本の ドラマを 見る。

C-07-10

자! 그러면 패턴문장으로 실력을 다져볼까요!

- 家 (うち) 집
- いる 있다
- 育(そだ)てる 양육하다/키우다
- 始(はじ)める 시작하다

- 弟 (おとうと) 남동생
- 何人 (なんにん) 몇 명
- 新(あたら)しい 새롭다

- 一人 (ひとり) 한 명
- 子供 (こども) 아이
- 人生 (じんせい) 인생

パターン
패턴
예문
3

 **私の 家には 弟が 一人 います。**

C-07-11

저의 집에는 남동생이 한 명 있습니다.

 **彼女は 何人の 子供を 育てますか。**

C-07-12

그녀는 몇 명의 아이를 키웁니까?

 **新しい 人生を 始める。**

C-07-13

새로운 인생을 시작하다.

---

❶ 일본어는 '있다'라는 표현이 **ある** 와 **いる** 두 가지 있습니다. **ある** 는 사물의 경우에 사용하고, **いる** 는 사람이나 동물의 경우에 사용합니다. 예를 들어 '여기에 나무가 있다.'는 **ここに 木(き)が ある。** 이고, '여기에 고양이가 있다.'는 **ここに 猫(ねこ)が いる。** 가 됩니다.

❷ 기본적으로 '몇 명'은 **何人 (なんにん)** 이라고 말합니다만, 식당이나 형식적인 자리에서는 **何名 (なんめい)** 를 주로 씁니다.

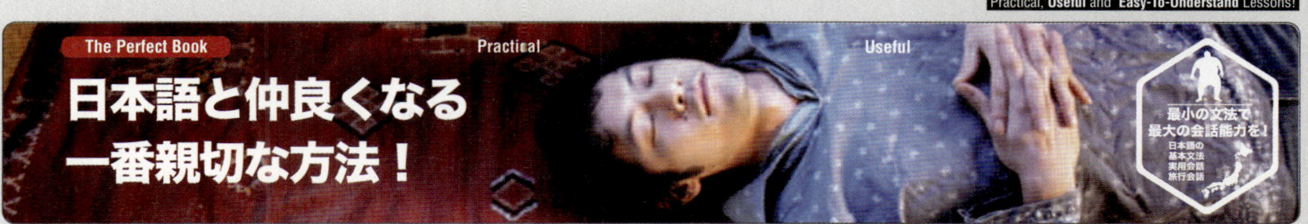

07-05. 1단동사의 명사수식형

1단동사의 명사수식형도 역시 동사의 기본형 그대로 명사를 수식합니다.
즉 **見(み)る** 에 **物 (もの)** (것/물건)을 결합해서 **見(み)る 物 (もの)** (보는 것)이
됩니다.

그녀가 보는 것은 일본 드라마입니다.
彼女が 見る 物は 日本の ドラマです。
C-07-14

자! 그러면 패턴문장으로 실력을 다져볼까요!

- 事 (こと) 일/것
- 成功 (せいこう) 성공
- コツ 비결
- 努力 (どりょく) 노력

- 努(つと)める 애쓰다/힘쓰다
- 勉強 (べんきょう) 공부
- 受(う)ける 받다
- 結果 (けっか) 결과

- いつも 언제나
- 続(つづ)ける 계속하다
- 賛辞 (さんじ) 찬사

彼が 努める ことは いつも 成功です。
C-07-15
그가 애쓰는 일은 언제나 성공입니다.

日本語の 勉強を 続ける コツ。
C-07-16
일본어 공부를 계속하는 비결.

彼女が 受ける 賛辞は 努力の 結果です。
C-07-17
그녀가 받는 찬사는 노력의 결과입니다.

❶ 事 (こと) 는 보통 히라가나 こと 로 많이 씁니다. 그리고 '일/것/사실/사건' 등 문장에 따라 다양하게 해석
할 수 있습니다.

日本語 マルチ プラス

● 멀티플러스 일본어 표현과 회화
● 생활표현과 여행회화를 완성하는 코너!

Practical, Useful and Easy-To-Understand Lessons!

日本語 マルチ プラス

日本語と仲良くなる一番親切な方法！

제07과 Multi Plus
일본어 생활표현 & 여행회화!

친하게 지내는 친구가 생겼다면 축하해줄 만한 일을 찾아 보세요.
그래서 준비했습니다. 생일/나이 말하기와 축하인사표현!

07+01. 일본어 생활표현 : 생일/나이 말하기!

일본인의 경우는 대개가 웬만해서는 쉽게 친해지기가 힘든 것이 사실입니다. 충분히 친해지면 그때는 우리처럼 자연스레 **誕生日 (たんじょうび)** (생일)이나 **年 (とし)** (나이)를 물으며 서로에 대해서 좀 더 알려고 합니다. 참고적으로 일본도 **生まれ年 (うまれどし)** (띠)가 있지만 **占(うらな)い** (점)을 볼 때나 일상에서는 주로 **星座 (せいざ)** (별자리)를 따집니다.

● 年 (とし) 나이 ● 幾つ (いくつ) 몇 살/몇 개 ● 二十四 (にじゅうよん) 24 ● 歳 (さい) 살/세 ● 誕生日 (たんじょうび) 생일 ● いつ 언제 ● 十二月 (じゅうにがつ) 12월 ● 二十五日 (にじゅうごにち) 25일 ● 生年月日 (せいねんがっぴ) 생년월일

❶ M+07-01

年は いくつですか。
나이는 몇 살입니까?

❷ M+07-02

私は 二十四歳です。
저는 24살입니다.

❸ M+07-03

あなたの 誕生日は いつですか。
당신의 생일은 언제입니까?

❹ M+07-04

私の 誕生日は 十二月 二十五日です。
나의 생일은 12월 25일입니다.

❺ M+07-05

生年月日ですか。
생년월일 말입니까?

❶ 나이를 물을 때, 보통 **おいくつですか。** 라고도 합니다.

07+02. 일본어 생활표현 : 축하인사 베스트 5

일본의 1년을 대표하는 축하인사를 모았습니다.
일본인들이 가장 자주 사용하는 축하인사표현이 되겠습니다.

● **おめでとう** 축하하다 (**おめでとう ございます。** 의 줄임표현) ● **お誕生日(たんじょうび)** 생일 ● **成人式 (せいじんしき)** 성인식

**マルチ
プラス
＋
멀티
플러스**

M+07-06

⑥ **おめでとう ございます。**
축하합니다.

M+07-07

⑦ **お誕生日 おめでとう。**
생일 축하해.

M+07-08

⑧ **成人式 おめでとう。**
성인식 축하해.

M+07-09

⑨ **メリークリスマス。**
메리 크리스마스.

M+07-10

⑩ **あけまして おめでとう ございます。**
새해 복 많이 받으세요.

❶ **おめでとう ございます。** 를 친한 사이엔 줄여서 **おめでとう。** 라고 합니다.
❷ **お誕生日(たんじょうび)** 의 **お** 는 존대의 표현입니다. 존경표현에 대해서는 제22~23과를 참고해 주십시오.
❸ 일본의 대표적인 기념행사 중 하나가 바로 **成人式 (せいじんしき)** (성인식)입니다. 매년 1월 둘째 주 월요일에 열리는 성인식은 전국의 지자체에서 만 20세가 되는 남녀를 위하여 거행합니다. 이때 남자는 주로 양복이나 **羽織袴 (はおりはかま)** (남자 기모노)를 입고 여자는 **振袖 (ふりそで)** (결혼 안 한 여성이 입는 소매가 긴 기모노)를 입습니다.
❹ 성인식 날은 국정 공휴일이며, 이날 부모님이나 주위 친척으로부터 **お祝(いわ)い金(きん)** (축하금)으로 5~10만엔 또는 '정장'과 같은 선물을 받습니다. 일본에서의 성인식은 '새로운 경제 주체의 탄생'이라는 의미가 강하며, 성인식 전후로 산업계 전반에 걸쳐 대대적인 마케팅이 전개됩니다.
❺ **あけまして おめでとう ございます。** (새해 복 많이 받으세요.)라는 뜻으로 일본의 설날 (신정 : 신년 1월 1일)에 사용하는 인사표현입니다.

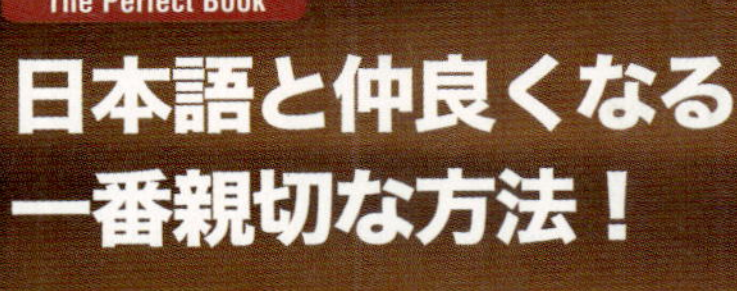

 07+03. 일본 상식 : 일본남녀 생일선물 베스트!

일본남녀의 생일선물 아이템 베스트입니다. 일본 젊은 남녀가 갖고 싶어 하는 생일 선물을 여성과 남성 별로 순위를 정리했습니다.

(여성)

순위	일본어	한국어	영문	가타카나
1위	花 (はな)	꽃		
2위	ネックレス	목걸이	TIFFANY	ティファニー
3위	指輪 (ゆびわ)	반지	TIFFANY	ティファニー
4위	バッグ	가방	Louis Vuitton	ルイヴィトン
5위	ブレスレット	팔찌	TIFFANY	ティファニー

(남성)

순위	일본어	한국어	영문	가타카나
1위	財布 (さいふ)	지갑	Louis Vuitton	ルイヴィトン
2위	キーケース	키홀더	Louis Vuitton	ルイヴィトン
3위	ネクタイ	넥타이	Louis Vuitton	ルイヴィトン
4위	バッグ	가방	Louis Vuitton	ルイヴィトン
5위	腕時計 (うでどけい)	손목시계	Rolex	ロレックス

(http://www.okuru-kimochi.com/ranking/vol6/ 참조)

日本語 基本文法 パート 2.

- 일본어 기본 문법의 완성!
- 기본 문법으로 완성하는 일본어

1단동사 활용 두 번째 시간입니다. 1단동사는 5단동사와 달리 어미 변화(활용)이 한 번 일어나기 때문에 이해하기 쉽습니다. 이번에는 1단동사의 가정문과 함께 명령문, 의지/권유 표현을 살펴보겠습니다.

08-01. 일본인의 '만약에'

일본인의 상상력은 '만약에'에서 시작합니다.
그리고 그들의 상상력이 집약된 것이 바로 '재패니메이션', 즉 일본 **アニメ** (애니메이션)입니다. 일본의 에니메이션은 미국의 디즈니와 철저하게 차별화된 그들만의 영역을 개척하여 현재에 이르렀습니다. 재패니메이션의 특징은 **政治 (せいじ)** (정치), **社会 (しゃかい)** (사회), **哲学 (てつがく)** (철학), **科学 (かがく)** (과학)을 심층적으로 다루고 있으며, 관객층 역시 **子供 (こども)** (어린이)에서 **大人 (おとな)** (어른)까지 폭넓게 아우르고 있습니다. **キャラクター** (캐릭터)의 모습 또한 우리 일상생활에서 흔히 찾아 볼 수 있는 주인공을 선택하며, 결말 또한 헤피앤드가 아닌 비극적으로 끝나는 경우가 많습니다.

 08-02. 1단동사의 가정형 **れば**

5단동사의 가정형은 **~ば** 이지만, 1단동사의 가정형은 **~れば** (~면)입니다.
즉, 동사의 어미 **る** 를 떼어낸 **見(み)** 에 **~れば** 를 결합해서 **見(み)れば** (보면)이
되는 것입니다.

- 見(み)る 보다
- 楽(たの)しい 즐겁다

C-08-01

일본 드라마를 보면 즐겁다.

日本の ドラマを 見れば 楽しい。

 자! 그러면 패턴문장으로 실력을 다져볼까요!

- 道 (みち) 길
- 罰金 (ばっきん) 벌금
- 世の中 (よのなか) 세상
- 辞(や)める 그만두다/사직하다
- ゴミ 쓰레기
- 思考 (しこう) 생각/사고
- 変(か)わる 바뀌다/변하다
- 大変 (たいへん) 큰일
- 捨(す)てる 버리다
- 変(か)える 바꾸다
- 職場 (しょくば) 직장

パターン
패턴
예문
3

C-08-02

道に ゴミを 捨てれば 罰金です。

길에 쓰레기를 버리면 벌금입니다.

C-08-03

思考を 変えれば 世の中が 変わる。

생각을 바꾸면 서상이 바뀐다.

C-08-04

職場を 辞めれば 大変です。

직장을 그만두면 큰일입니다.

❶ '길거리에 함부로 버리는 것'을 ポイ捨(す)て 라고 하는데 ポイ 는 의태어로 '획' 정도의 느낌입니다.
❷ 変(か)える 는 '바꾸다'라는 뜻의 타동사이고, 変(か)わる 는 '바뀌다'라는 뜻의 자동사입니다.

08-03. 1단동사의 명령형

1단동사가 1단동사인 이유는 바로 '명령형' 때문입니다.
1단동사는 명령형에서만 る 가 ろ 로 딱 한 번 바뀝니다.
즉 見(み)る (보다)를 見(み)ろ 로 만들면 명령형인 '봐라'가 됩니다.

C-08-05

일본 드라마를 봐라!
日本の ドラマを 見ろ!

자! 그러면 패턴문장으로 실력을 다져볼까요!

- 質問 (しつもん) 질문
- 子供 (こども) 아이
- 任(まか)せる 맡기다/위임하다
- 答(こた)える 대답하다
- 褒(ほ)める 칭찬하다
- 毎日 (まいにち) 매일
- 難(むずか)しい 어렵다

パターン
패턴
예문
3

C-08-06
質問に 答えろ!
질문에 대답해라!

C-08-07
毎日 子供を 褒めろ!
매일 아이를 칭찬해라!

C-08-08
難しい ことは 彼に 任せろ!
어려운 일은 그에게 맡겨라!

❶ 동사의 명령형은 어감이 강하기 때문에 일상 생활에서는 그다지 사용하지 않습니다. 答(こた)えろ (대답해라) 〉 答(こた)えて (대답해) 〉 答(こた)えなさい (대답하세요) 처럼 단계별로 좀 더 부드러운 명령형이 됩니다.

Practical, Useful and Easy-To-Understand Lessons!

The Perfect Book

日本語と仲良くなる
一番親切な方法！

最小の文法で
最大の会話能力を！
日本語の
基本文法
実用会話
旅行会話

 08-04. 1단동사의 의지/권유형 **よう**

1단동사가 '~해야지'(의지) 또는 '~하자'(권유)로 표현될 때는 **~よう** 와 결합합니다.
(5단동사는 **う**)
그래서 동사의 어미 **る** 를 떼어내고 **見(み)** 에 **よう** 를 붙이면 **見(み)よう** (볼 거야
/보자)가 됩니다.

C-08-09

일본 드라마를 볼 거야(보자).
日本の ドラマを 見よう。

 자! 그러면 패턴문장으로 실력을 다져볼까요!

- 心 (こころ) 마음
- 家 (うち) 집
- 関心 (かんしん) 관심
- 伝(つた)える 전하다
- 訪(たず)ねる 방문하다
- 集(あつ)める 모으다
- 友達 (ともだち) 친구
- 人々 (ひとびと) 사람들

パター
ン
패턴
예문
3

C-08-10
彼女に 私の 心を 伝えよう。
그녀에게 나의 마음을 전해야지/전하자.

C-08-11
友達の 家を 訪ねよう。
친구 집을 방문해야지/방문하자.

C-08-12
人々の 関心を 集めよう。
사람들의 관심을 모아야지/모으자.

❶ 家 (집)을 家 (いえ) 로 발음하면 단순히 '집'을 말하고, 家 (うち) 는 '가정'의 의미를 포함합니다.
❷ 人々 (ひとびと) 는 원래 人人 입니다. 반복하는 같은 글자는 々 로 대신해서 씁니다.

Practical, **Useful** and
Easy-To-Understand Lessons!

08-05. 예외적인 5단동사

동사의 어미 **る** 앞에 **い**단이나 **え**단이 왔는데도 1단동사가 아닌 예외적인 5단동사가 있습니다. 예외적인 5단동사의 구별법은 간단합니다. 즉 1단동사인 **変(か)える** (바꾸다)와 달리, 예외적인 5단동사 **帰(かえ)る** (돌아가다)는 동사 어미 **る** 앞의 어간이 모두 한자 안에 포함되어 있습니다. 이런 경우 동사 **帰(かえ)る** 는 5단동사에 맞게 어미를 변화시켜야 합니다.

- 十二月 (じゅうにがつ) 12월
- ~へ ~에/으로 (방향/장소)
- 帰(かえ)る 돌아가다

C-08-13

12월에 일본에 돌아갑니다.
十二月に 日本へ 帰ります。

❶ **~へ** 는 '~에/으로'로 방향/장소를 나타내는 조사이며 이때의 발음은 [e] 입니다.

자! 그러면 패턴문장으로 실력을 다져볼까요!

- 以外 (いがい) 이외
- 汽車 (きしゃ) 기차
- 桜 (さくら) 벚꽃
- 誰(だれ)も 누구도
- 早(はや)い 빠르다
- 散(ち)る 떨어지다/흩어지다
- 要(い)る 필요하다
- 走(はし)る 달리다

C-08-14
彼女 以外には 誰も 要らない。
그녀 이외에는 누구도 필요 없다.

C-08-15
汽車は 早く 走ります。
기차는 빠르게 달립니다.

C-08-16
桜が 散ります。
벚꽃이 집니다.

예외적인 5단동사들

裏切(うらぎ)る	배신하다
帰(かえ)る	돌아가다/돌아오다
限(かぎ)る	제한하다/한정하다
要(い)る	필요하다
蹴(け)る	(공을) 차다
茂(しげ)る	무성하다
散(ち)る	지다/흩어지다
切(き)る	끊다
入(はい)る	들어가다/들어오다
走(はし)る	달리다
減(へ)る	줄다
知(し)る	알다
滑(すべ)る	미끄러지다
握(にぎ)る	쥐다
蘇(よみがえ)る	되살아나다/소생하다

Practical, Useful and Easy-To-Understand Lessons!

Practical, **U**seful and **E**asy-To-Understand **L**essons!

日本語 マルチ プラス

日本語と仲良くなる一番親切な方法！

+
日本語
マルチ
プラス

일본어와 친해지는 가장 친절한 방법!

제08과 Multi Plus
일본어 생활표현 & 여행회화!

일본에서 식사할 때 필요한 모든 표현을 정리했습니다.
식사 관련 표현 및 식사예절 표현 그리고 음식맛 관련 표현을 소개합니다.

 Practical, **U**seful and
Easy-To-Understand **L**essons!

Practical, Useful and **Easy-To-Understand** Lessons!

08+01. 일본어 생활표현 : 식사 관련 표현

일본 가정의 가장 기본적인 식단은 **ご飯(はん)** (밥), **味噌汁 (みそしる)** (된장국), **魚 (さかな)** (생선), **漬物 (つけもの)** (장아찌류의 절인반찬)입니다. 반면, 연회 때 먹는 다양한 종류의 코스요리는 **会席料理 (かいせきりょうり)** (연회요리)라고 합니다.

- お腹(なか) 배
- 空(す)く 고프다/허기지다
- 何(なん)か 뭔가
- 辛(から)い 맵다
- もの 것/물건
- 食(た)べる 먹다
- ~たい ~하고 싶다
- お代(か)わり 좀 더/한 그릇 더
- いかが 어떠함
- もう 벌써/곧/(조금) 더
- いっぱい 가득하다

❶ あ お腹 すいた。
M+08-01
아~! 배고프다. (배고파 죽겠어.)

❷ お腹 すかない。
M+08-02
배고프지 않니?

❸ 何か 辛い ものが 食べたい。
M+08-03
뭔가 매운 것이 먹고 싶은데.

❹ お代わり いかがですか。
M+08-04
좀 더 드시겠습니까? (한 그릇 더 어떻습니까?)

❺ もう お腹 いっぱいです。
M+08-05
이미 배부릅니다.

❶ '배'는 **お腹(なか)** 혹은 **腹 (はら)** 라고 하는데, **腹 (はら)** 는 다소 거친 표현으로 주로 **お腹(なか)** 를 많이 사용합니다.
❷ **~たい** (~하고 싶다) 표현은 제16과에서 자세히 설명하겠습니다.
❸ 맛과 관련한 표현으로 **甘(あま)い** (달다), **すっぱい** (시다), **しょっぱい** (짜다), **苦(にが)い** (쓰다), **渋(しぶ)い** (떫다)도 함께 알아두십시오.

08+02. 일본어 생활표현 : 식사예절 표현

일본의 식사 매너는 먼저 **茶碗 (ちゃわん)** (밥그릇)을 왼손에 들고 먹습니다. 그리고 기본적으로 숟가락은 사용하지 않습니다. 국을 먹을 경우 마시거나 건더기는 **箸 (はし)** (젓가락)으로 먹습니다. 특히 반찬을 젓가락으로 주고 받지 않습니다. 왜냐하면 일본은 장례 때, 화장한 유골을 젓가락으로 주고 받기 때문에 재수가 없다고 생각하기 때문입니다.

● **口 (くち)** 입 ● **合(あ)う** 맞다 ● **すごく** 매우/굉장히 ● **おいしい** 맛있다

⑥ **どうぞ。**
M+08-06
자, 드세요.

⑦ **いただきます。**
M+08-07
잘 먹겠습니다.

⑧ **ごちそうさまでした。**
M+08-08
잘 먹었습니다.

⑨ **お口に 合いましたか。**
M+08-09
입맛에 맞으셨습니까?

⑩ **すごく おいしかったです。**
M+08-10
매우 맛있었습니다.

❶ **どうぞ。** 는 그 뒤에 '드세요'나 '앉으세요', '쉬세요' 등의 말이 생략된 표현입니다.
❷ **口(くち)に 合(あ)う** (입맛에 맞다)이고, **口(くち)に 合(あ)わない** (입맛에 맞지 않는다) 입니다.
お口(くち) 에서 **お** 는 존대의 표현입니다. 존경표현에 대해서는 제22~23과를 참고해 주십시오.

 ## 08+03. 일본어 생활표현 : 맛 표현

일본 음식은 신선하고 정갈한 맛이 특징입니다. 이는 **香辛料 (こうしんりょう)** (향신료) 대신에 식재료의 고유한 **味 (あじ)** (맛)을 최대한 살려 담백한 맛을 내려는 일본 음식의 기본에서 비롯됩니다. 더욱이 일본 음식은 맛뿐만 아니라 시각적으로 아름답게 표현하기 위해 각 음식의 다양한 색채에 어울리는 공간적 배치나 미적인 **食器 (しょっき)** (식기)를 사용합니다.

- 味 (あじ) 맛 ● 少(すこ)し 약간 ● 薄(うす)い 싱겁다/얇다 ● とても 너무/매우 ● しょっぱい 짜다
- ちょっと 좀 ● おかしい 이상하다 ● 辛(から)い 맵다 ● 食(た)べる 먹다

マルチ プラス ＋ 멀티 플러스

 ⑪ **味は いかがですか。**
M+08-11
맛은 어떻습니까?

 ⑫ **少し 薄いです。**
M+08-12
약간 싱겁습니다.

 ⑬ **とても しょっぱいです。**
M+08-13
너무 짭니다.

 ⑭ **味が ちょっと おかしいです。**
M+08-14
맛이 좀 이상합니다.

 ⑮ **辛くて 食べません。**
M+08-15
매워서 안 먹습니다.

❶ 추가적으로 '진하다'는 濃(こ)い, '개운한 맛'은 さっぱりした 味 (あじ) 라고 합니다.
❷ 辛(から)い (맵다) 〉 辛(から)くて (매워서)의 활용은 제14과 형용사의 활용에서 자세히 설명합니다.

일본인이 일상에서 사용하는 동사는 사실 그리 많지 않습니다.
몇 가지 동사들을 반복해서 사용하기 때문에 쉽게 정복이 가능합니다.
불규칙 동사 역시 일상에서 매우 자주 사용하기 때문에 반복을 통해 자연스럽게 체득이 가능합니다.

 09-01. 일본인에게 불규칙은?

일본인은 직쟁생활은 물론 일상생활이나 취미생활까지도 **マニュアル** (매뉴얼)을 정해놓고 그에 따라 행동합니다. 아무리 위급한 비상 상황에서도 당황하지 않고 침착하게 매뉴얼에 따라 행동합니다. 그런 탓에 정해진 규칙에 맞지 않는 행동을 하면 **変(か)わった 人(ひと)** (이상한/별난 사람)이라고 하여 **いじめ** (집단 따돌림)을 당하기 쉽습니다.

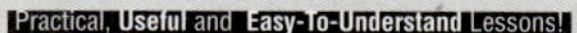

09-02. 일본어의 불규칙동사란 무엇인가?

일본어의 '불규칙동사'는 경우에 따라 규칙 또는 불규칙으로 활용되는 동사를 말합니다. 그리고 일본어의 불규칙동사는 **する** (하다)와 **来(く)る** (오다) 단 2개뿐입니다. 불규칙적으로 변화하기는 하지만 일상적으로 워낙 자주 사용하는 단어들이기 때문에 금방 습득할 수 있습니다.

자! 그럼 본격적으로 불규칙동사의 활용을 만나보겠습니다.

09-03. 불규칙동사 **する** 와 **来る** 의 **ない** 형

제일 먼저 불규칙동사의 부정형(~하지 않다)부터 시작해 보겠습니다.

우선 **する** (하다)를 부정형으로 만들려면 **する** 가 **し** 로 바뀐 다음에 부정의 **ない** 를 붙여 **しない** (하지 않다)가 됩니다. 그리고 **来(く)る** (오다)를 부정형으로 만들 땐 **来(く)る** 가 **こ** 로 바뀐 다음에 **ない** 를 붙여 **来(こ)ない** (오지 않다)가 됩니다. 그리고 여기에다가 **です** 형을 붙이면 곧바로 정중체 **(です)**, 의문문 **(ですか)** 를 만들 수 있습니다. 아울러 **ない** 의 발음을 살짝 위로 올리면 반말체 의문문이 됩니다.

● 日本文学 (にほんぶんがく) 일본문학 ● 勉強(べんきょう)する 공부하다 ● ~から ~에서/부터
● 来(く)る 오다

그는 일본문학을 공부하지 않는다.
彼は 日本文学を 勉強しない。

그는 일본문학을 공부하지 않습니다.
彼は 日本文学を 勉強しないです。

그는 일본문학을 공부하지 않습니까?
彼は 日本文学を 勉強しないですか。

그는 일본문학을 공부하지 않아?

彼は 日本文学を 勉強しない。

C-09-04

그녀는 일본에서 오지 않는다.

彼女は 日本から 来ない。

C-09-05

그녀는 일본에서 오지 않습니다.

彼女は 日本から 来ないです。

C-09-06

그녀는 일본에서 오지 않습니까?

彼女は 日本から 来ないですか。

C-09-07

그녀는 일본에서 오지 않아?

彼女は 日本から 来ない。

C-09-08

❶ 우리는 공부 (工夫) 한다고 표현하지만, 일본에서 공부는 **勉強 (べんきょう)** 라고 말합니다.
참고로 **工夫 (くふう)** 는 '여러 가지 궁리함/고안함'을 뜻합니다.

자! 그러면 패턴문장으로 실력을 다져볼까요!

● 金持(かねも)ち 부자 ● 尊敬(そんけい)する 존경하다 ● 日曜日 (にちようび) 일요일
● 家 (うち) 집 ● ~へ ~에/으로 (방향/장소) ● 週末 (しゅうまつ) 주말 ● バイト 아르바이트

彼女は 金持ちを 尊敬しない。
그녀는 부자를 존경하지 않는다.

C-09-09

日曜日に 私の 家へ 来ない。
일요일에 우리 집으로 오지 않을래?

C-09-10

週末には バイトを しないです。
주말에는 아르바이트를 하지 않습니다.

C-09-11

09-04. 불규칙동사 **する** 와 **来る** 의 **ます** 형

する 가 **ます** 형과 결합할 때는 **する** 가 **し** 로 바뀐 다음에 **ます** 를 붙여 **します** (합니다)가 됩니다. 그리그 **来(く)る** 는 **き** 로 바뀐 다음에 **ます** 를 붙여 **来(き)ます** (옵니다)가 됩니다.

그리고 **です** 문형과 마찬가지로 의문문, 반말체를 만들 수 있습니다.

(의문문은 **か** 를 붙여서 **ますか**, 반말체는 동사의 기본형 상태 그대로 만들면 됩니다.)

C-09-12

그는 일본문학을 공부합니다.

彼は 日本文学を 勉強します。

C-09-13

그는 일본문학을 공부합니까?

彼は 日本文学を 勉強しますか。

C-09-14

그는 일본문학을 공부한다.

彼は 日本文学を 勉強する。

C-09-15

그녀는 일본에서 옵니다.

彼女は 日本から 来ます。

C-09-16

그녀는 일본에서 옵니까?

彼女は 日本から 来ますか。

C-09-17

그녀는 일본에서 온다.

彼女は 日本から 来る。

자! 그러면 패턴문장으로 실력을 다져볼까요!

- **私達 (わたしたち)** 우리들
- **テニス** 테니스
- **いつ** 언제
- **友達 (ともだち)** 친구
- **いつも** 언제나
- **応援(おうえん)する** 응원하다

私達は テニスを します。

C-09-18

우리들은 테니스를 칩니다.

いつ 日本の 友達が 来ますか。

C-09-19

언제 일본 친구가 옵니까?

いつも あなたを 応援します。

C-09-20

언제나 당신을 응원합니다.

❶ 우리는 '테니스를 치다'라고 하지만 일본어로는 '테니스를 하다'라고 합니다.
❷ 일본 사람과 친구되기는 시간이 걸립니다. 그래서 알고 있는 정도면 '친구'라고 하지 않고
知(し)り合(あ)い (아는 사람/아는 사이)라고 말합니다.

09-05. 불규칙동사 **する** 와 **来る** 의 명사수식형

불규칙동사의 명사수식형은 규칙동사와 마찬가지로 동사의 기본형 그대로 명사를 수식합니다.
수식합니다.
즉 **する** 에 **人** (사람)을 결합해서 **する 人** (하는 사람), 그리고 **来(く)る** 에 **人** (사람)을 결합해서 **来(く)る 人** (오는 사람)이 됩니다.

- **人 (ひと)** 사람
- **友達 (ともだち)** 친구

Practical, **Useful** and **Easy-To-Understand** Lessons!

일본문학을 공부하는 사람은 나의 친구입니다.

C-09-21
日本文学を 勉強する 人は 私の 友達です。

일본에서 오는 사람은 나의 여자친구입니다.

C-09-22
日本から 来る 人は 私の 彼女です。

자! 그러면 패턴문장으로 실력을 다져볼까요!

- ジム 체육관
- ~で ~에서
- 運動(うんどう)する 운동하다
- 誰 (だれ) 누구
- 遊園地 (ゆうえんち) 유원지
- 殆(ほと)んど 대부분/거의
- 若者 (わかもの) 젊은이
- ここ 여기
- 文化 (ぶんか) 문화
- 勉強(べんきょう)する 공부하다
- 会 (かい) 모임

ジムで 運動する 人は 誰ですか。

C-09-23
체육관에서 운동하는 사람은 누구입니까?

 パターン 패턴 예문 **3**

遊園地に 来る 人は 殆んど 若者です。

C-09-24
유원지에 오는 사람은 대부분 젊은이입니다.

ここは 日本文化を 勉強する 会です。

C-09-25
여기는 일본문화를 공부하는 모임입니다.

❶ '체육관'은 **体育館 (たいいくかん)** 이지만, 외래어 **ジムナジウム** 의 줄임말인 **ジム** 를 많이 사용합니다.

Practical, Useful and Easy-To-Understand Lessons!

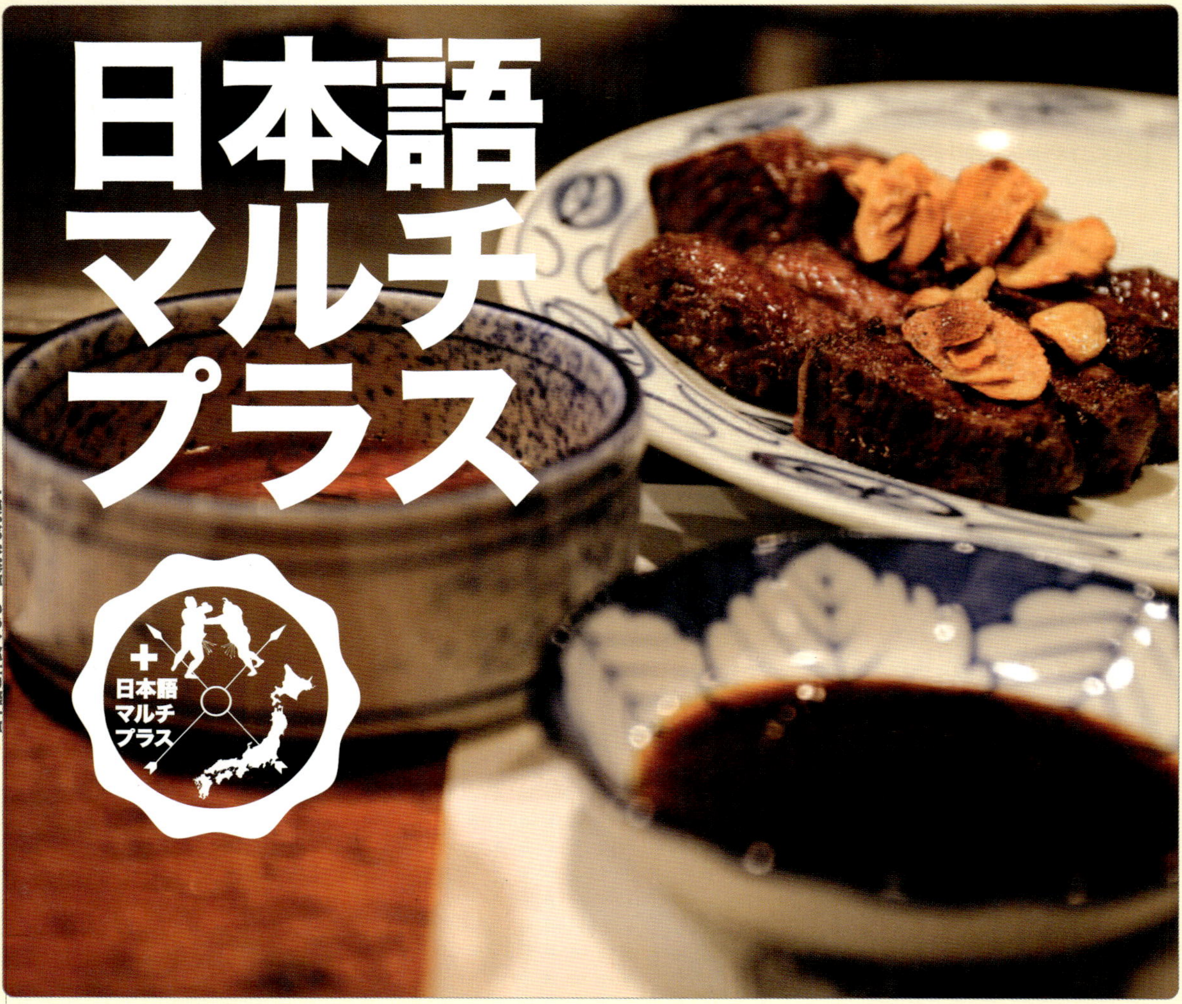

日本語 マルチ プラス

+ 日本語 マルチ プラス

**제09과 Multi Plus
일본어 생활표현 & 여행회화!**

일본에서 **おいしい店(みせ)** (맛집) 찾는 방법은 간단합니다.
점심이나 저녁시간 때 **食堂 (しょくどう)** (식당) 앞에 사람들이 줄서서 기다리고 있으면 100% 맛집입
니다. 음식 맛에 대한 예의라고 생각하는 것이죠.

09+01. 일본어 여행회화 : 식당을 찾을 때

일본은 어느 곳에도 한 동네에 같은 음식을 파는 식당이 거의 없습니다. 게다가 일본은 3대, 4대를 이어가며 **経営 (けいえい)** (경영) 하는 식당이 많습니다. 그만큼 맛에 대한 **伝統 (でんとう)** (전통)과 **自負 (じふ)** (자부)가 강합니다. 그러다 보니 **お得意(とくい)さん** (단골손님) 또한 3대, 4대를 이어 같은 식당을 찾아옵니다.

● 有名(ゆうめい)だ 유명하다 ● 屋 (や) 가게 ● 勧(すす)める 추천하다 ● 安(やす)い 싸다 ● おいしい 맛있다 ● 居酒屋 (いざかや) 이자카야/선술집 ● ~なら ~면 ● トンカツ 돈가스 ● ラーメン 라면 ● どこに 어디에 ● 近(ちか)く 근처 ● 中華屋 (ちゅうかや) 중국식당 ● ~て ください ~해주세요

M+09-01

❶ 有名な すし屋を 勧めて ください。
유명한 초밥집을 추천해주세요.

M+09-02

❷ 安くて おいしい 居酒屋なら いいです。
저렴하고 맛있는 이자카야면 좋겠습니다.

M+09-03

❸ いい トンカツ屋は どこですか。
괜찮은 돈가스집은 어디입니까?

M+09-04

❹ この ラーメン屋は どこに ありますか。
이 라멘집은 어디에 있습니까?

M+09-05

❺ この 近くに 中華屋が ありますか。
이 근처어 중국집이 있습니까?

❶ '식당'은 **食堂 (しょくどう)** 지만, '가게'는 흔히 **屋 (や)** 라고 합니다.
❷ **勧(すす)めて** (추천하여), **安(やす)くて** (싸고)에 대해서는 '동사와 형용사의 활용' 부분에서 자세히 설명하겠습니다.

日本語 マルチ プラス

- 멀티플러스 일본어 표현과 회화
- 생활표현과 여행회화를 완성하는 코너!

09+02. 일본어 여행회화 : 식당예약 표현

일본인에게 **予約 (よやく)** (예약)은 습관입니다. 이용하려는 시설에 대한 예의이며, 본인에게는 의무라는 인식이 지배적입니다. 예약을 통해 서로에게 불편을 덜게 하자는 생각이 일본인의 예약문화입니다.

- **予約 (よやく)** 예약　● **要(い)る** 필요하다　● **今夜 (こんや)** 오늘 밤　● **六時 (ろくじ)** 6시
- **二人 (ふたり)** 2인　● **申(もう)し訳(わけ)ございません** 대단히 죄송합니다
- **満席 (まんせき)** 만석　● **~でございます** ~입니다　● **いつ** 언제　● **できる** 할 수 있다
- **可能(かのう)だ** 가능하다　● **時間 (じかん)** 시간　● **~で** ~로 (수단/재료) / ~에서 (장소)
- **お願(ねが)い します** 부탁합니다

マルチ
プラス
+
멀티
플러스

M+09-06

⑥ 予約が 要りますか。

예약이 필요합니까?

M+09-07

⑦ 今夜 六時に 二人 予約します。

오늘 밤 6시에 2인 예약합니다.

M+09-08

⑧ 申し訳ございませんが、満席でございます。

죄송합니다만, 만석입니다.

M+09-09

⑨ いつ 予約できますか。

언제 예약 가능합니까?

M+09-10

⑩ 予約の 可能な 時間で お願い します。

예약 가능한 시간으로 해주세요 (부탁합니다).

❶ 회사의 '회식'이나 학교 '뒷풀이'는 飲(の)み会(かい) 라고 합니다.
❷ 사람을 셀 때 보통 한 사람을 一人(ひとり), 두 사람을 二人(ふたり) 라고 합니다. 특히 높임말로 할 경우 一名様 (いちめいさま), 二名様 (にめいさま) 라고 표현합니다.

Practical, Useful and Easy-To-Understand Lessons!

09+03. 일본 상식 : 맛집 표현

도쿄에는 맛집이 정말 많습니다. **寿司 (すし)** (스시)는 수산시장인 **築地 (つきじ)** (쓰키지)가 유명합니다. **トンカツ** (돈가스)는 **新宿 (しんじゅく)** (신주쿠)의 **さぼてん** (사보텐), **牛丼 (ぎゅうどん)** (규동)은 값싸고 대중적인 **吉野家 (よしのや)** (요시노야)가 좋습니다. 또한 **たぬきうどん** (타누키 우동)은 원래 **香川県 (かがわけん)** (카가와현)에서 유래되었는데, 일본 **小麦粉 (こむぎこ)** (밀가루) 소비량의 70%가 카가와현에서 소비될 정도입니다. **ラーメン** (라멘)은 역시 **九州 (きゅうしゅう)** (큐슈)의 **豚骨 (とんこつ)** (돈코츠)라멘이 유명합니다.

- **有名(ゆうめい)だ** 유명하다 ● **グルメ** 미식/맛집 ● **どこ** 어디 ● **おいしい** 맛있다 ● **店 (みせ)** 가게
- **是非 (ぜひ)** 제발/꼭 ● **食(た)べる** 먹다 ● **見(み)る** 보다 ● **~たい** ~하고 싶다
- **急(きゅう)に** 갑자기 ● **専門店 (せんもんてん)** 전문점 ● **行(い)く** 가다
- **~ましょう** ~합시다 (의지 또는 권유를 나타내는 표현)

⑪ **有名な グルメは どこですか。**
유명한 맛집은 어디입니까?
M+09-11

⑫ **うどんが おいしい店は どこですか。**
우동이 맛있는 집은 어디입니까?
M+09-12

⑬ **豚骨ラーメンを 是非 食べてみたいです。**
돈코츠라멘을 꼭 먹어보고 싶습니다.
M+09-13

⑭ **急に 牛丼が 食べたいです。**
갑자기 규동이 먹고 싶습니다.
M+09-14

⑮ **トンカツ専門店に 行きましょう。**
돈가스 전문점으로 갑시다!
M+09-15

제10과 일본어 실력의 핵심은 동사다! (불규칙동사 2.)

일본문학을 공부하면 일본이 보입니다.

日本文学を 勉強すれば、日本が 見えます。

불규칙동사 활용 두 번째 시간입니다. 불규칙동사의 활용이 쉽지는 않지만 일상생활에서 자주 쓰이는 표현들이기 때문에 오히려 자연스럽게 익혀지기도 합니다.

10-01. 일본의 미래를 보다!

현재 일본은 **高齢化 (こうれいか)** (고령화) 사회입니다.
그 결과 노인을 위한 **福祉施設 (ふくししせつ)** (복지시설)이나, **介護 (かいご)** (간호), **医療器具 (いりょうきぐ)** (의료기구), **シルバータウン** (실버 타운) 등과 같은 관련 분야가 고도로 발전하고 있습니다. 아울러 식생활 문화도 노인 고객의 입 맛에 맞게 새로운 **製品 (せいひん)** (제품)들을 출시하고 광고를 하고 있습니다. 사 회 전반적으로 새로운 **衣食住 (いしょくじゅう)** (의식주) 문화가 만들어지고 있습 니다. 머지 않아 우리나라 역시 고령화 사회에 따른 새로운 **職業 (しょくぎょう)** (직업)이 **脚光 (きゃっこう)** (각광)받을 것으로 생각됩니다.

The Perfect Book Practical Useful

日本語と仲良くなる
一番親切な方法！

最小の文法で
最大の会話能力を！
日本語の
基本文法
実用会話
旅行会話

10-02. 불규칙동사 **する** 와 **来る** 의 가정형 **ば**

する 와 **来(く)る** 가 가정형 **~ば** 와 결합할 때는 불규칙이 아닌 규칙으로 변화(활용)합니다. 즉 **する+ば = すれば** (하면)이 되고, **来(く)る+ば = 来(く)れば** (오면)이 됩니다.

- 日本文学 (にほんぶんがく) 일본문학
- 見(み)える 보이다
- 勉強(べんきょう)する 공부하다
- 思(おも)う 생각하다

C-10-01

일본문학을 공부하면 일본이 보입니다.

日本文学を 勉強すれば、日本が 見えます。

C-10-02

그녀가 일본에 온다면 좋겠습니다.

彼女が 日本に 来れば、いいと 思います。

❶ 일본인은 자신의 의견을 단정적으로 표현하지 않는 경향이 있습니다. '~이다' 보다는 '(나는) ~라고 생각해' 와 같이 **~と 思(おも)う** 하는 식으로 매우 간접적으로 표현합니다. 우리말로 번역할 때는 그냥 '~이다'로 해도 됩니다.

자! 그러면 패턴문장으로 실력을 다져볼까요!

- 食事(しょくじ)する 식사하다
- 花 (はな) 꽃
- おいしい 맛있다
- 咲(さ)く 피다
- 春 (はる) 봄
- どう 어떻게

ここで 食事すれば おいしいです。

C-10-03

여기서 식사하면 맛있습니다.

パターン
패턴
예문
3

春が 来れば 花が 咲く。

C-10-04

봄이 오면 꽃이 핀다.

どう すれば いいですか。

C-10-05

어떻게 하면 좋겠습니까?

❶ 일본어의 한자 읽는 법이 따로 있지는 않습니다만, 한자 春 을 우리 말로 '(봄) 춘'이라고 하듯이, 일본어도 '춘'처럼 음으로 읽을 때 春 (しゅん) 으로 읽고, '봄'처럼 뜻으로 읽을 때는 春 (はる) 라고 합니다.

10-03. 불규칙동사 **する** 와 **来る** 의 명령형

'하다'의 명령형 '해라'를 만들려면, **する** 를 **しろ** 로 바꾸면 됩니다.
그리고 '오다'를 '와라'로 만들 땐 **来(く)る** 를 **来(こ)い** 로 하면 됩니다.

● ~へ ~에/으로 (방향/장소)　　● 遊(あそ)ぶ 놀다　　● ~に ~하러

 C-10-06
일본문학을 공부해라!
日本文学を 勉強しろ。

 C-10-07
일본에 놀러 와라!
日本へ 遊びに 来い。

자! 그러면 패턴문장으로 실력을 다져볼까요!

● 一人 (ひとり) 한 사람　● 男 (おとこ) 남자　● ~として ~로써　● 約束 (やくそく) 약속
● 早(はや)く 어서/빨리　● カフェ 카페　● ~へ ~에/으로 (방향/장소)　● 結婚 (けっこん) 결혼

  C-10-08
一人の 男として 約束しろ。
한 사람의 남자로써 약속해라!

 C-10-09
早く カフェへ 来い。
어서 카페로 와라!

 C-10-10
早く 結婚しろ。
빨리 결혼해라!

❶ 형용사 早(はや)い (이르다)가 부사로 쓰일 경우, 형용사 어미인 い 가 く로 바뀌면서 早(はや)く (빨리)가 됩니다.

Practical, **Useful** and **Easy-To-Understand** Lessons!

10-04. 불규칙동사 **する** 와 **来る** 의 의지/권유형 **よう**

불규칙동사 **する** 와 **来(く)る** 를 의지나 권유, 즉 '하다'를 '해야지/하자', 또는 '오다'를 '와야지/오자'라고 말하려면 **する+う = しよう** (해야지/하자), **来(く)る+う = 来(こ)よう** (와야지/오자)가 됩니다.

● 勉強(べんきょう)する 공부하다　　　● 遊(あそ)ぶ 놀다

C-10-11

일본문학을 공부해야지/공부하자.

日本文学を 勉強しよう。

C-10-12

일본에 놀러 와야지/오자.

日本へ 遊びに 来よう。

자! 그러면 패턴문장으로 실력을 다져볼까요!

● あっちこっち 여기저기　　● 観光(かんこう)する 관광하다　　● 是非 (ぜひ) 꼭/제발
● また 또/다시　　　　　　● 後(あと)で 나중에

C-10-13

日本の あっちこっちを 観光しよう。

일본의 여기저기를 관광해야지/관광하자.

パターン
패턴
예문
3

C-10-14

是非 また 来よう。

꼭 다시 와야지/오자.

C-10-15

後で また 来よう。

나중에 또 와야지/오자.

❶ '여기저기'는 일본어로 **あっちこっち** (저기여기)라고 거꾸로 표현합니다. 유사한 예로는 **乗(の)り換(か)える** (환승하다), **言(い)い換(か)える** (바꿔 말하다) 등이 있습니다.

 10-05. 일본어의 자동사와 타동사

우리말처럼 일본어에도 '자동사'와 '타동사'가 있습니다.
목적을 필요로 하는 것이 타동사, 그렇지 않은 것이 자동사인데요, 일본어는 자동사 대부분(물론 예외가 있습니다)이 5단동사이며, 타동사는 1단동사인 경우가 많습니다. 예를 들어 자동사 **始(はじ)まる** (시작되다)는 5단동사이고, 타동사 **始(はじ)める** (시작하다)는 1단동사입니다.
단! 예외적으로 동사의 어미가 **す** 로 끝나면 타동사이고, 이때 1단동사는 자동사가 됩니다. 예를 들어 자동사 **落(お)ちる** (떨어지다)는 1단동사이고, 타동사 **落(お)とす** (떨어뜨리다)는 **す** 로 끝난 5단동사가 되는 것입니다.

● 授業 (じゅぎょう) 수업

C-10-16
일본어 수업을 시작하겠습니다.
日本語の 授業を 始めます。

 자! 그러면 패턴문장으로 실력을 다져볼까요!

● 結婚 (けっこん) 결혼　　● 相手 (あいて) 상대　　● 決(き)まる 정해지다
● 決(き)める 정하다　　● 私達 (わたしたち) 우리들　　● 愛 (あい) 사랑
● 昔 (むかし) 옛날　　● 始(はじ)まる 시작되다

彼女の 結婚相手が 決まりました。
C-10-17
그녀의 결혼 상대가 정해졌습니다.

パターン
패턴
예문
3
彼女は 結婚相手を 決めました。
C-10-18
그녀는 결혼 상대를 정했습니다.

私達の 愛は 昔から 始まった。
C-10-19
우리들의 사랑은 옛날부터 시작되었다.

1. 자동사 (5단동사)와 타동사 (1단동사) 예

자동사 (5단동사)	타동사 (1단동사)
上(あ)がる 오르다	上(あ)げる 올리다
開(あ)く 열리다	開(あ)ける 열다
集(あつ)まる 모이다	集(あつ)める 모으다
教(おそ)わる 배우다	教(おし)える 가르치다
変(か)わる 바뀌다	変(か)える 바꾸다
助(たす)かる 살아나다	助(たす)ける 구하다
立(た)つ 서다	立(た)てる 세우다
伝(つた)わる 전해지다	伝(つた)える 전하다
続(つづ)く 계속되다	続(つづ)ける 계속하다
止(と)まる 멈추다	止(と)める 세우다
始(はじ)まる 시작되다	始(はじ)める 시작하다
決(き)まる 정해지다	決(き)める 정하다

2. 예외적인 자동사 (1단동사)와 타동사 (5단동사) 예

자동사 (1단동사)	타동사 (5단동사)
生(う)まれる 태어나다	生(う)む 낳다
売(う)れる 팔리다	売(う)る 팔다
折(お)れる 꺾이다	折(お)る 꺾다
切(き)れる 끊어지다	(き)る 끊다
取(と)れる 떨어지다	取(と)る 뜯어내다
焼(や)ける 타다	焼(や)く 태우다
割(わ)れる 깨지다	割(わ)る 깨다

3. 동사의 어미가 す 로 끝난 타동사 예

자동사 (1단동사)	타동사 (5단동사)
起(お)きる 일어나다	起(お)こす 깨우다
隠(かく)れる 숨다	隠(かく)す 숨기다
消(き)える 꺼지다	消(け)す 끄다
倒(たお)れる 쓰러지다	倒(たお)す 쓰러뜨리다
直(なお)る 고쳐지다	直(なお)す 고치다
流(なが)れる 흐르다	流(なが)す 흘리다
伸(の)びる 펴지다	伸(の)ばす 펴다
増(ふ)える 늘다	増(ふ)やす 늘리다
減(へ)る 줄다	減(へ)らす 줄이다
燃(も)える 타다	燃(も)やす 태우다

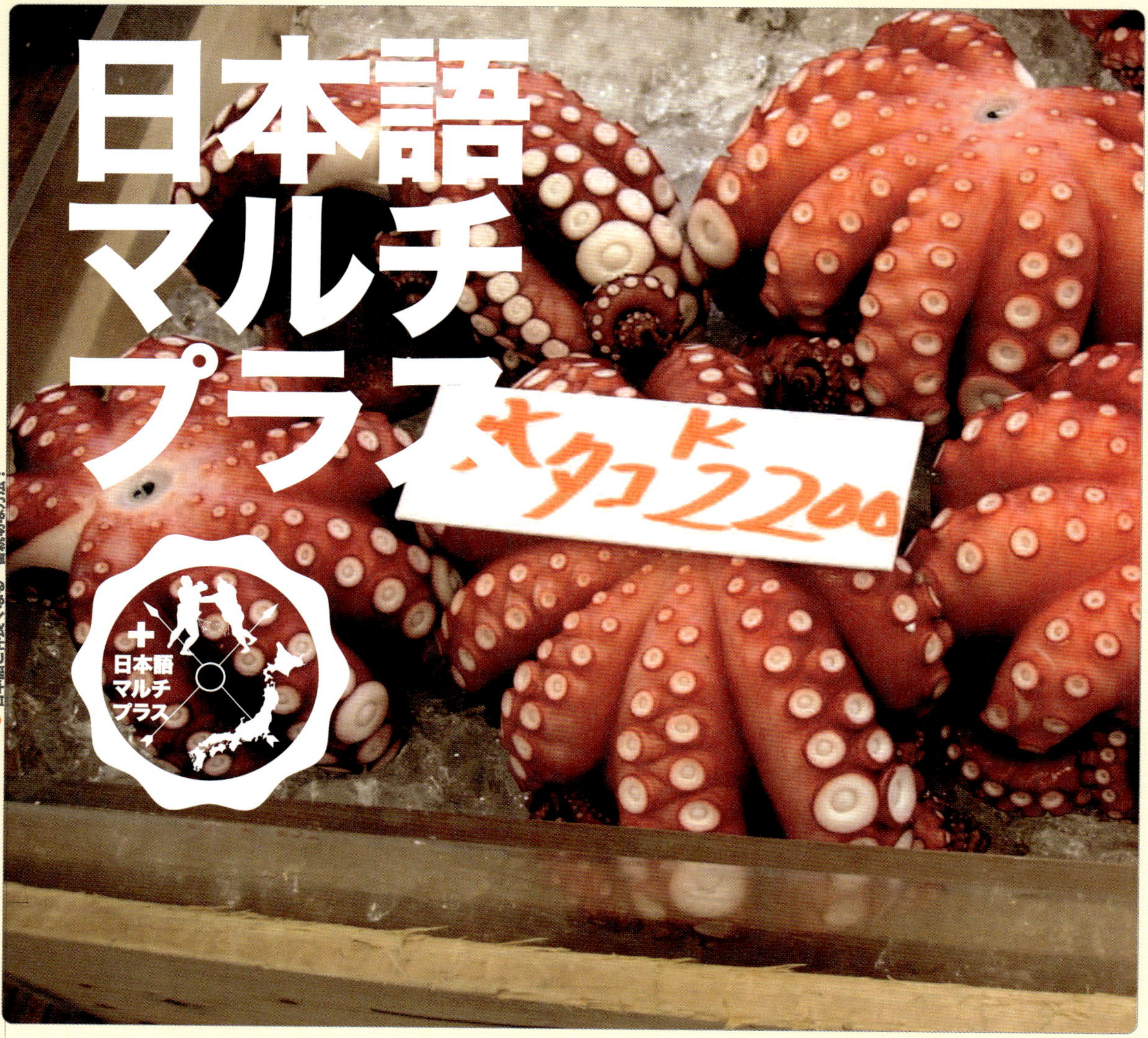
日本語
マルチ
プラス
タコ 2200
+ 日本語
マルチ
プラス

● 日本語と仲良くなる一番親切な方法！

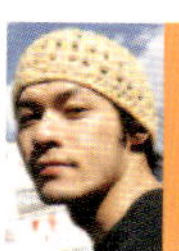

제10과 Multi Plus
일본어 생활표현 & 여행회화!

일본에서 인기 있는 대중음식점 체인으로는 **松屋 (まつや)**, **すき家(や)**, **吉野家 (よしのや)** 등이 있습니다. 패밀리 레스토랑으로는 **ガスト**, **バーミヤン**, **ジョナサン**, **デニーズ**, **ロイヤルホスト**, **ココス** 등이 있는데 **洋食 (ようしょく)** (양식)이나 **和食 (わしょく)** (일본식) 등 다양한 음식을 제공하며 24시간 영업하는 곳이 많습니다.

10+01. 일본어 여행회화 : 식당용 회화 표현 (1)

일본의 어떤 식당에 가셨을 때도 다음의 표현은 필수적입니다.
이제 여러분은 일본에서 보다 더 맛있는 식사를 할 수 있게 됩니다.

● **いらっしゃいませ** 어서 오세요 ● **何 (なに/なん)** 무엇 ● **いい** 좋다 ● **お勧(すす)め** 추천 ● **料理 (りょうり)** 요리 ● **牛丼 (ぎゅうどん)** 규동 ● **寿司 (すし)** 초밥 ● **いくら** 얼마 ● **ください** 주세요

❶ いらっしゃいませ。
M+10-01
어서 오세요.

---

❷ 何が いいですか。
M+10-02
무엇이 좋습니까?

---

❸ お勧めの 料理は 何ですか。
M+10-03
추천요리는 무엇입니까?

---

❹ 牛丼は いくらですか。
M+10-04
규동은 얼마입니까?

---

❺ 寿司 ください。
M+10-05
초밥 주세요.

---

❶ 식당에서 주문할 때, '여기요! **すみません**。 계산할 때, '계산 부탁합니다.' **勘定(かんじょう) お願(ねが)い します**。 만 알면 식당 회화의 처음과 끝은 해결됩니다.
❷ 우리가 TV나 잡지 등에서 자주 보는 일본요리는 **会席料理 (かいせきりょうり)** (연회요리)라고 하여 일종의 코스요리입니다. 평소 일본인이 먹는 음식이 아니라 회식이나 온천여행 등을 가서 먹는 요리로 가격도 비쌉니다. 예를 들어 온천여행을 1박 2일 기준으로 보면 **和室 (わしつ)** (와실 : 일본식 객실 - 2인실)+조식&석식(저녁에는 코스요리)+**露天風呂 (ろてんぶろ)** (노천탕) = 1인당 약 20~30만원 정도입니다.

 **日本語 マルチ プラス**　 ● 멀티플러스 일본어 표현과 회화
● 생활표현과 여행회화를 완성하는 코너!

Practical, **Useful** and **Easy-To-Understand** Lessons!

 ## 10+02. 일본어 여행회화 : 식당용 회화 표현 (2)

일본은 전세계에서도 인건비가 비싸기로 유명합니다. 그래서인지 소규모 식당에서는 **自動販売機 (じどうはんばいき)** (자판기)로 **食券 (しょっけん)** (식권)을 팝니다. 식권을 산 후, 요리사를 마주한 식탁에 앉으면 우리나라의 셀프서비스와 같이 직접 물을 마실 수 있게 되어 있습니다. 그리고 식권을 요리사에게 주면 음식을 만들어 줍니다.

● **おしぼり** 물수건 ● **熱(あつ)い** 뜨겁다 ● **気(き)を つける** 주의하다 ● **~て ください** ~해 주세요
● **今 (いま)** 지금 ● **注文 (ちゅうもん)** 주문 ● **あたり** 주위/주변 ● **中華屋 (ちゅうかや)** 중국식당
● **今日 (きょう)** 오늘 ● **おごる** 한턱내다

⑥ **おしぼり ください。**
M+10-06
물수건 주세요.

⑦ **熱いですから お気を つけて ください。**
M+10-07
뜨거우니까 주의해주세요.

⑧ **今 注文します。**
M+10-08
지금 주문하겠습니다.

 ⑨ **この あたりに 中華屋が ありますか。**
M+10-09
이 주변에 중국식당이 있습니까?

 ⑩ **今日は 私が おごります。**
M+10-10
오늘은 제가 한턱내겠습니다.

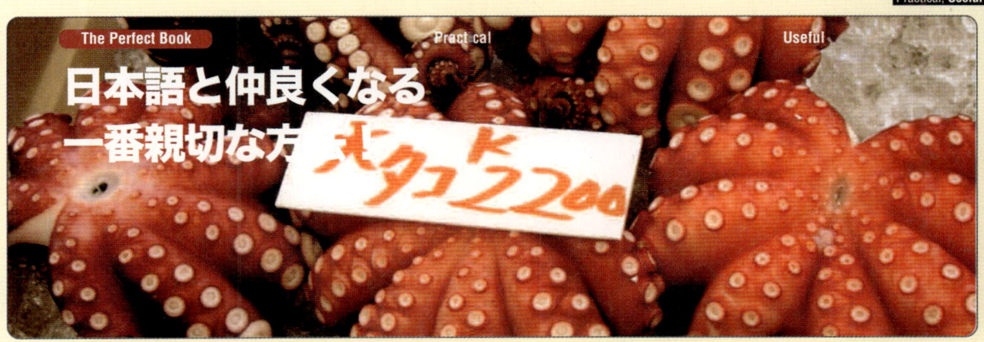

Practical, **Useful** and **Easy-To-Understand** Lessons!

10+03. 일본어 여행회화 : 패스트푸드점용 회화표현

일본에서 가장 인기 있는 패스트푸드점은 **KFC**, **マクドナルド** (맥도널드), **ロッテリア** (롯데리아), **モスバーガー** (모스버거) 등입니다. 아르바이트생이 길거리에서 세트 할인쿠폰도 나누어주기 때문에 우리나라보다 저렴한 가격으로 맛볼 수 있습니다.

● こちらで 여기에서 ● めしあがる 드시다 ● 持(も)つ 가지다 ● 帰(かえ)る 집에 가다 ● お持(も)ち帰(かえ)り 포장/집으로 가져감 ● ～と 와/과 ● ハンバーガー 햄버거 ● コーラ 콜라 ● チーズバーガー 치즈버거 ● セット 세트 ● 二(ふた)つ 두 개 ● ランチセット 런치세트 ● 三(みっ)つ 세 개

⑪ こちらで おめしあがりですか。

M+10-11

여기에서 드십니까?

⑫ お持ち帰りですか。

M+10-12

포장입니까?

---

⑬ ハンバーガーと コーラ ください。

M+10-13

햄버거와 콜라 주세요.

---

⑭ チーズバーガー セットを 二つ ください。

M+10-14

치즈버거 세트를 2개 주세요.

⑮ ランチセットを 三つ お持ち帰りです。

M+10-15

런치세트를 3개 포장해주세요.

❶ **おめしあがる** (드시다), **お持(も)ち帰(かえ)り** (포장/집으로 가져감)에서 접두어 **お** 는 존경의 표현이며, 자세한 내용은 제22~23과를 참조하시면 됩니다.

Practical, **Useful** and
Easy-To-Understand Lessons!

우리말에는 없는 일본어 표현으로 '주다'와 '받다' 동사가 있습니다. '주다' 는 **あげる** 와 **くれる** 가 있으며, '받다'는 **もらう** 와 **いただく** 로 각각 다르게 사용합니다. 특별히 주의가 필요한 동사들입니다.

 11-01. 일본인의 선물

일본 사람들이 최소한 연중 2차례 꼭 하는 선물이 있습니다.
먼저 무더운 여름을 잘 보내는지 문안하는 풍습으로 **お中元(ちゅうげん)** (백중맞이)가 있는데, 이때는 주로 상하지 않는 음식이나 **ビール** (맥주) 등을 선물합니다.

그리고 연말에는 **お歳暮(せいぼ)** (세모선물)이 있어 평소 신세를 진 분에게 인사차 선물합니다. 이때는 주로 쇠고기와 같은 **鍋料理(なべりょうり) セット** (전골요리세트)를 선물합니다.

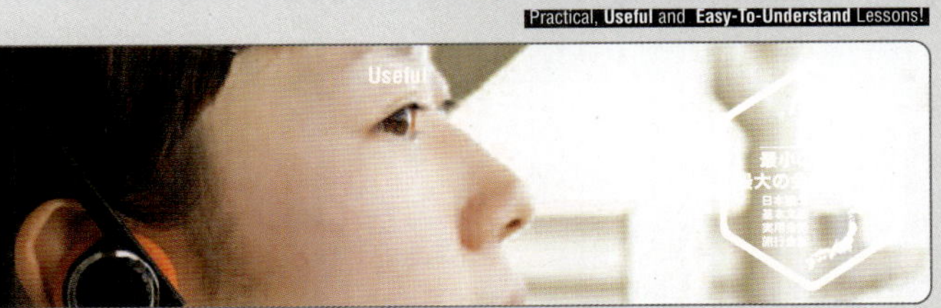

참고로 일본에는 선물에 대한 표현으로 3가지가 있습니다.
우선 **お土産(みやげ)** 는 여행지에서 구입한 선물이고, **プレゼント** 는 기념일에 주고받는 선물, **贈(おく)り物(もの)** 는 일반적인 선물의 의미와 함께 다소 추상적인 개념의 선물로 예를 들어 '신이 주신 선물'과 같은 표현으로 쓰입니다.

 11-02. 내가 상대방에게 줄 때 **あげる**

우선 **あげる** 는 내(1인칭)가 상대방(2인칭과 3인칭)에게, 혹은 남(3인칭)이 남(3인칭)에게 줄 때 쓰는 표현입니다. 보통 친한 사람에게는 주로 **あげる** (주다)를 사용합니다. 하지만 자신보다 아랫사람이나 동/식물에게는 **やる** (주다)를, 그리고 자신보다 손윗사람에게는 **さしあげる** (드리다)를 씁니다.

● **あげる** 주다

C-11-01

나는 그녀에게 일본 CD를 줍니다.
私は 彼女に 日本の CDを あげます。

 자! 그러면 패턴문장으로 실력을 다져볼까요!

● **指輪 (ゆびわ)** 반지
● **やる** 주다
● **さしあげる** 드리다
● **犬 (いぬ)** 개
● **先生 (せんせい)** 선생님
● **餌 (えさ)** 먹이
● **ばら** 장미꽃

パターン 패턴 예문 3

彼は 彼女に 指輪を あげます。
C-11-02
그는 여자친구에게 반지를 줍니다.

彼は 犬に 餌を やる。
C-11-03
그는 개에게 먹이를 준다.

彼は 先生に ばらを さしあげます。
C-11-04
그는 선생님에게 장미꽃을 드립니다.

❶ **やる** 는 **あげる** 보다 거친 표현이며, 우리말에 없는 표현이므로 그냥 '주다'라고 해석합니다.
❷ 또한 **やる** 에는 '주다' 이외에 '하다'라는 뜻도 있습니다. 예를 들어 **野球(やきゅう)を やる** (야구를 하다)
가 있는데, **する** 도 '하다'의 뜻이지만 **やる** 가 좀 더 회화적인 표현입니다.

11-03. 상대방이 나에게 줄 때 **くれる**

보통 **くれる** (주다)는 상대방이나 남이 나에게 줄 때 쓰는 표현으로, 친한 사람이 줄 때 사용합니다. 하지만 손윗사람이 나한테 줄 때는 주로 **くださる** (주시다)를 씁니다.

- **映画 (えいが)** 영화
- **チケット** 티켓
- **くれる** 주다

그는 그녀에게 영화 티켓을 줍니다.
彼は 彼女に 映画の チケットを くれます。

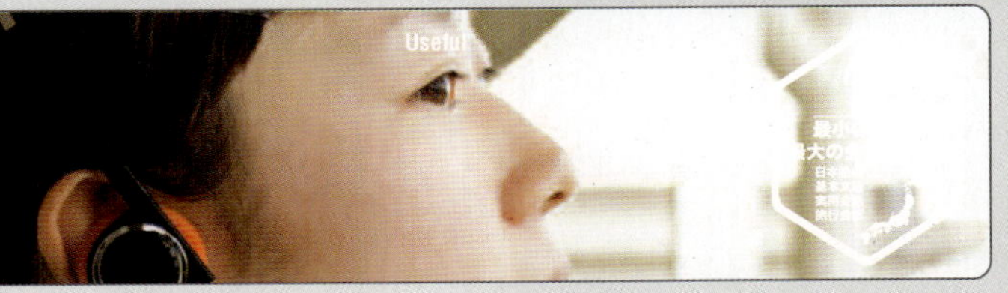

자! 그러면 패턴문장으로 실력을 다져볼까요!

- 小野 (おの) 오노 (성씨)
- プレゼント 선물
- 手作(てづく)り弁当(べんとう) 손수 만든 도시락
- 食事 (しょくじ) 식사
- 妹 (いもうと) 여동생
- くれる 주다
- 準備 (じゅんび) 준비
- 誕生日 (たんじょうび) 생일
- おばさん 아주머니
- くださる 주시다
- 手伝(てつだ)う 거들다/돕다

パターン 패턴예문 3

C-11-06

小野さんは 妹に 誕生日の プレゼントを くれます。

오노 씨는 여동생에게 생일 선물을 줍니다.

C-11-07

おばさんは 私に 手作り弁当を くださる。

아주머니는 나에게 손수 만든 도시락을 주신다.

C-11-08

金さん、食事の 準備を 手伝ってくれる。

김 씨, 식사 준비를 도와줄래?

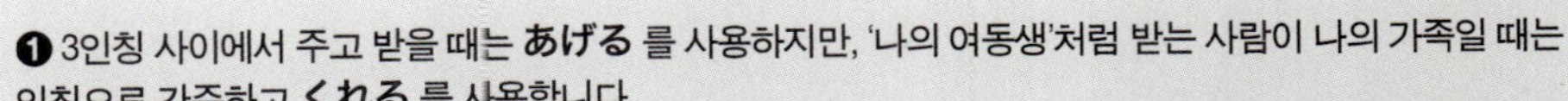

❶ 3인칭 사이에서 주고 받을 때는 **あげる** 를 사용하지만, '나의 여동생'처럼 받는 사람이 나의 가족일 때는 1인칭으로 간주하고 **くれる** 를 사용합니다.
❷ 手伝(てつだ)う (돕다)를 手伝(てつだ)て (도와/도와서)로 활용하는 방법은 제12과 '동사의 활용과 **て**형 / **た**형'을 참고하여 주십시오.

11-04. 받을 때 **もらう**

もらう (받다)는 주체가 누구든 상관없이 사용합니다.

日本語 基本文法 パート 2.

● 일본어 기본 문법의 완성!
● 기본 문법으로 완성하는 일본어

Practical, Useful and **Easy-To-Understand** Lessons!

단! 손윗사람으로부터 받을 때에는 **いただく** 를 사용합니다. 이때 **いただく** 는 우리말에 없는 표현으로 그냥 '받다'로 해석하시면 됩니다.

● **友達 (ともだち)** 친구　　● **毎日 (まいにち)** 매일　　● **メール** 메일
● **もらう** 받다

C-11-09

나는 친구에게 매일 메일을 받습니다.

私は 友達に 毎日 メールを もらいます。

자! 그러면 패턴문장으로 실력을 다져볼까요!

● **会社 (かいしゃ)** 회사　　● **休暇 (きゅうか)** 휴가　　● **子供 (こども)** 아이
● **先生 (せんせい)** 선생님　　● **お菓子(かし)** 과자　　● **いただく** 받다

C-11-10

彼は 会社から 休暇を もらう。

그는 회사로부터 휴가를 받는다.

**パターン
패턴
예문
3**

C-11-11

子供は 先生から お菓子を いただきます。

아이는 선생님으로부터 과자를 받았습니다.

C-11-12

私は 金さんに 食事の 準備を 手伝って もらいます。

나는 김 씨에게 식사 준비 도움을 받습니다.
(김 씨는 식사 준비를 도와줍니다.)

❶ 우리말로 **もらう** (받다)를 직역하면 어색한 경우가 많습니다. 이럴 때에는 반대로 **くれる** (주다)로 번역하는 것이 더 자연스럽습니다.

SUPERSTAR
Japanese

スーパー
スター
日本語

私は 彼女に
日本の CDを
あげました。

日本語 マルチ プラス

● 멀티플러스 일본어 표현과 회화
● 생활표현과 여행회화를 완성하는 코너!

Practical, **Useful** and **Easy-To-Understand** Lessons!

日本語 マルチ プラス

日本語マルチ プラス

제11과 Multi Plus
일본어 생활표현 & 여행회화!

일본을 대표하는 대중문화로는 ❶ 花火 (はなび) (불꽃놀이), ❷ 花見 (はなみ) (꽃놀이),
❸ 温泉 (おんせん) (온천), ❹ パチンコ (파칭코)를 들 수 있습니다.
일본 사람들을 좀 더 가까이에서 이해할 수 있는 문화코드 4가지, 지금 만나보겠습니다.

Practical, Useful and Easy-To-Understand Lessons!

11+01. 일본 상식 : 일본의 불꽃놀이

일본의 **花火 (はなび)** (불꽃놀이)는 원래 전쟁을 알리던 봉화에서 기원했으며 현대에 이르러서는 모든 일본인이 즐기는 가장 대표적인 **祭 (まつり)** (축제)로 발전하게 되었습니다. 특히 전국적으로 여름 7, 8월에 열리는 불꽃놀이 행사는 그날 몇 발을 쏘느냐에 따라 대회 규모를 결정짓는데, 가장 큰 규모는 역시 도쿄 **隅田川 (すみだがわ)** (스미다가와) 불꽃 다회로 약 2만 발이 밤하늘을 수놓습니다. 해마다 약 95만 명의 인파가 모여들며 최고의 성황을 이룹니다. 이때 젊은 남녀들은 전통적인 **浴衣 (ゆかた)** (유카타)에 **下駄 (げた)** (게다 : 나막신) 그리고 손에는 **扇子 (せんす)** (부채) 를 들고 거리로 나옵니다.

- **夏祭 (なつまつり)** 여름 축제
- **見所 (みどころ)** 볼거리
- **やっぱり** 역시
- **~ね** ~지/구나 (가벼운 감동을 나타내는 종조사)

❶ **夏祭の 見所は やっぱり 花火だね。**

M+11-01

여름 축제의 볼거리는 역시 불꽃놀이지.

❶ 見所 (みどころ) 는 '볼거리'라는 뜻 외에도 '볼만한 대목/장래성/장점' 등의 의미로도 쓰입니다.

日本語 マルチ プラス

+ ● 멀티플러스 일본어 표현과 회화
  ● 생활표현과 여행회화를 완성하는 코너!

11+02. 일본 상식 : 꽃놀이

일본의 **花見 (はなみ)** (꽃놀이) 하면 흔히 벚꽃놀이를 말합니다. 4월부터 **開花 (かいか)** (개화)하기 시작한 **桜 (さくら)** (벚꽃)은 일본인들에게 '새로운 시작'을 의미하는데, 이는 학교의 신학기나 회사의 회계연도가 4월부터 시작하기 때문입니다. 더욱이 일본인의 벚꽃 사랑은 TV 뉴스의 일기예보에서 **桜前線 (さくらぜんせん)** (사쿠라 전선 : 벚꽃의 개화일이 같은 지점을 이은 선)이라고 부르며 지역별 봄소식을 시시각각 알릴 정도입니다. 4월에는 많은 사람들이 벚꽃나무 아래에서 꽃놀이를 즐기는데, 좋은 자리를 차지하기 위해 전날부터 미리 가서 자리를 잡아 놓기도 합니다.

- **今度 (こんど)** 이번
- **日曜日 (にちようび)** 일요일
- **花見 (はなみ)** 꽃놀이
- **~に** ~하러
- **行(い)く** 가다

M+11-02

マルチ プラス + 멀티 플러스

❷ # 今度の 日曜日 花見に 行く。

이번 일요일 꽃놀이 하러 갈래?

❶ **~に** 는 '~에/~으로/~에게/~하러' 등 다양한 뜻이 있기 때문에 문맥에따라 적당한 것으로 해석하면 됩니다.
❷ 가을에 즐기는 '단풍놀이'는 **紅葉狩(もみじが)り** 라고 합니다.

11+03. 일본 상식 : 일본의 온천문화

일본은 기후가 매우 고온다습하여 옛날부터 **お風呂(ふろ)** (목욕) 문화가 발달해 왔습니다. 게다가 전국적으로 화산 지역이 많아서 약 2000여 개의 **温泉 (おんせん)** (온천)이 개발되어 있고, 온천수의 온도 또한 45도 이상인 곳이 많습니다. 또한 일본에는 **男湯 (おとこゆ)** (남탕)과 **女湯 (おんなゆ)** (여탕) 을 주기적으로 바꾸는 곳들이 있는데, 이는 음양의 **気 (き)** (기)를 조화하기 위한 것이라고 합니다. 이때 탕 앞에는 **暖簾 (のれん)** (노렌 : 포렴)을 바꾸어 걸어 남탕과 여탕을 구별합니다.

- **猿 (さる)** 원숭이
- **温泉 (おんせん)** 온천
- **楽(たの)しむ** 즐기다

Practical, **Useful** and **Easy-To-Understand** Lessons!

M+11-03

マルチ
プラス
+
멀티
플러스

❸ 日本では 猿も 温泉を 楽しむ。

일본에서는 원숭이도 온천을 즐긴다.

---

❶ 원숭이와 관련해서 '어떤 일어 능숙한 사람도 실수를 할 수 있다.'란 속담으로 **猿(さる)も 木(き)から 落(お)ちる。**(원숭이도 나무에서 떨어진다.)가 있습니다.

11+04. 일본 상식 : 파칭코

일본의 거의 모든 지하철 역 근처에는 화려한 불빛의 **ネオンサイン** (네온사인)으로 장식된 건물을 볼 수 있는데 십중팔구는 **パチンコ** (파칭코) 가게입니다. 사실 파칭코는 1930년에 문을 연 이후, 한때 금지되었다가 1946년 이후부터 본격적으로 급증하여 오늘날 일본 국민의 **趣味 (しゅみ)** (취미) 생활로 정착하였습니다. **ゲーム** (게임) 방법은 **ハンドル** (핸들)을 조작하여 튕겨 나오는 **玉 (たま)** (구슬)을 목표 구멍에 집어 넣는 것으로, 성공하면 구슬이 쏟아져 나옵니다. 구슬은 **景品 (けいひん)** (경품)으로 교환하거나 아니면 건물 밖에 있는 환금소에서 **現金 (げんきん)** (현금)으로 교환합니다.

● **パチンコ** 파칭코 　　　● **ギャンブル** 겜블/도박

M+11-04

マルチ
プラス
+
멀티
플러스

❹ パチンコは ギャンブルだ。

파칭코는 도박이다.

---

❶ 오전 10~11시에 일본 거리를 걷다보면 많은 사람들이 파칭코 가게 앞에 줄을 서서 기다리는 모습을 볼 수 있습니다. 이는 좀 더 좋은 자리에 앉기 위해 영업 시간 전부터 기다리는 것인데, 이처럼 일본인들 중에는 파칭코로 생계를 유지하는 사람도 많습니다.

 Practical, **Useful** and
Easy-To-Understand Lessons!

パート
スリー
part 3.

SUPERSTAR
Japanese

スーパー
スター
日本語

最小の文法で
最大の会話能力を！
日本語の
基本文法
実用会話
旅行会話

일본어 첫걸음 기본문법 Part 3.

- 일본어 기본 문법의 완성!
- 기본 문법으로 완성하는 일본어

日本語
基本文法
パート 3.

日本語 基本文法 パート 3.

P3

- 일본어 기본 문법의 완성!
- 기본 문법으로 완성하는 일본어

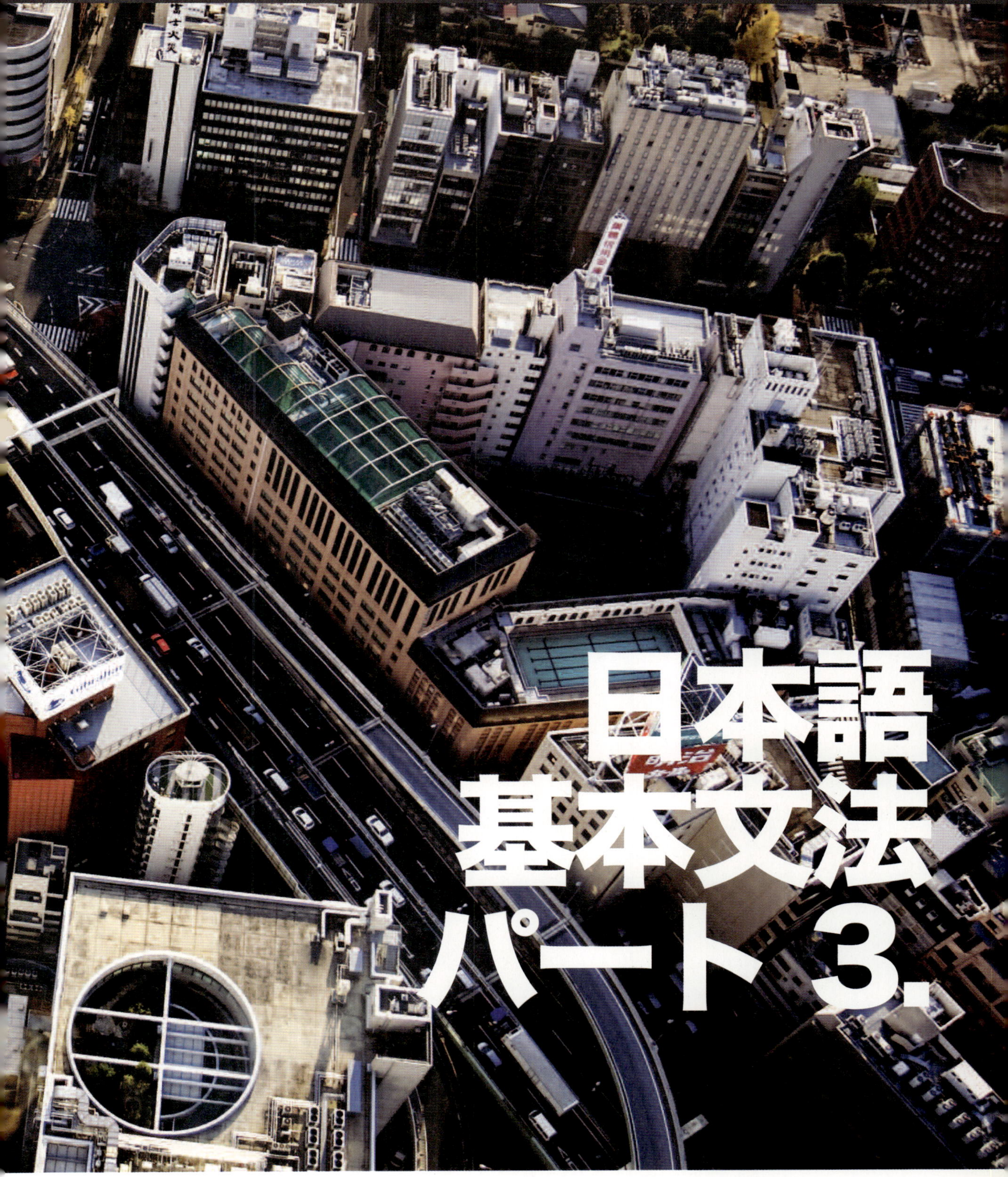

Practical, **Useful** and
Easy-To-Understand Lessons!

제12과 동사의 활용과 て형 / た형 (1)
나는 일본어 책을 읽고 드라마를 봅니다.
私は 日本語の 本を 読んで ドラマを 見ます。

이번 과에서는 동사활용의 또 다른 방법을 만나보겠습니다. 하나는 문장과 문장을 연결해서 좀 더 긴 문장을 만드는 방법이고, 또 하나는 과거를 표현하는 방법입니다. 이번 과를 통해서 여러분의 일본어는 보다 더 강력해질 것입니다.

12-01. 일본 남자 그리고 일본 여자

일본 여성이 생각하는 멋진 남자 **ランキング** (순위)를 살펴보면 5위 밥 잘 먹는 남자, 4위 힘깨나 쓰는 남자, 3위 운전 잘하는 남자, 2위 차도 옆을 걷는 남자, 1위 무거운 짐을 들어 주는 남자입니다. (http://bestgram.net/articles/38827.html 참고) 반대로 남자가 생각하는 좋은 여성이란 먼저 '미안하다'고 솔직하게 말하는 여성, 그리고 **思(おも)いやり** (배려심) 있고 상대편 입장에서 행동하는 여자, 항상 신경 써주며 조그만 일도 **気(き)づく** (알아주는) 여자입니다. (http://wooris.jp/archives/77690 참고) 지금까지 열거한 것들 중에 하나라도 해당된다면, 여러분은 충분히 일본 사람의 **恋人 (こいびと)** (연인)이 될 수 있습니다.

12-02. 5단 동사의 **て**형 / **た**형

동사 어미의 변화(활용)에서 또다른 중요한 용법이 **て**형과 **た**형의 결합입니다.
~て 는 우리말로 '~하고/~해서'의 뜻으로 문장과 문장을 연결하여 중문을 만드는 역할을 하고, **~た** 는 우리말로 '~었다'와 같이 문장의 과거형을 나타냅니다. 그리고 **て** / **た** 와 결합할 때 동사의 어미는 변화하며, 변화하는 방식에는 일정한 규칙이 있습니다.
자! 그러면 동사의 활용과 **て** / **た** 에 관해 예문을 가지고 연습해보겠습니다.
우선 5단동사부터 시작해 보겠습니다. 5단동사의 어미(**う**, **く**, **す**, **つ**, **ぬ**, **ぶ**, **む**, **る**)가 **て** / **た** 와 결합할 때, 어떻게 변화하는지 차근차근 살펴보도록 하겠습니다.

12-03. **う** / **つ** / **る** 로 끝난 5단동사의 **て**형 / **た**형

う / **つ** / **る** 로 끝난 5단동사가 **て** / **た** 와 결합할 때는, **う** / **つ** / **る** 가 촉음 **っ** 로 변합니다. 예를 들어 **会(あ)う** (만나다) + **て** / **た** = **会(あ)って** (만나고/만나서) / **会(あ)った** (만났다)가 됩니다.

- 日本人 (にほんじん) 일본인
- ~に 会(あ)う ~를 만나다
- 飲(の)む 마시다
- 友達 (ともだち) 친구
- コーヒー 커피
- 昨日 (きのう) 어제

C-12-01

일본인 친구를 만나/만나서 커피를 마십니다.

日本人の 友達に 会って コーヒーを 飲みます。

C-12-02

어제 일본인 친구를 만났다.

昨日 日本人の 友達に 会った。

日本語 基本文法 パート 3.

● 일본어 기본 문법의 완성!
● 기본 문법으로 완성하는 일본어

자! 그러면 패턴문장으로 실력을 다져볼까요!

- 新車 (しんしゃ) 새 차
- カメラ 카메라
- 撮(と)る 찍다
- 旅立(たびだ)つ 여행을 떠나다
- 買(か)う 사다
- 持(も)つ 가지다
- 飛行機 (ひこうき) 비행기
- ドライブする 드라이브하다
- 写真 (しゃしん) 사진
- ~に 乗(の)る (차/버스)를 타다

C-12-03

彼女は 新車を 買って ドライブします。
그녀는 새 차를 사서 드라이브합니다.

パターン
패턴예문
3

C-12-04

昨日 私は カメラを 持って 写真を 撮った。
어제 나는 카메라를 가지고 사진을 찍었다.

C-12-05

彼は 飛行機に 乗って 旅立った。
그는 비행기를 타고 여행을 떠났다.

❶ 車 (くるま) (차)는 '대형차' 大型車 (おおがたくるま), '소형차' 小型車 (こがたくるま) 로 분류합니다.
❷ 여행 중에서 '당일치기'는 日帰(ひがえ)り 라고 합니다.

12-04. く / ぐ 로 끝난 5단동사의 て형 / た형

く / ぐ 로 끝난 5단동사가 て / た 와 결합할 때는, く / ぐ 가 い 로 변화(활용)합니다. 예를 들어 書(か)く (쓰다) + て / た = 書(か)いて (쓰고/써서) / 書(か)いた (썼다)가 됩니다.
단 ぐ 의 경우 い 다음의 て / た는 발음상 で / だ 로 된다는 점 유의해주십시오.

- 毎日 (まいにち) 매일
- 覚(おぼ)える 외우다
- 日本語 (にほんご) 일본어
- 手紙 (てがみ) 편지
- ~で ~으로
- 書(か)く 쓰다

C-12-06

매일 일본어를 쓰고 외웁니다.
毎日 日本語を 書いて 覚えます。

C-12-07

나는 일본어로 편지를 썼다.

私は 日本語で 手紙を 書いた。

자! 그러면 패턴문장으로 실력을 다져볼까요!

- 歩(ある)く 걷다
- 行(い)く 가다
- 磨(みが)く 닦다
- 図書館 (としょかん) 도서관
- 学校 (がっこう) 학교
- ~前(まえ)に ~전에
- 顔 (かお) 얼굴
- コート 코트
- ~へ ~에/으로 (방향/장소)
- 歯 (は) 치아
- 洗(あら)う 씻다
- 脱(ぬ)ぐ 벗다
- 勉強(べんきょう)する 공부하다

パターン
패턴
예문
3

C-12-08

彼女は 歩いて 学校へ 行きます。

그녀는 걸어서 학교에 갑니다.

C-12-09

学校へ 行く前に 歯を 磨いて 顔を 洗います。

학교에 가기 전에 이를 닦고 얼굴을 씻습니다.

C-12-10

図書館では コートを 脱いで 勉強します。

도서관에서는 코트를 벗고 공부합니다.

❶ 洗(あら)う (씻다)와 관련된 단어로 '화장실'은 お手洗(てあら)い 그리고 '접시 닦기' (또는 설거지)는
皿洗(さらあら)い 라고 말합니다.
❷ 行(い)く (가다)는 て / た 와 결합할 때, 예외적으로 い 가 아닌 촉음 っ 으로 변화(활용)합니다.
예를 들어 '가고'는 行(い)って 그리고 '갔었다'는 行(い)った 라고 합니다.

12-05. ぬ / ぶ / む 로 끝난 5단동사의 て형 / た형

ぬ / ぶ / む 로 끝난 5단동사가 て / た 와 결합할 때는, ぬ / ぶ / む 가 ん 으로 변화
(활용)합니다.

日本語 **基本文法** パート **3.**

● 일본어 기본 문법의 완성!
● 기본 문법으로 완성하는 일본어

Practical, Useful and **Easy-To-Understand** Lessons!

예를 들어 **読(よ)む** (읽다) + **て / た** = **読(よ)んで** (읽고/읽어서) 또는 **読(よ)んだ** (읽었다)가 됩니다. 단! **ん** 다음의 **て / た** 는 발음상 **で / だ** 가 된다는 점 유의하여 주십시오.

- **本 (ほん)** 책
- **昨日 (きのう)** 어제
- **読(よ)む** 읽다
- **マンガ** 만화책
- **見(み)る** 보다
- **全部 (ぜんぶ)** 전부

나는 일본어 책을 읽고, 드라마를 봅니다.

私は 日本語の 本を 読んで ドラマを 見ます。

C-12-11

어제 일본 만화책을 전부 읽었다.

昨日 日本の マンガを 全部 読んだ。

C-12-12

자! 그러면 패턴문장으로 실력을 다져볼까요!

- **~等 (ら)** ~들 (복수접미사)
- **ショッピング** 쇼핑
- **悲(かな)しい** 슬프다
- **歩(ある)く** 걷다
- **東京 (とうきょう)** 도쿄
- **愛(あい)する** 사랑하다
- **腕 (うで)** 팔
- **遊(あそ)ぶ** 놀다
- **死(し)ぬ** 죽다
- **腕(うで)を 組(く)む** 팔짱을 끼다

彼等は 東京で 遊んで ショッピングを します。

C-12-13

그들은 도쿄에서 놀고 쇼핑을 합니다.

愛する 人が 死んで 悲しいです。

C-12-14

사랑하는 사람이 죽어서 슬픕니다.

彼女は 腕を 組んで います。

C-12-15

그녀는 팔짱을 끼고 있습니다.

❶ **東京で** 의 **で** 는 '~에서'라는 뜻의 조사이고, **遊んで** 의 **で** 는 '~고/며'의 접속조사입니다.
❷ '죽다'의 높임말인 '돌아가시다'는 **亡(な)くなる** 라고 합니다.

 12-06. **す** 로 끝난 5단동사의 **て**형 / **た**형

す 로 끝난 5단동사가 **て/た** 와 결합할 때는, **す** 가 **し** 로 변화(활용)합니다.

Practical, Useful and Easy-To-Understand Lessons!

예를 들어 **過(す)ごす** (보내다) + **て / た** = **過(す)ごして** (보내서/보내며) 또는 **過(す)ごした** (보냈다)가 됩니다.

- **先生 (せんせい)** 선생님
- **過(す)ごす** 지내다/보내다
- **一緒(いっしょ)に** 함께
- **休日 (きゅうじつ)** 휴일
- **楽(たの)しい** 즐겁다
- **子供 (こども)** 아이

일본에서 선생님과 함께 지내서 즐거웠습니다.

C-12-16

日本で 先生と 一緒に 過ごして 楽しかったです。

휴일에는 아이와 일본에서 지냈다.

C-12-17

休日には 子供と 日本で 過ごした。

자! 그러면 패턴문장으로 실력을 다져볼까요!

- **母 (はは)** (자신의) 어머니/엄마
- **話(はな)す** 말하다/이야기하다
- **友達 (ともだち)** 친구
- **招待(しょうたい)する** 초대하다
- **皆 (みんな)** 모두/다
- **誕生日 (たんじょうび)** 생일
- **歌 (うた)** 노래
- **歌(うた)う** 노래하다
- **ろうそく** 촛불
- **消(け)す** 끄다
- **彼氏 (かれし)** 남자친구
- **プレゼント** 선물
- **~で** ~으로
- **感動 (かんどう)** 감동
- **涙 (なみだ)** 눈물
- **流(なが)す** 흘리다

母と 話して 友達を 招待します。

C-12-18

어머니와 애기해서 친구를 초대합니다.

皆が 誕生日の 歌を 歌いながら ろうそくを 消した。

C-12-19

모두가 생일 노래를 부르면서 촛불을 껐다.

彼女は 彼氏の プレゼントで 感動の 涙を 流した。

C-12-20

그녀는 남자친구의 선물로 감동의 눈물을 흘렸다.

❶ **~ながら** 는 동시동작을 나타내는 말로 '~하면서'의 뜻입니다. **歌(うた)う** (노래하다)는 **ます형**으로 변화한 다음에 **ながら** 와 결합합ㄴ다.

Practical, **Useful** and **Easy-To-Understand** Lessons!

Practical, **Useful** and **Easy-To-Understand** Lessons!

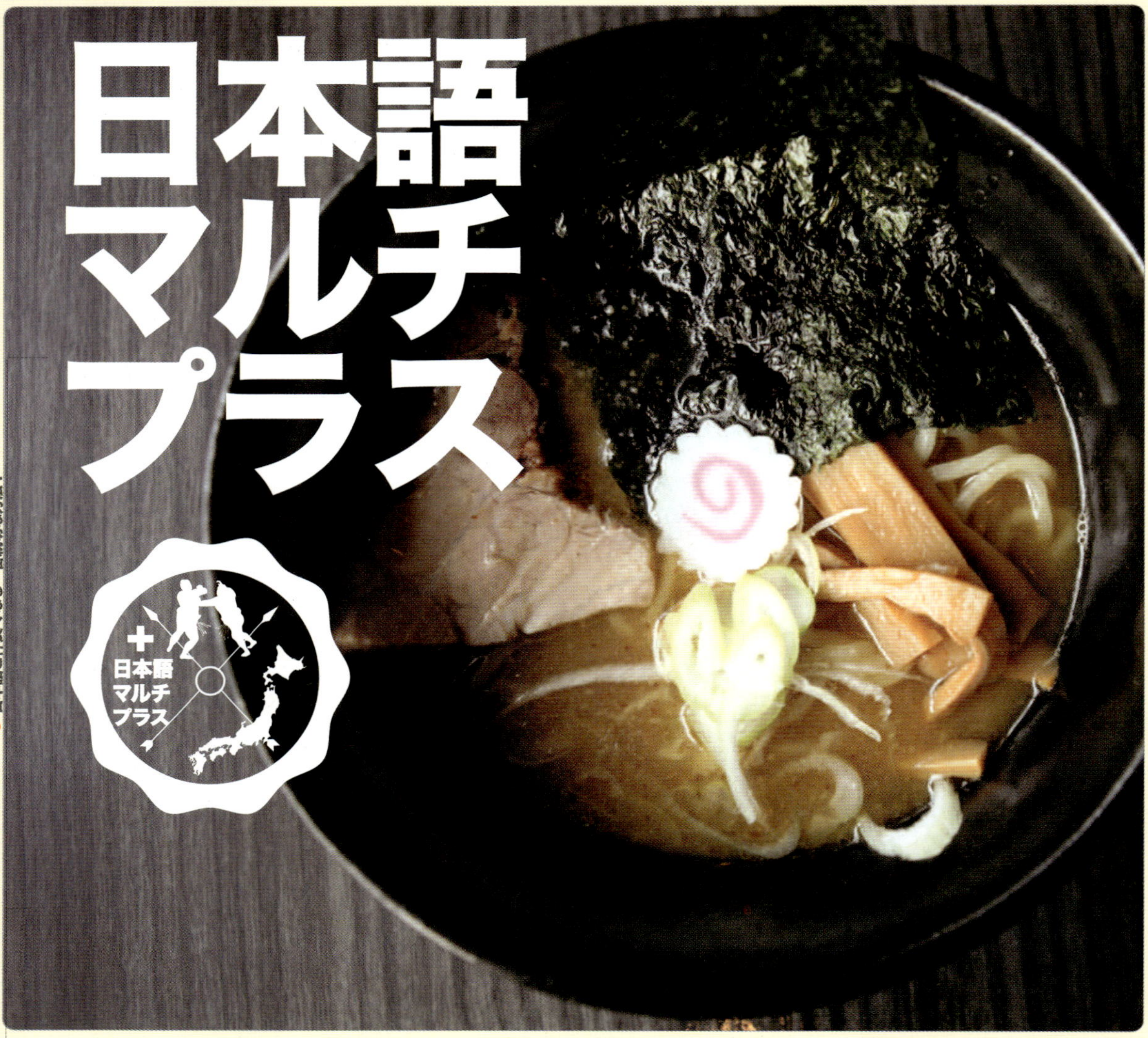

日本語マルチプラス

+ 日本語 マルチ プラス

日本語と仲良くなる一番親切な方法!

제12과 Multi Plus
일본어 생활표현 & 여행회화!

일본 여행 중에 반드시 먹어보아야 할 음식 베스트 4가 있습니다. ❶ 라멘, ❷ 규동, ❸ 스시, ❹ 벤또가 그것입니다. 이 4가지 음식은 평소 일본인들이 가장 즐겨 먹는 음식으로, 일본인 특유의 정성과 고유한 풍미를 느껴볼 수 있습니다.

12+01. 일본 상식 : 일본 라멘 베스트 3

일본 **ラーメン** (라멘) 대표 3인방은 **醤油 (しょうゆ)** (간장) 라멘, **塩 (しお)** (소금) 라멘, **味噌 (みそ)** (된장) 라멘입니다. 그리고 인기 있는 것으로 돼지 뼈로 맛을 우려낸 **豚骨 (とんこつ)** (돈코츠) 라멘이 있죠. 일본 사람들이 라멘과 함께 즐겨 먹는 요리로는 만두인 **ギョーザ** (교자)가 있는데요, 우리가 먹는 **やきギョーザ** (야끼만두)가 바로 그것입니다. 라멘의 가격은 대략 800~1000¥ 정도이고, **チャーシュー** (챠슈) (돼지고기 구운 것을 얇게 자른 것)이 들어간 경우엔 좀 더 비쌉니다.

- **豚骨(とんこつ)ラーメン** 돈코츠라멘
- **醤油 (しょうゆ)ラーメン** 소유(간장)라멘
- **一(ひと)つ** 한 개
- **ください** 주세요
- **~と** ~와/과

❶ **豚骨ラーメン 一つと 醤油ラーメン 一つ ください。**
M+12-01
돈코츠라멘 1개와 쇼유라멘 1개 주세요.

❶ 숫자를 셀 때 한 개, 두 개, 서 개에서 열 개까지는 一(ひと)つ, 二(ふた)つ, 三(みっ)つ, 四(よっ)つ, 五(いつ)つ, 六(むっ)つ, 七(なな)つ, 八(やっ)つ, 九(ここの)つ, 十(とお) 라고 합니다. 그리고 열한 개 이후로는 十一個 (じゅういっこ), 十二個 (じゅうにこ) 처럼 숫자에 個 (こ) 를 붙이면 됩니다.

日本語 **マルチ プラス**

● 멀티플러스 일본어 표현과 회화
● 생활표현과 여행회화를 완성하는 코너!

12+02. 일본 상식 : 일본의 대표 간편식, 규동

일본의 가장 대표적인 간편식은 **丼 (どんぶり)** (덮밥)입니다.
규동 **牛丼 (ぎゅうどん)** (소고기 덮밥)이 가장 인기가 있는데요, **定食 (ていしょ く)** (정식 : 규동에 구운 연어와 된장국 등이 나오는 세트)로 팔거나 혹은 카레라이스 도 팝니다. 보통 밥의 양에 따라 **並 (なみ)** (보통)의 경우 300¥, **大盛 (おおもり)** (곱빼기)의 경우 460¥ 정도입니다. 우리나라에서는 반찬을 서비스로 주지만, 일본의 경우 백김치에 된장국을 추가로 주문하면 약 120¥ 정도를 따로 지불해야 합니다. 규 동이 맛있는 대표적인 규동 프랜차이즈로는 **すき家(や)** 나 **吉野家 (よしのや)** 등 이 있습니다.

- **ここ** 여기
- **牛丼定食 (ぎゅうどんていしょく)** 규동정식
- **一番 (いちばん)** 가장/제일
- **おいしい** 맛있다

M+12-02

❷ **ここは 牛丼定食が 一番 おいしいです。**

여기는 규동정식이 제일 맛있습니다.

マルチ プラス + 멀티 플러스

❶ 우리가 강조할 때 '왕'이란 접두사를 붙이는 것처럼, 일본인은 **超 (ちょう)** 라는 접두사를 붙입니다. 예를 들어 '왕 맛있어.'는 **超(ちょう)おいしい。** 라고 표현합니다.

12+03. 일본 상식 : 일본인의 베스트 스시

일본 사람이 가장 좋아하는 **寿司** (스시)는 **鮪 (まぐろ)** (참치)의 뱃살부위인 **おお とろ** (오토로)입니다. 그 다음으로는 **サーモン** (연어)와 **うに** (성게)를 선호합니다. 사실 스시는 일본에서도 비싼 음식이었습니다. 스시 대중화의 일등공신은 **かいて んずし** (회전초밥) 집입니다. 대표적인 회전초밥 프랜차이즈로는 **はますし** 나 **か っぱすし** 혹은 **がってんすし** 등이 있으며, 모든 스시를 105¥ 에 드실 수 있습니 다.

- **全部(ぜんぶ)で** 전부/모두 합해서
- **いくら** 얼마

③ 全部で いくらですか。

M+12-03

전부 합해서 얼마입니까? (회전스시점에서 가격을 물어볼 때)

マルチ
プラス
＋
멀티
플러스

❶ **全部 (ぜんぶ)** 는 '전부'나 '모두'의 뜻이지만, **全部(ぜんぶ)で** 는 '전부 합해서'라는 뜻이 포함되어 있습니다.

12+04. 일본 상식 : 일본의 편의점 벤또 베스트!

일본 직장인들이 즐겨 먹는 **コンビニ弁当** (편의점 벤또) 베스트가 있습니다. 벤또는 시기별로, 계절별로 다양하게 출시되고 있는데요, 가장 인기 있는 제품으로는 **すき焼き弁当 (すきやきべんとう)** (스키야키 벤또, 640￥), **焼肉弁当 (やきにくべんとう)** (야키니쿠 벤또, 520￥), **唐揚弁当 (からあげべんとう)** (가라아게 벤또, 450￥), **カレー弁当 (カレーべんとう)** (카레 벤또, 340￥) 등이 있습니다. 일본의 직장인들은 편의점에서 벤또를 사서 가까운 공원에서 녹차와 함께 점심식사를 합니다.

● **コンビニ** 편의점   ● **焼肉弁当 (やきにくべんとう)** 야키니쿠 벤또   ● **一番 (いちばん)** 가장/제일

④ この コンビニは 焼肉弁当が 一番 おいしいです。

M+12-04

이 편의점은 야키니쿠 벤또가 제일 맛있습니다.

マルチ
プラス
＋
멀티
플러스

❶ 일본에서는 벤또(도시락)을 편의점뿐만 아니라, **弁当専門店 (べんとうせんもんてん)** (벤또만 전문으로 파는 가게)에서도 살 수 있습니다. 다만 우리와 다른 점은 배달은 안되며, 내부가 일반 식당처럼 되어 있어서 만화책이나 잡지 등을 보며 먹을 수 있습니다

이번 과에서는 11과에 이어서 1단동사와 불규칙동사의 **て형 / た형**을 살펴보겠습니다. 5단동사의 어미 변화와는 달리 1단동사는 동사 어미인 **る** 가 탈락한 다음 연결되고, 불규칙동사는 어미는 물론 어간도 변화하면서 연결됩니다.

13-01. 일본인의 명함 주고 받기

우리나라는 업무상 고객과 처음 만날 때, 먼저 **握手 (あくしゅ)** (악수)를 한 다음 명함을 주고 받습니다만, 일본에서는 악수를 하지 않고 **名刺 (めいし)** (명함)만 주고 받을 때가 많습니다. 명함을 줄 때는 자신의 **名前 (なまえ)** (이름)을 설명할 경우가 많은데, 이는 한자 읽는 방법이 조금씩 다르기 때문입니다. 그리고 일본인 명함에는 개인 **連絡先 (れんらくさき)** (연락처)가 없습니다. 이는 공무와 사생활을 엄격히 분리하려는 일본인의 **特性 (とくせい)** (특성)입니다.

13-02. 1단동사의 て형 / た형

る 로 끝난 1단동사가 て / た 와 결합할 때는, 어미 る 가 탈락합니다.
예를 들어 起(お)きる (일어나다) + て / た = 起(お)きて (일어나고/일어나서) 또는 起(お)きた (일어났다)가 됩니다.

- 朝 (あさ) 아침
- 起(お)きる 일어나다
- 新聞 (しんぶん) 신문
- 読(よ)む 읽다
- 午前 (ごぜん) 오전
- ~に ~에
- 六時 (ろくじ) 6시

 C-13-01

그는 아침에 일어나서 신문을 읽습니다.

彼は 朝 起きて 新聞を 読みます。

 C-13-02

그녀는 오전 6시에 일어났다.

彼女は 午前 六時に 起きた。

❶ 참고로 일본어는 불확실한 시간을 나타낼 때에 '~에'라는 조사를 쓰지 않습니다. 예를 들어 '아침에'는 그냥 あさ (朝) 하면 되고, 반면 '6시에'와 같이 정확한 시간을 말할 땐 六時(ろくじ)に 처럼 조사 ~に (~에)를 써야 합니다.

자! 그러면 패턴문장으로 실력을 다져볼까요!

- ご飯(はん) 밥
- 食(た)べる 먹다
- 会社 (かいしゃ) 회사
- 出勤(しゅっきん)する 출근하다
- 伊藤 (いとう) 이토 (성씨)
- 仲間 (なかま) 동료
- 別(わか)れる 헤어지다
- 仕事 (しごと) 일
- 終(お)える 끝내다
- 飲(の)み会(かい) 회식
- 行(い)く 가다

 C-13-03

私は 朝ご飯を 食べて 会社へ 出勤します。

나는 아침밥을 먹고 회사에 출근합니다.

日本語 基本文法 パート **3.**

● 일본어 기본 문법의 완성!
● 기본 문법으로 완성하는 일본어

パターン
패턴
예문
3

C-13-04

伊藤さんは 仲間と 別れた。

이토 씨는 동료와 헤어졌다.

C-13-05

彼は 仕事を 終えて 飲み会へ 行きました。

그는 일을 끝내고 회식에 갔었습니다.

❶ '밥'을 **ご飯(はん)** 이라고 하는데, 남자들은 주로 **飯 (めし)** 라고 말합니다.
❷ 일본에서는 '술을 마시러 가다'를 **飲(の)みに 行(い)く** (마시러 가다)라고 합니다.

 13-03. 불규칙동사의 **て**형 / **た**형

불규칙동사인 **する** (하다) 혹은 **来(く)る** (오다)가 **て** / **た** 와 결합할 때는 불규칙하게 변화합니다. 예를 들어 **する** (하다) + **て** / **た** = **して** (하고/해서) 또는 **した** (하였다/했다)가 되고, **来(く)る** (오다) + **て** / **た** = **来(き)て** (오고) 또는 **来(き)た** (왔다)가 됩니다.

● **友達 (ともだち)** 친구
● **メール** 메일
● **連絡(れんらく)する** 연락하다
● **~から** ~에서
● **一緒(いっしょ)に** 함께
● **見物(けんぶつ)する** 구경하다

C-13-06

일본인 친구가 메일로 연락해 왔다.
日本人の 友達が メールで 連絡して 来た。

C-13-07

일본에서 친구가 와서 함께 서울을 구경하였다.
日本から 友達が 来て 一緒に ソウルを 見物した。

자! 그러면 패턴문장으로 실력을 다져볼까요!

- **市場 (いちば)** 시장
- **買物 (かいもの)** 쇼핑
- **屋台 (やたい)** 포장마차
- **トクポクキ** 떡볶이
- **食(た)べる** 먹다
- **大勢 (おおぜい)** 많은 사람
- **来(く)る** 오다
- **服 (ふく)** 옷
- **~や** ~이나/랑
- **アクセサリ** 장신구
- **買(か)う** 사다
- **一日中 (いちにちじゅう)** 하루 종일
- **ウィンドウショッピング** 아이쇼핑

パターン 패턴예문 3

C-13-08
市場で 買物して 屋台で トクポクキを 食べました。
시장에서 쇼핑하고 포장마차에서 떡볶이를 먹었습니다.

C-13-09
大勢が 来て 服や アクセサリーを 買います。
많은 사람들이 와서 옷이랑 장신구를 삽니다.

C-13-10
私達は 一日中 ウィンドウショッピングを した。
우리들은 하루 종일 아이쇼핑을 했다.

❶ '오다'의 **来(き)た** 와 '북쪽'의 **北 (きた)** 는 발음이 같습니다. 동사인지 명사인지에 따라 구별해야 합니다.
❷ **買物 (かいもの)** 는 한자대로 풀이하면 '물건을 사다'란 뜻인데, 명사로는 '물건을 사는 것', 혹은 '쇼핑'이라고 해석합니다.
❸ 우리는 '아이쇼핑'이라고 하지만 일본은 **ウィンドウショッピング** (창문쇼핑)이라고 합니다.

13-04 그밖의 동사의 **て** 활용표현

동사의 **~て** 를 활용한 여러 표현을 알아보겠습니다.
먼저 동사의 상태나 진행을 나타내는 **~ている** (~하고 있다)가 있습니다.
그리고 이와 관련한 보조동사로서 **~ておく** (~해두다), **~てみる** (~해보다),
~てくる (~해오다) 등도 평소 자주 쓰이는 표현입니다.

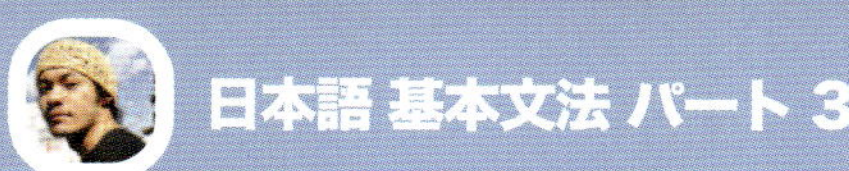 日本語 基本文法 パート 3.

- 일본어 기본 문법의 완성!
- 기본 문법으로 완성하는 일본어

Practical, Useful and Easy-To-Understand Lessons!

- お土産(みやげ) 선물 (여행지에서 사온 토산품)
- 買(か)う 사다
- いる 있다
- 置(お)く 두다
- 見(み)る 보다
- 来(く)る 오다

C-13-11
그녀는 일본에서 선물을 사고 있다.
彼女は 日本で お土産を 買っている。

C-13-12
그녀는 일본에서 선물을 사두었다.
彼女は 日本で お土産を 買っておいた。

C-13-13
그녀는 일본에서 선물을 사본다.
彼女は 日本で お土産を 買ってみる。

C-13-14
그녀는 일본에서 선물을 사온다.
彼女は 日本で お土産を 買ってくる。

❶ 동사가 て+보조동사로 쓰일 경우, 한자가 아닌 히라가나로 씁니다.

자! 그러면 패턴문장으로 실력을 다져볼까요!

- お母(かあ)さん 어머니
- 似(に)る 닮다
- 住(す)む 살다
- 結婚(けっこん)する 결혼하다

C-13-15
彼女は お母さんに 似ている。
그녀는 어머니를 닮았다.

パターン
패턴
예문
3

C-13-16
彼女は 日本で 住んでいます。
그녀는 일본에서 살고 있습니다.

C-13-17
彼は 結婚していますか。
그는 결혼했습니까?

❶ 似(に)る (닮다), 住(す)む (살다), 結婚(けっこん)する (결혼하다) 등은 이전부터 진행되어 온 상태이므로 항상 ~ている 와 함께 표현해야 합니다.
❷ '누구를 닮다'는 ~に 似(に)る 라고 표현합니다.

て형 / た형을 간편하게 표로 정리하면 다음과 같습니다.

5단동사	동사의 어미가 활용되기 전	동사의 어미가 활용된 후
う/つ/る 로 끝나는 동사	会(あ)う (만나다) +て/た	会って/た (만나고/만났다)
	持(も)つ (가지다) +て/た	持って/た (가지고/가졌다)
	乗(の)る (타다) +て/た	乗って/た (타고/탔다)
く/ぐ 로 끝나는 동사	書(か)く (쓰다) +て/た	書いて/た (쓰고/썼다)
	脱(ぬ)ぐ (옷을 벗다) +て/た	脱いで/だ (벗고/벗었다)
ぬ/ぶ/む 로 끝나는 동사	死(し)ぬ (죽다) +て/た	死んで/だ (죽고/죽었다)
	遊(あそ)ぶ (놀다) +て/た	遊んで/だ (놀고/놀았다)
	読(よ)む (읽다) +て/た	読んで/だ (읽고/읽었다)
す 로 끝나는 동사	話(はな)す (이야기하다) +て/た	話して/た (이야기하고/이야기했다)
1단동사	起(お)きる (일어나다) +て/た	起きて/た (일어나고/일어났다)
	食(た)べる (먹다) +て/た	食べて/た (먹고/먹었다)
불규칙동사 する/来(く)る	する (하다) +て/た	して/た (하고/했다)
	来(く)る (오다) +て/た	来(き)て/た (오고/왔다)

日本語 マルチ プラス

● 멀티플러스 일본어 표현과 회화
생활표현과 여행회화를 완성하는 코너!

Practical, **Useful** and **Easy-To-Understand** Lessons!

日本語
マルチ
プラス

● 日本語と仲良くなる一番親切な方法！

제13과 Multi Plus
일본어 생활표현 & 여행회화!

도쿄 쇼핑 핫 스팟! 도쿄에서 쇼핑하기 좋은 곳을 분야별로 소개합니다. 가장 일본적인 쇼핑이 가능한 곳, 게다가 경제적이기까지 한 쇼핑명소입니다. ❶ 돈키호테, ❷ 100엔숍, ❸ 프리마켓, ❹ 시부야 109 입니다.

 **Multi Plus 일본어 표현과 회화**　　● 멀티플러스 일본어 표현과 회화
● 생활표현과 여행회화를 완성하는 코너!　**P3**

13+01. 일본 상식 : 쇼핑스팟 - 돈키호테

경제성, 편리성, 실용적 쇼핑의 요지 **ドン・キホーテ** (돈키호테)! 돈키호테는 일본의 주요 도시에 있는 종합 할인매장으로, 한마디로 **新品 (しんぴん)** (신품)에서 **中古品 (ちゅうこひん)** (중고품)은 물론 값싼 물건에서 명품에 이르기까지 다양한 제품을 저렴하게 팔고 있습니다. 게다가 **営業時間 (えいぎょうじかん)** (영업시간) 또한 24시간이기 때문에, 언제 어디서고 원하는 쇼핑이 가능합니다. 도쿄에는 무려 28개 이상의 점포가 있는데, **新宿 (しんじゅく)** (신주쿠)나 **渋谷 (しぶや)** (시부야), **秋葉原 (あきはばら)** (아키하바라), **銀座 (ぎんざ)** (긴자) 등 주로 역 근처에서 찾아볼 수 있습니다.

● **色々(いろいろ)だ** 여러 가지이다　　● **製品 (せいひん)** 제품　　● **売(う)る** 팔다

❶ **ドン・キホーテでは 色々な 製品を 売っている。**

M+13-01　　돈키호테에서는 여러 가지 제품을 팔고 있다.

**マルチ
プラス
＋
멀티
플러스**

❶ '사다'는 **買(か)う** '팔다'는 **売(う)る** 입니다. 그리고 '매매'는 **売買 (ばいばい)** 라고 말합니다.

13+02. 일본 상식 : 쇼핑스팟 - 100엔숍

없는 것이 없는 **100円 (えんショップ)** (100엔숍)!
일본의 100엔숍은 말 그대로 가게에 있는 모든 제품을 100엔 균일가로 판매합니다.

제품 또한 **生活用品 (せいかつようひん)** (생활용품)에서 **衣類 (いるい)** (의류), **文具 (ぶんぐ)** (문구), **玩具 (おもちゃ)** (완구), **食器 (しょっき)** (식기), **食品 (しょくひん)** (식품)에 이르기까지 그야말로 없는 것 빼고 다 있는 곳입니다. ^ㄴ^; 100엔숍 중에서 가장 유명한 체인점은 **広島 (ひろしま)** (히로시마)에 본사가 있는 **ダイソー** (다이소)로, 최근 우리나라뿐만 아니라 전세계에 체인을 두고 있습니다.

- **~だけでなく** ~뿐만 아니라
- **~も** ~도/나

M+13-02

❷ # 日本では 100円ショップだけでなく、99円ショップも あります。

일본에는 100엔숍뿐만 아니라, 99엔숍도 있습니다.

マルチ プラス + 멀티 플러스

❶ '~뿐만 아니라'는 **~だけでなく** 라고 말합니다. 그리고 이와 유사한 표현으로 **のみならず** 또는 **ばかりでなく** 도 자주 사용합니다.

13+03. 일본 상식 : 쇼핑스팟 - 프리마켓

'벼룩시장'을 일본에서는 **フリーマーケット** (프리마켓)이라고 합니다. 주로 주말에 **競馬場 (けいばじょう)** (경마장)이나 **サッカー場(じょう)** (축구장) 혹은 **公園 (こうえん)** (공원)이나 역 **広場 (ひろば)** (광장)에서 열리는데, 참가자는 참가료를 지불하고 물건을 사고 팝니다. 도쿄에 유명한 프리마켓으로는 **大井 (おおい)** (오이) 경마장이나 **代々木 (よよぎ)** (요요기) 공원이 있으며, 최근에는 인터넷 프리마켓을 통한 온라인 **リサイクル 売買 (ばいばい)** (재활용품 매매)가 꾸준히 증가하고 있습니다.

- **今度 (こんど)** 이번
- **週末 (しゅうまつ)** 주말
- **家族 (かぞく)** 가족
- **皆 (みんな)** 모두
- **フリーマーケット** 프리마켓
- **行(い)く** 가다

M+13-03

❸ # 今度の 週末 家族 皆が フリーマーケットへ 行きます。

이번 주말 가족 모두가 벼룩시장에 갑니다.

マルチ プラス + 멀티 플러스

❶ **皆** 는 **みんな** 또는 **みな** 로도 발음합니다. 예를 들어 '여러분'의 경우 **皆(みな)さん** 이라고 합니다.

Practical, Useful and Easy-To-Understand Lessons!

13+04. 일본 상식 : 쇼핑스팟 – 시부야 109

일본 젊은 여성들의 쇼핑 특구!

일본 젊은 여성들에게 가장 **人気 (にんき)** (인기) 있는 쇼핑샵은 **渋谷 (しぶや)** (시부야) 역 앞의 '109'입니다. 109의 성공요인은 시간대별로 쇼윈도우의 디스플레이를 달리 합니다. 낮에는 미시, 오후엔 여고생, 저녁엔 직장여성의 기호에 맞게 전시합니다. 인터넷 쇼핑의 경우는 시부야의 **インターネット ショッピングモール** (인터넷 쇼핑몰)인 e-shop.shibuya109.jp 이외에 www.magaseek.com, store.world.co.jp, www.dholic.co.jp 등이 최고 인기입니다.

아울러 부티크가 즐비한 **原宿 (はらじゅく)** (하라주쿠)의 **表参道 (おもてさんどう)** (오모테산도)나 **青山一丁目 (あおやまいっちょうめ)** (아오야마잇쵸메) 주위에 있는 TOD'S **表参道 ブティック** (토즈 오모테산도 부티크)나 ALKA **表参道 店** (아루카 오모테산도점) 등도 일본 패션피플들에게 사랑받는 곳입니다.

- ● **原宿駅 (はらじゅくえき)** 하라주쿠역
- ● **公園 (こうえん)** 공원
- ● **見(み)る** 보다
- ● **勿論 (もちろん)** 물론
- ● **神社 (じんじゃ)** 신사
- ● **できる** 가능하다
- ● **~や** ~이나/랑
- ● **~など** ~등

M+13-04

④ **原宿駅へ 行けば、ショッピングは 勿論 公園や 神社 なども 見る ことが できる。**

하라주쿠역에 가면, 쇼핑은 물론 공원이나 신사 등도 볼 수 있다.

❶ 동사를 가능표현으로 만들 때에는 동사의 기본형 + **ことが できる** 를 붙이면 됩니다. 예를 들어 **見(み)る** (보다)에 **ことが できる** 를 결합하면 '볼 수 있다'가 됩니다.

日本語 基本文法 パート **3.**

● 일본어 기본 문법의 완성!
● 기본 문법으로 완성하는 일본어

이번 과에서는 동사활용에 이어 형용사 및 형용동사의 활용과 て형에 대해서 알아보겠습니다. 형용사와 형용동사 또한 て형과 결합한 형태로 많이 사용됩니다. 일상회화에서 서술어의 て형은 매우 중요한 어법입니다.

 14-01. 일본 여성미의 기준

일본 여성미의 기준은 시대에 따라 약간의 차이가 있습니다.
우선 과거 **平安時代 (へいあんじだい)** (헤이안 시대 : 794~1185년)에는 **細(こま)かい 肌理(きめ)** (고운 살결)에 **色白(いろじろ)の 肌(はだ)** (새하얀 피부) 그리고 아담한 체구에 턱이 둥글고, **長髪 (ちょうはつ)** (긴머리)의 여자였고, **江戸時代 (えどじだい)** (에도시대 : 1603~1867년)에는 고운 살결과 새하얀 피부에 작은 얼굴과 입 그리고 눈은 가늘지만 시원한 **目元 (めもと)** (눈매)와 **鼻筋 (はなすじ)** (콧날), **豊(ゆた)かな 毛髪 (もうはつ)** (풍성한 모발)이 미인의 기준이었습니다. 예나 지금이나 일본 여성의 아름다움은 긴머리에 새하얀 피부라는 공통점이 있습니다.

14-02. 형용사 및 형용동사의 활용과 **て**형

동사의 어미가 **う**단으로 끝나는 것과는 달리, 형용사는 **い** 로만 그리고 형용동사는 **だ** 로만 끝나기 때문에 **て**형으로 만들기가 매우 쉽습니다.
(형용사와 형용동사의 활용과 과거형 **た** 에 관해서는 이미 제4과에서 학습하였기 때문에 여기에서는 생략하기로 하겠습니다)
자! 그러면 우선 형용사의 **て**형 활용부터 시작해 보겠습니다.

14-03. 형용사의 **て**형

い 로 끝나는 형용사가 **て** 와 결합할 때는, **い** 가 **く** 로 변화합니다.
예를 들어 **優(やさ)しい** (상냥하다) + **て** = **優(やさ)しくて** (상냥하고)가 됩니다.

- **女性 (じょせい)** 여성
- **優(やさ)しい** 상냥하다
- **かわいい** 예쁘다/귀엽다

C-14-01

일본 여성은 상냥하고 귀엽습니다.
日本の 女性は 優しくて かわいいです。

자! 그러면 패턴문장으로 실력을 다져볼까요!

- **若(わか)い** 젊다
- **美(うつく)しい** 아름답다
- **背 (せ)** 키
- **高(たか)い** 높다/(키가) 크다
- **格好(かっこう)いい** 잘 생기다/멋있다
- **頭 (あたま)** 머리
- **性格 (せいかく)** 성격
- **明(あか)るい** 밝다

C-14-02

彼女は 若くて 美しいです。
그녀는 젊고 아름답습니다.

 パターン 패턴예문 **3**

彼は 背が 高くて 格好いいです。
C-14-03
그는 키가 크고 잘 생겼습니다.

彼女は 頭が よくて 性格も 明るいです。
C-14-04
그녀는 머리가 좋고 성격도 밝습니다.

❶ '좋다'의 **いい** 가 **て** 와 결합할 때는 예외적으로 **よくて** 라고 합니다.

 ## 14-04. 형용동사의 **て**형

だ 로 끝나는 형용동사가 **て** 와 결합하면, **だ** 가 **で** 로 변화합니다.
예를 들어 **真面目(まじめ)だ** (성실하다) + **て** = **真面目(まじめ)で** (성실하고)가 됩니다.

● **真面目(まじめ)だ** 성실하다　　● **親切(しんせつ)だ** 친절하다

 일본인은 성실하고 친절합니다.
C-14-05
日本人は 真面目で 親切です。

 ## 자! 그러면 패턴문장으로 실력을 다져볼까요!

● **朗(ほが)らかだ** 명랑하다　　● **楽天的(らくてんてき)だ** 낙천적이다　　● **スリムだ** 날씬하다
● **元気(げんき)だ** 건강하다　　● **立派(りっぱ)だ** 훌륭하다　　● **素敵(すてき)だ** 멋지다

 **彼女は 朗らかで 楽天的です。**
C-14-06
그녀는 명랑하고 낙천적입니다.

  パターン 패턴예문 **3**

私の 彼女は スリムで 元気です。
C-14-07
내 여자친구는 날씬하고 건강합니다.

  **彼は 立派で 素敵です。**
C-14-08
그는 훌륭하고 멋집니다.

14-05. 형용사와 가정형 ば

い 로 끝나는 형용사가 가정형 ば 와 결합할 때는, **い** 가 **けれ** 로 변화(활용)합니다.
예를 들면 **楽(たの)しい** (즐겁다) + **ば** = **楽(たの)しければ** 가 됩니다.

- 今回 (こんかい) 이번
- 日本旅行 (にほんりょこう) 일본여행
- 楽(たの)しい 즐겁다
- また 또/다시
- 来(く)る 오다

C-14-09

이번 일본여행이 즐거우면 또 오겠습니다.
今回の日本旅行が 楽しければ また 来ます。

자! 그러면 패턴문장으로 실력을 다져볼까요!

- 天気 (てんき) 날씨
- いい 좋다
- 富士山 (ふじさん) 후지산
- 行(い)く 가다
- ~ましょう ~합시다
- 顔 (かお) 얼굴
- かわいい 귀엽다
- 年 (とし) 나이
- 関係(かんけい)ない 관계없다
- 背 (せ) 키
- 高(たか)い 높다/비싸다
- 人気 (にんき) 인기

パターン
패턴
예문
3

C-14-10

天気が よければ 富士山へ 行きましょう。
날씨가 좋으면 후지산에 갑시다.

C-14-11

顔が かわいければ 年は 関係ない。
얼굴이 귀여우면 나이는 관계없다.

C-14-12

背が 高ければ 人気も 高い。
키가 크면 인기도 많다.

❶ '좋다' **いい** 의 가정형은 **よければ** (좋으면)입니다. 유념하여 주십시오.
❷ 일본어에서는 '인기가 많다'라고 하지 않고 '인기가 높다' **人気(にんき)が 高(たか)い** 라고 합니다.
그리고 '키가 크다'가 아니라 '키가 높다' **背(せ)が 高(たか)い** 도 함께 알아두세요.

日本語 基本文法 パート 3.

● 일본어 기본 문법의 완성!
● 기본 문법으로 완성하는 일본어

Practical, Useful and Easy-To-Understand Lessons!

14-06. 형용동사와 가정형 なら(ば)

형용동사의 가정형은 **なら** 와 **ならば** 가 있습니다만, 주로 **なら** 를 많이 씁니다. **な
らば** 의 경우는 일상에서 그다지 사용하지 않습니다. **だ** 로 끝나는 형용동사가 가정
형 **ば** 와 결합하면, **だ** 가 탈락한 다음 **なら** 혹은 **ならば** 와 결합합니다. 예를 들어
暇(ひま)だ (한가하다) + **なら(ば)** = **暇(ひま)なら(ば)** (한가하면)이 됩니다.

● 週末 (しゅうまつ) 주말　　● ~へ ~에　　● 行(い)く 가다　　● つもり 계획/예정

주말에 한가하면 일본에 갈 계획입니다.

C-14-13

週末 暇なら 日本へ 行く つもりです。

자! 그러면 패턴문장으로 실력을 다져볼까요!

● 体 (からだ) 몸　● 元気(げんき)だ 건강하다　● 他 (ほか) 다른　● 物 (もの) 것/물건
● 要(い)る 필요하다　● 運動 (うんどう) 운동　● 嫌(いや)だ 싫어하다　● 音楽 (おんがく) 음악
● 聴(き)く 듣다　● さよなら 안녕

体が 元気なら 他の物は 要らない。

C-14-14

몸이 건강하면 다른 것은 필요 없어.

パターン
패턴
예문
3

運動が 嫌なら 音楽でも 聴け。

C-14-15

운동이 싫다면 음악이라도 들어라.

さよなら。

C-14-16

안녕.

❶ 작별 인사를 할 때, **さよなら** 라는 표현을 많이 씁니다. 참고로 이 말은 원래 **そう** (그렇게/그리)와 **なら**
(면)이 결합된 합성어입니다. 즉 '그러하다면'이란 뜻으로, '(너와 내가 헤어지는 것이) 그러하다면 (할 수 없지).'
라는 체념의 뉘앙스가 포함되어 있습니다.

14-07. 일본어의 가정/조건 표현

우리말의 가정/조건은 '~면'으로 말합니다만, 일본어에서는 가정/조건 표현을 네 가
지, 즉 **ば** 와 **と** 그리고 **たら** 와 **なら** 로 표현할 수 있습니다.

우선 **ば** 는 조건문이 결과문에 대해 논리적이거나 반복적 습관일 경우, 그리고 **と** 는 **ば** 와 쓰임이 비슷하지만, 조건문에 대한 결과문이 필연적으로 성립하는 경우에 씁니다. 또한 **たら** 는 말하는 사람이 주관적인 가정이 강할 때, **なら** 는 상대방이 말한 것에 대한 조건으로 쓰이는 경우가 많습니다.

그러나 정작 일본어로 가정/조건 표현을 할 때는 헷갈리기 쉽습니다. 더욱이 우리말로 해석할 때는 모두 '~면'이 되기 때문에 혼동되는 수가 많은데, 뉘앙스 차이를 따져 말하는 것이 필요합니다.

- 山 (やま) 산
- 富士山 (ふじさん) 후지산
- 有名(ゆうめい)だ 유명하다

일본의 산이라면 후지산이 유명합니다.

日本の 山なら 富士山が 有名です。

C-14-17

자! 그러면 패턴문장으로 실력을 다져볼까요!

- 約束 (やくそく) 약속
- ~なければならない ~하지 않으면 안 된다
- 守(まも)る 지키다
- 来(く)る 오다
- 行(い)く 가다

私は 彼女との 約束を 守らなければ ならない。

C-14-18

나는 그녀와의 약속을 지키지 않으면 안 된다.

彼女が 来たら 私は 行く。

C-14-19

그녀가 오면 나는 간다.

彼女が 来るなら 私は 行く。

C-14-20

그녀가 온다면 나는 간다.

❶ **たら** 의 경우 동사/형용사/형용동사가 과거형 **た** 와 결합할 때 활용된 것처럼 결합합니다. **なら** 는 명사/동사/형용사는 기본형에 결합하고, 형용동사는 어간에 결합합니다.

❷ **守(まも)る** 의 부정형인 **守(まも)らない** (지키지 않다)에 가정형 **ば** 를 결합해서 **守らなければ** 가 되었습니다.

❸ '그녀가 오면 나는 간다'와 같이 비록 해석은 비슷하지만, **たら** 의 경우는 '내가 약속이나 시간이 다 되어서 가는 것'이고, **なら** 의 경우는 '내가 그녀에 대한 좋지 않은 감정으로 인해 간다'는 뉘앙스 차이가 있습니다.

Practical, **Useful** and **Easy-To-Understand** Lessons !

日本語 マルチ プラス

● 日本語と仲良くなる一番親切な方法！

제14과 Multi Plus
일본어 생활표현 & 여행회화!

일본은 한마디로 쇼핑천국입니다. 특히 도쿄 **銀座 (ぎんざ)** (긴자) 거리에는 세계적인 명품 브랜드숍이 모여 있는데, 일본 최고의 백화점인 **三越 (みつこし)** (미츠코시)가 바로 여기에 있습니다. 그리고 **渋谷 (しぶや)** (시부야)에는 젊은이가 선호하는 109, 그 밖에도 전국 체인점인 **パルコ (Parco)**나 **ロフト (Loft)** 등 그야말로 어디에서나 쇼핑의 즐거움을 만끽할 수 있습니다.

Practical, Useful and　Easy-To-Understand Lessons!

14+01. 일본어 여행회화 : 의류쇼핑 표현!

파리, 뉴욕, 밀라노, 도쿄! 도쿄는 패션을 주도하는 세계 제4대 패션 메가시티입니다. 일본의 패션은 거의 동시간으로 우리에게 전파되고 있으며, 이는 여러분의 도깨비/ 반딧불 일본여행이 가져다준 효과이기도 합니다. 세계의 패션 트렌드를 선도하는 패션 도쿄로 여러분을 초대합니다!

(주요 쇼핑품목 베스트 10 : **正装 (せいそう)** 정장, **スーツ** 수트, **帽子 (ぼうし)** 모자, **手袋 (てぶくろ)** 장갑, **靴 (くつ)** 구두, **バッグ** 가방, **ジーンズ** 청바지, **腕時計 (うでどけい)** 손목시계, **ネックレス** 목걸이, **指輪 (ゆびわ)** 반지)
(사이즈 관련 주요 표현 : **サイズ** 사이즈, **大(おお)きい** 크다, **小(ちい)さい** 작다, **長(なが)い** 길다, **短(みじか)い** 짧다, **きつい** 꽉 끼다, **緩(ゆる)い** 헐렁하다)

● **ちょっと** 조금/좀 ● **小(ちい)さい** 작다 ● **もっと** 좀 더 ● **大(おお)きい** 크다 ● **赤(あか)い** 빨갛다
● **物 (もの)** 물건/것 ● **スカート** 스커트 ● **ちょうど いい** 딱 맞다/알맞다 ● **はい** 네

**マルチ
プラス
＋
멀티
플러스**

❶ **ちょっと 小さいです。**
M+14-01
좀 작비요.

❷ **もっと 大きい サイズですか。**
M+14-02
좀 더 큰 사이즈입니까?

❸ **赤い 物は ないですか。**
M+14-03
빨간색은 없습니까?

❹ **この スカートが ちょうど いいです。**
M+14-04
이 스커트가 딱 맞네요.

❺ **はい、それを ください。**
M+14-05
네, 그것을 주세요.

日本語 マルチ プラス

- 멀티플러스 일본어 표현과 회화
- 생활표현과 여행회화를 완성하는 코너!

Practical, Useful and Easy-To-Understand Lessons!

❶ 아무리 한참을 입어보고 마음껏 구경한 후 상점을 그냥 나가더라도, 점원은 밝은 미소와 함께 **ありがとう ございます。 また お越(こ)し くださいませ。** (고맙습니다. 또 오세요.)라고 인사합니다.
❷ 일본은 2014년 4월 1일부터 정가 표시제를 시행합니다. 에누리는 없고요, 상품 구입 시 소비세 8%를 따로 계산해야 합니다. 예를 들어 정가100￥ 짜리는 108￥을 지불해야 하는 것이죠.

 **14+02. 일본어 여행회화 : 쇼핑과 계산하기**

여행의 대박 즐거움 중 하나는 단연코 쇼핑입니다!
학습자 여러분께서는 지금까지 배운 것만으로 이제 일본에서 쇼핑을 완벽하게 해결할 수 있습니다. 더욱 만족스러운 쇼핑을 위해 준비했습니다.

- デパート 백화점 ● お土産(みやげ) 선물 ● 何 (なに/なん) 무엇 ● 人形 (にんぎょう) 인형 ● おもちゃ 장난감 ● お勘定(かんじょう) 계산 ● お願(ねが)い します 부탁합니다 ● かしこまる 황공해하다

マルチ プラス ＋ 멀티 플러스

M+14-06

⑥ デパートは どこですか。
백화점은 어디입니까?

M+14-07

⑦ お土産は 何が いいですか。
선물은 무엇이 좋습니까?

M+14-08

⑧ この 人形と おもちゃを ください。
이 인형과 장난감을 주세요.

M+14-09

⑨ お勘定 お願い します。
계산 부탁합니다.

M+14-10

⑩ かしこまりました。
잘 알겠습니다.

❶ 상점에 손님이 들어오면 **いらっしゃいませ。** (어서 오세요.)라고 하고, 나갈 때에는 **また お越(こ)し くださいませ。** (또 오십시오.)라고 말합니다.
❷ 참고로 일본의 대표적인 유명 백화점으로는 **三越 (みつこし)** 이외에도 **高島屋 (たかしまや)** 가 있으며, 장난감은 **東急(とうきゅう)ハンズ** 에 가시면 쉽게 쇼핑할 수 있습니다.
❸ 사물명사 앞에 붙는 접두사 **お/ご** 는 존대의 의미를 담거나 말을 예쁘게 꾸미는 '미화어' 역할을 합니다. 예를 들어 **ご両親(りょうしん)** (부모님)이나 **ご飯(はん)** (밥) 또는 **お茶(ちゃ)** (차), **お店(みせ)** (가게), **お手洗い(てあらい)** (화장실) 등에서 볼 수 있습니다.
❹ **かしこまる** (황공해하다)는 주로 **かしこまりました。** 로 쓰여 '잘 알겠습니다/분부대로 하겠습니다.'의 뜻입니다.

 14+03. 일본 상식 : 일본인의 알뜰 쇼핑 노하우

워낙 높은 물가 덕분에 일본인들은 알뜰 쇼핑에 대한 노하우가 있습니다. 가장 일반적인 방법이 **割引(わりびく)クーポン** (할인 쿠폰)과 **共同購買 (きょうどうこうばい)** (공동구매)입니다. 일본 유명 상가나 쇼핑거리에서는 가게마다 **お得(とく)** 나 **激安 (げきやす)** 라는 문구를 쉽게 발견할 수 있는데, **お得(とく)** 는 (이 물건을 사면) '이득/유리'하다는 뜻이고, **激安 (げきやす)** 는 '초저가/폭탄세일'이란 뜻입니다. 아울러 종종 길에서 **ちらし** (전단지)를 나누어 주는 사람이 있는데, 특별 할인쿠폰인 경우가 많습니다.

그리고 공동구매의 경우 인터넷을 통해 물건을 구입하는 방식인데, 일본의 대표적인 쿠폰 공동구매 사이트로는 **グルーポン** (구루폰) (http://www.groupon.jp)과 **くまポン** (구마폰) (http://kumapon.jp)가 있으며, 최대 50~70% 싸게 살 수 있습니다.

참고로 매년 1월 2일 각 **デパート** (백화점)과 **ブランド** (브랜드)에서 **福袋 (ふくぶくろ)** (복 주머니)를 판매하는데, 그 속에는 **販売価額 (はんばいかがく)** (판매가격)보다 비싼 물건들이 들어 있습니다.

그래서 백화점 앞에서 하루 전날부터 수많은 사람들이 줄을 서서 기다리는 진풍경을 볼 수 있습니다. 그 중에서도 젊은 여성들에게 가장 인기 있는 백화점은 시부야에 있는 109로, 한때는 5천명의 행렬을 기록하기도 했습니다.

パート
フォア
part 4.

SUPERSTAR
Japanese

スーパー
スター
日本語

最小の文法で
最大の会話能力を！
日本語の
基本文法
実用会話
旅行会話

일본어 첫걸음 기본문법 Part 4.

일본어 기본 문법의 완성!
기본 문법으로 완성하는 일본어

日本語 基本文法 パート 4.

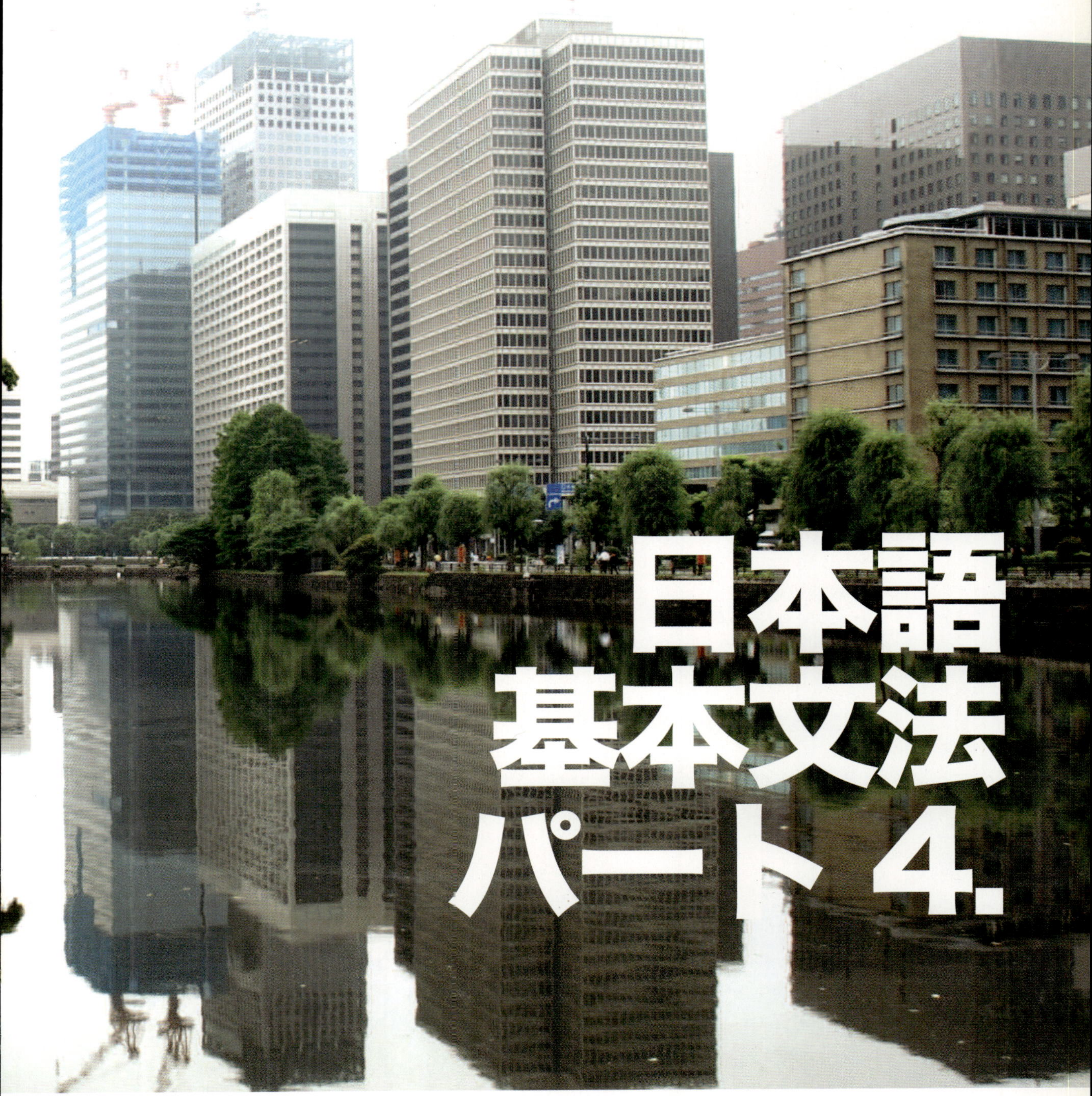

日本語 基本文法 パート 4.

조동사(助動詞)란 말 그대로 동사를 도와주는 말입니다.
동사의 의미를 더욱 확장시켜 주는 역할을 하죠. 조동사를 알면 여러분의 일본어 능력이 대폭 확장됩니다. 이번 과에서는 조동사 중에서 가장 대표적인 수동의 조동사 **~れる** / **~られる** (~당하다/~해 받다)와 함께 가능표현/존경표현에 대해 알아보겠습니다.

 15-01. 일본은 집단주의 문화

일본인은 철저하게 **個人 (こじん)** (개인)보다 **集団 (しゅうだん)** (집단)이 우선입니다. 일본인은 자신이 속해 있는 집단의 **目標 (もくひょう)** (목표)를 위해, 그리고 집단 구성원 간의 **和合 (わごう)** (화합)과 **一体 (いったい)** (일체)를 위해 개인의 **犠牲 (ぎせい)** (희생)을 감수합니다. 특히 직장내에서는 **上下関係 (じょうげかんけい)** (상하관계)가 매우 엄격한데, 윗사람은 아랫사람에게 거의 절대복종을 요구합니다. 때문에 직장인은 항상 그들의 **服装 (ふくそう)** (복장)이나 **敬語 (けいご)** (경어) 사용에 유의해야 하며, 조금이라도 반항한다면 **いじめ** (따돌림) 당하거나 해고되기 십상입니다.

15-02. 동사의 **れる**형과 **られる**형 활용방법

れる 와 **られる** 는 수동의 의미 (~당하다/~해 받다) 이외에도 '~할 수 있다'의 가능 표현이나 '~하시다'의 존경표현 등으로 다양하게 해석될 수 있습니다.

여러모로 쓰임새가 아주 많은 표현이죠.

활용방법은 예를 들어 5단동사 作(つく)る (만들다)의 경우, 동사의 어미 う단이 あ단으로 변화한 다음 **れる** 와 결합합니다. 즉 作(つく)る + **れる** = 作(つく)られる (만들어지다/만들게 되다/만들 수 있다/만드시다)가 됩니다.

1단동사 褒(ほ)める (칭찬하다)는 동사의 어미 **る** 가 탈락된 다음 **られる** 와 결합합니다. 즉 褒(ほ)める + **られる** = 褒(ほ)められる (칭찬받다/칭찬할 수 있다/칭찬하시다)가 됩니다. 그리고 불규칙동사인 **する** (하다)와 来(く)る (오다)는 각각 **される** (되다/하시다)와 来(こ)られる (오는 것을 당하다/올 수 있다/오시다)가 됩니다.

15-03. 수동표현의 **れる**형과 **られる**형

일반적으로 조동사 **れる** 와 **られる** 는 '~당하다/~해 받다'와 같이 수동표현으로 가장 많이 쓰입니다.

- トンカツ 돈가스
- 友達 (ともだち) 친구
- 初(はじ)めて 처음으로
- 招待(しょうたい)する 초대하다
- 作(つく)る 만들다

돈가스는 일본에서 처음 만들어졌습니다.

トンカツは 日本で 初めて 作られました。

C-15-01

나는 일본인 친구에게 초대받았다.

私は 日本人の 友達に 招待された。

C-15-02

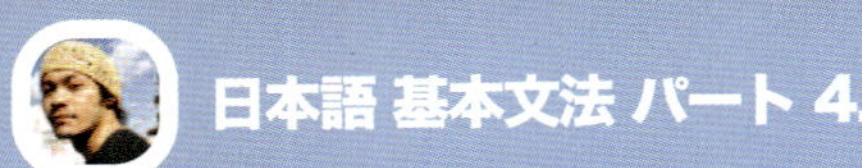

日本語 基本文法 パート 4.

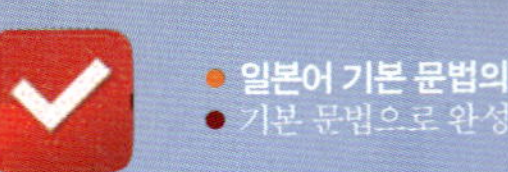

● 일본어 기본 문법의 완성!
● 기본 문법으로 완성하는 일본어

자! 그러면 패턴문장으로 실력을 다져볼까요!

- スマートホン 스마트폰
- 母 (はは) 어머니
- 新(あたら)しい 새롭다
- 盗(ぬす)む 훔치다
- 褒(ほ)める 칭찬하다
- 発売(はつばい)する 발매하다
- 子供 (こども) 아이
- 毎年 (まいとし) 매년

パターン
패턴
예문
3

C-15-03

彼は スマートホンを 盗まれました。

그는 스마트폰을 도둑맞았습니다.

C-15-04

子供は 母に 褒められました。

아이는 어머니에게 칭찬받았습니다.

C-15-05

毎年 新しい パソコンが 発売されます。

매년 새로운 컴퓨터가 발매됩니다.

❶ 作(つく)る (만들다)가 作(つく)られる (만들어지다)와 같이 수동표현으로 바뀔 때, 5단동사는 1단동사로 바뀝니다. 그러므로 作(つく)られる 가 ます형과 결합할 경우, 1단동사처럼 동사의 어미인 る 가 탈락되어 作(つく)られます (만들어집니다)가 됩니다.

15-04. 가능표현의 **れる**형과 **られる**형

조동사 **れる** 와 **られる** 는 '~할 수 있다'는 뜻의 가능표현으로도 사용할 수 있습니다. 주로 5단동사보다는 1단동사에 많이 사용하는 표현인데요, 예를 들어 1단동사인 答(こた)える (대답하다)를 **られる** 와 결합하여 答(こた)えられる 가 되면, 문장 해석상 수동표현보다는 '대답할 수 있다' 처럼 가능표현이 맞습니다.
또한 불규칙동사의 가능표현은 **する** (하다)는 **できる** (할 수 있다)이고, 来(く)る (오다)는 来(こ)られる (올 수 있다)입니다.

- 日本語 (にほんご) 일본어
- 答(こた)える 대답하다

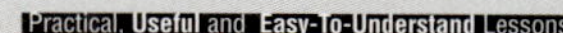

C-15-06

그녀는 일본어토 대답할 수 있습니다.

彼女は 日本語で 答えられます。

자! 그러면 패턴문장으로 실력을 다져볼까요!

- 辛(から)い 맵다
- 名所 (めいしょ) 명소
- 来(く)る 오다
- 料理 (りょうり) 요리
- 案内(あんない)する 안내하다
- 食(た)べる 먹다
- 韓国 (かんこく) 한국

パターン 패턴 예문 **3**

C-15-07

彼は 辛い 料理が 食べられる。

그는 매운 요리를 먹을 수 있다.

C-15-08

私は ソウルの 名所を 日本語で 案内できます。

나는 서울의 명소를 일본어로 안내할 수 있습니다.

C-15-09

彼女は 韓国へ 来られますか。

그녀는 한국에 올 수 있습니까?

❶ れる 와 られる 가 가능표현일 때 조사 '을/를'은 を 대신에 が 를 써야 합니다. 단 우리말로 해석할 때는 '을/를'로 하면 됩니다.

❷ する (하다)의 가능형 '할 수 있다'는 できる 입니다.

❸ 5단동사인 경우 가능표현으로 れる 는 거의 쓰지 않습니다. 이에 관련해서는 바로 다음 파트에 다시 설명 드리겠습니다.

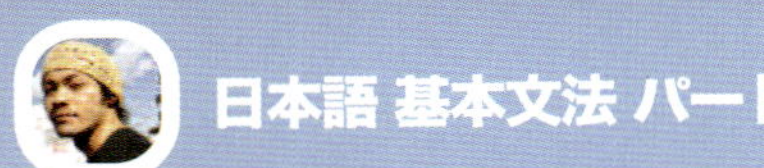 日本語 基本文法 パート 4.

- 일본어 기본 문법의 완성!
- 기본 문법으로 완성하는 일본어

Practical, **Useful** and **Easy-To-Understand** Lessons!

 15-05. 5단동사의 가능표현

1단동사는 **られる** 와 결합하여 가능표현을 만듭니다만, 5단동사는 **れる** 와 결합하여 가능표현을 만드는 방법 이외에 주로 동사의 어미인 **う** 단을 **え** 단으로 바꾸고 난 다음 **る** 를 결합하여 가능동사를 만들기도 합니다.
예를 들어 話(はな)す (이야기/말하다)에서 동사의 어미인 **す** 를 **せ** 로 바꾸고 **る** 를 붙이면 1단동사인 話(はな)せる (이야기할 수 있다)가 되는 것입니다.

- 私達 (わたしたち) 우리들
- 話(はな)す 이야기/말하다

C-15-10

우리들은 일본어를 말할 수 있습니다.

私達は 日本語が 話せます。

 자! 그러면 패턴문장으로 실력을 다져볼까요!

- 読(よ)む 읽다
- 漢字 (かんじ) 한자
- 買(か)う 사다
- 書(か)く 쓰다
- 難(むずか)しい 어렵다
- ~ことができる ~할 수 있다

C-15-11

彼は 日本語が 読めます。
그는 일본어를 읽을 수 있습니다.

C-15-12

韓国で 日本の マンガが 買えますか。
한국에서 일본 만화책을 살 수 있습니까?

C-15-13

私は 難しい 漢字を 書く ことが できます。
나는 어려운 한자를 쓸 수 있습니다.

---

❶ 그밖의 가능표현으로는 동사의 기본형 + **ことが できる** (~할 수 있다/~하는 것이 가능하다)가 있습니다.
❷ 1단동사의 가능표현 **られる** 는 회화체에서 **ら** 가 생략된 **れる** 형태로 많이 쓰입니다.

15-06. 존경표현의 **れる**형과 **られる**형

조동사 **れる** 와 **られる** 는 존경표현으로도 사용할 수 있습니다.
예를 들어 1단동사인 **見(み)る** (보다)가 **られる** 와 결합하여 **見(み)られる** 로 쓰일 경우, 수동표현인 '보이다', 가능표현인 '볼 수 있다' 그리고 존경표현인 '보시다'와 같이 세 가지로 해석될 수 있습니다.

● **ご両親(りょうしん)** (남의) 부모/양친 ● **討論会 (とうろんかい)** 토론회 ● **見(み)る** 보다

C-15-14

그의 부모님은 일본어 토론회를 보셨습니다.
彼の ご両親は 日本語の 討論会を 見られました。

자! 그러면 패턴문장으로 실력을 다져볼까요!

● **文章 (ぶんしょう)** 글/문장 ● **前田 (まえだ)** 마에다 (성씨) ● **物 (もの)** 것/물건
● **校長 (こうちょう)** 교장선생님 ● **紹介(しょうかい)する** 소개하다 ● **講義室 (こうぎしつ)** 강의실

C-15-15

この 文章は 前田さんが 書かれた ものです。
이 글은 마에다 씨가 쓰신 것입니다.

パターン
패턴
예문
3

C-15-16

校長が 新しい 先生を 紹介されます。
교장선생님이 새로운 선생님을 소개하십니다.

C-15-17

先生が 講義室へ 来られます。
선생님이 강의실에 오십니다.

❶ 조동사 **れる** 와 **られる** 존경표현은 다른 표현들과 혼동되기 쉽습니다. 그래서 일본어에서는 이러한 혼동을 피하기 위해서 별도로 '존경어'가 있는데, 이것은 본 교재의 후반부 '경어표현'에서 자세히 설명드리겠습니다.

Practical, Useful and
Easy-To-Understand Lessons!

日本語 マルチ プラス

● 멀티플러스 일본어 표현과 회화
● 생활표현과 여행회화를 완성하는 코너!

Practical, **Useful** and **Easy-To-Understand** Lessons!

日本語 マルチ プラス

+ 日本語 マルチ プラス

제15과 Multi Plus
일본어 생활표현 & 여행회화!

일본여행의 필수 코스 중 하나로 **千葉県 (ちばけん)** (치바현)에 있는 도쿄 **ディズニーランド** (디즈니랜드)를 손꼽습니다. 도쿄에서 가장 편하게 가는 방법은 **新宿 (しんじゅく) 南口 (みなみぐち)** (신주쿠 미나미구치)에 있는 JR고속버스터미널에서 버스(성인 편도 820￥, 어린이 편도 410￥)를 타고 약 1시간이면 도쿄디즈니리조트에 도착합니다.
(도쿄디즈니랜드 홈페이지 http://www.tokyodisneyresort.jp/kr/ 한국어 지원)

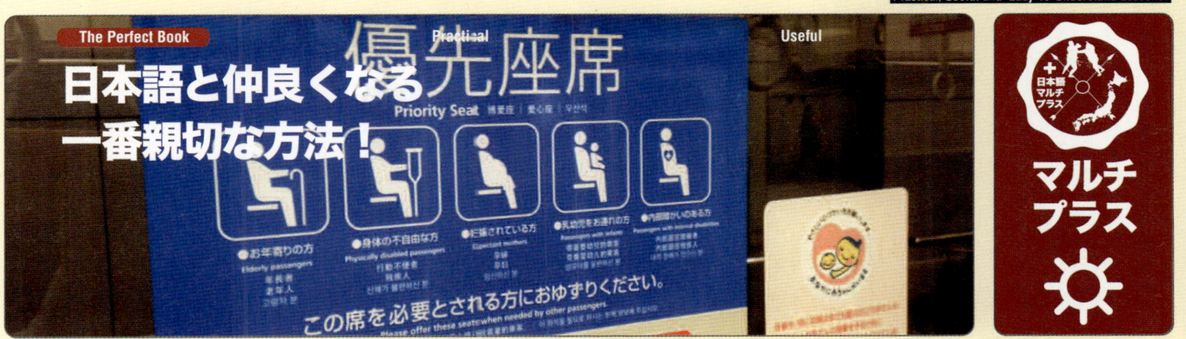

15+01. 일본어 여행회화 : 디즈니랜드 관광

디즈니랜드의 볼거리는 크게 **ワールドバザール** (월드바자), **アドベンチャーランド** (어드벤처랜드), **ウエスタンランド** (웨스턴랜드), **クリッターカントリー** (크리터컨트리), **ファンタジーランド** (판타지랜드), **トゥーンタウン** (툰타운), **トゥモローランド** (투모로우랜드)로 나눌 수 있습니다. 그리고 **ポリネシアンテラス・レストラン** (폴리네시안테라스 레스토랑)이나 **ザ・ダイアモンドホースシュ** (더 다이아몬드 호스슈)에서는 쇼와 함께 식사를 즐길 수 있습니다.

● **行(い)く** 가다 ● **ツアー** 투어 ● **お昼(ひる)** 점심식사 ● **観光 (かんこう)** 관광
● **料金 (りょうきん)** 요금 ● **含(ふく)む** 포함하다 ● **入場券 (にゅうじょうけん)** 입장권
● **いくら** 얼마 ● **チケット** 티켓 ● **枚 (まい)** 매/장 ● **書(か)く** 쓰다 ● **ガイドブック** 가이드북

❶ **ディズニーランドへ 行く ツアーが ありますか。**
M+15-01
디즈니랜드에 가는 투어가 있습니까?

❷ **お昼は 観光料金に 含まれて いますか。**
M+15-02
점심은 관광요금에 포함되어 있습니까?

❸ **入場券は いくらですか。**
M+15-03
입장료는 얼마입니까?

❹ **チケット 3枚 ください。**
M+15-04
티켓 3장 주세요.

❺ **韓国語で 書かれた ガイドブックは ありますか。**
M+15-05
한국어로 쓰여진 가이드북이 있습니까?

日本語 マルチ プラス

● 멀티플러스 일본어 표현과 회화
○ 생활표현과 여행회화를 완성하는 코너!

❶ 원래 점심은 **昼(ひる)ごはん** 이라고 합니다만, 보통 줄여서 **お昼(ひる)** 라고 표현합니다.
❷ **含(ふく)む** (포함하다)의 수동 표현은 **含(ふく)まれる** (포함되다)가 됩니다.
❸ 종이나 접시와 같이 얇고 평평한 것을 세는 조수사는 **~枚 (まい)** 입니다. 참고로 스시를 한 개, 두 개 셀 때도 씁니다.

15+02. 일본어 여행회화 : 교토 관광

우리나라에 천년의 고도 경주가 있다면 일본에는 **京都 (きょうと)** (교토)가 있습니다. 교토는 옛 수도로서의 전통과 문화가 고스란히 남아있습니다. **金閣寺 (きんかくじ)** (금각사) 등 유명 사찰뿐만 아니라 유서 깊은 **神宮 (じんぐう)** (신궁)이나 옛 에도시대의 거리인 **祇園 (ぎおん)** (기온) 등 과거 일본의 역사를 한눈에 감상할 수 있습니다.

● **写真 (しゃしん)** 사진 ● **撮(と)る** 찍다 ● **~ても いいですか** ~해도 좋습니까? ● **記念品 (きねんひん)** 기념품 ● **買(か)う** 사다 ● **所 (ところ)** 장소/곳 ● **金閣寺 (きんかくじ)** 금각사 ● **何時 (なんじ)** 몇 시 ● **~まで** ~까지 ● **開(あ)く** 열리다 ● **歌舞伎 (かぶき)** 가부키 ● **見(み)る** 보다 ● **祇園祭 (ぎおんまつり)** 기온마쓰리 ● **一年 (いちねん)** 1년 ● **一回 (いっかい)** 한 번/1회 ● **行(おこな)う** 행하다

❻ **写真を 撮っても いいですか。**
M+15-06
사진을 찍어도 좋습니까(됩니까)?

マルチ
プラス
+
멀티
플러스

❼ **記念品が 買える 所は ありますか。**
M+15-07
기념품을 살 수 있는 곳이 있나요?

❽ **金閣寺は 何時まで 開いて いますか。**
M+15-08
금각사는 몇 시까지 열려 있습니까?

❾ **歌舞伎は どこで 見られますか。**
M+15-09
가부키는 어디에서 볼 수 있습니까?

❿ **祇園祭は 一年に 一回 行われます。**
M+15-10
기온마쓰리는 1년에 한 번 거행합니다.

❶ 한 번, 두 번 횟수를 셀 때는 **~回 (かい)** 를 씁니다. 예를 들어 '몇 번을 봐도 재미있다.'는 **何回(なんかい) 見(み)ても おもしろい。** 라고 하면 됩니다.

15+03. 일본어 여행회화 : 온천 관광

일본에는 전국적으로 약 2,000 곳의 **温泉 (おんせん)** (온천)이 분포되어 있고, 온천수의 **温度 (おんど)** (온도)가 43도 이상인 곳이 상당히 많습니다. 일본의 유명한 온천지로 **神奈川 (かながわ)** (가나가와)현에 있는 **箱根 (はこね)** (하코네) 온천은 약 17개의 노천온천이 있으며, **群馬 (ぐんま)** (군마)현에 있는 **草津 (くさつ)** (구사쓰) 온천은 지역 명물인 **湯畑 (ゆばたけ)** (유바타케)로 유명합니다. 또한 **大分 (おおいた)** (오이타)현에 있는 **湯布院 (ゆふいん)** (유후인) 온천도 사랑 받는 곳입니다.

● **温泉 (おんせん)** 온천 ● **観光 (かんこう)** 관광 ● **有名(ゆうめい)だ** 유명하다 ● **行(い)く** 가다
● **時 (とき)** 때/시 ● **タオル** 수건/타올 ● **準備 (じゅんび)** 준비 ● **~しなければなりません** ~하지 않으면 안됩니다/해야 합니다 ● **垢(あか)すり** 때밀이 ● **旅館 (りょかん)** 여관 ● **浴衣 (ゆかた)** 유카타
● **着替(きが)える** 갈아 입다 ● **時間 (じかん)** 시간 ● **~に よって** ~에 따라 ● **男湯 (おとこゆ)** 남탕
● **女湯 (おんなゆ)** 여탕 ● **変(か)わる** 바뀌다 ● **所 (ところ)** 곳/장소

マルチ
プラス
+
멀티
플러스

M+15-11

⑪ **日本は 温泉観光で 有名です。**
일본은 온천관광으로 유명합니다.

M+15-12

⑫ **温泉に 行く時は タオルを 準備しなければなりません。**
온천에 갈 때는 수건을 준비해야 합니다.

M+15-13

⑬ **日本人は 垢すりを しません。**
일본인은 때를 밀지 않습니다.

M+15-14

⑭ **日本旅館では 浴衣に 着替えます。**
일본 여관에서는 유카타로 갈아 입습니다.

M+15-15

⑮ **温泉には 時間に よって 男湯と 女湯が 変わる 所が あります。**
온천에는 시간에 따라 남탕과 여탕이 바뀌는 곳이 있습니다.

Practical, **Useful** and
Easy-To-Understand Lessons!

이번 시간에는 일본어의 사역표현 **~せる** 와 **~させる** (~시키다/~하게 하다)와 형용사의 어미 **い** 로 끝나는 조동사, 즉 희망을 표현하는 **~たい** (~하고 싶다)와 **~ほしい** (~가지고 싶다)를 만나 보겠습니다.

 16-01. 일본인의 책임감

일본 사람들이 업무에서 가장 중요시하는 것은 **責任感 (せきにんかん)** (책임감)입니다. 일본 사회는 속도보다 **正確 (せいかく)** (정확)과 **完璧 (かんぺき)** (완벽)을 추구합니다. 자신에게 주어진 임무는 무한책임을 다합니다. 부단한 노력은 **匠 (たくみ)** (장인) 정신으로 이어지고 더불어 각 분야에서는 빈번히 세계 최고의 전문가가 나오기도 합니다. 반면 새로운 상황에는 능동적으로 대처하지 못하고, 모험은 최대한 피하려는 일면도 있습니다.

16-02. 사역표현의 **せる**형과 **させる**형

조동사 **せる** 와 **させる** 는 '~시키다/하게 하다' 처럼 사역표현으로써,
주로 윗사람이 아랫사람에게 어떤 행위를 시킬 때 쓰입니다.
활용방법은 **~れる** / **~られる**형과 같습니다.
즉 5단동사의 경우, **習(なら)う** (배우다)는 동사의 어미 **う** 단이 **あ** 단으로 변화한
다음 **せる** 와 결합합니다. 그러니까 **習(なら)う** + **せる** = **習(なら)わせる** (배우
게 시키다/배우게 하게 하다)가 됩니다.
1단동사 **辞(や)める** (그만두다)는 동사의 어미 **る** 가 탈락된 다음 **させる** 와 결합
합니다. 즉 **辞(や)める** + **させる** = **辞(や)めさせる** (그만두게 하다)가 됩니다.
그리고 불규칙동사인 **する** (하다)와 **来(く)る** (오다)는 각각 **させる** (하게 하다)와
来(こ)させる (오게 하다)가 됩니다.

- **先生 (せんせい)** 선생님
- **学生 (がくせい)** 학생
- **習(なら)う** 배우다

선생님은 학생에게 일본어를 배우게 합니다.

C-16-01

先生は 学生に 日本語を 習わせます。

자! 그러면 패턴문장으로 실력을 다져볼까요!

- **タバコ** 담배
- **映画 (えいが)** 영화
- **飲(の)み物(もの)** 음료수
- **辞(や)める** 그만두다
- **チケット** 티켓
- **買(か)う** 사다
- **する** 하다
- **予約(よやく)する** 예약하다
- **来(く)る** 오다

 日本語 基本文法 パート 4.

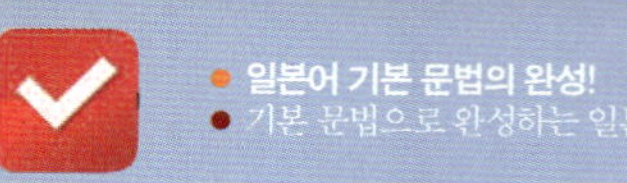
- 일본어 기본 문법의 완성!
- 기본 문법으로 완성하는 일본어

パターン
패턴
예문
3

C-16-02

彼女は 私に タバコを 辞めさせた。
그녀는 나에게 담배를 그만두게 했다.

C-16-03

彼女は 私に 映画の チケットを 予約させます。
그녀는 나에게 영화 티켓을 예약시켰습니다.

C-16-04

彼女は 私に 飲み物を 買って 来させた。
그녀는 나에게 음료수를 사서 오게 했다.

---

❶ 習(なら)う (배우다)가 習(なら)わせる (배우게 하다)와 같이 사역표현으로 바뀔 때도, 5단동사는 1단동사가 됩니다. 그러므로 習(なら)わせる 가 ます 형과 결합할 경우, 1단동사처럼 동사의 어미인 る 가 탈락되어 習(なら)わせます (배우게 합니다)가 됩니다.

16-03. 사역수동표현의 せられる 형

조동사 せられる 는 직역하면 '(~로부터) 하게 하는 것을 당하다' 즉 의역하면 '(어쩔 수 없이) ~하다'의 뜻입니다. 조동사 せられる 는 자신은 하기 싫은데, 남의 명령이나 지시에 의해 강제적으로 행동을 하는 것을 표현합니다.

만드는 방법은 예를 들어 言(い)う (말하다)는 동사의 う 단이 あ 단으로 변화한 다음 せられる 와 결합합니다. 즉 言(い)う + せられる = 言(い)わせられる ((어쩔 수 없이) 말하다)가 됩니다.

1단동사 着(き)る (입다)는 동사의 어미 る 가 탈락된 다음 せられる 와 결합합니다. 즉 着(き)る + せられる = 着(き)せられる ((어쩔 수 없이) 입다)가 됩니다.

불규칙동사인 する (하다)와 来(く)る (오다)는 각각 させられる ((어쩔 수 없이) 하다)와 来(こ)させられる ((어쩔 수 없이) 오다)가 됩니다.

- 日本人 (にほんじん) 일본인
- 女性 (じょせい) 여성
- 言(い)う 말하다

일본인 여성과 (어쩔 수 없이) 일본어로 말했다.

日本人の 女性と 日本語で 言わせられた。

C-16-05

자! 그러면 패턴문장으로 실력을 다져볼까요!

- 子供 (こども) 아이
- 母 (はは) 어머니
- パーティー 파티
- 服 (ふく) 옷
- 着(き)る 입다
- 父 (ちち) 아버지
- 勉強(べんきょう)する 공부하다
- 頼(たの)み 부탁
- ~で ~으로

パターン
패턴
예문
3

子供は 母に パーティーの 服を 着せられた。

C-16-06

아이는 어머니가 시켜서 (어쩔 수 없이) 파티 옷을 입었다.

私は 父に 勉強させられました。

C-16-07

나는 아버지 때문에 (어쩔 수 없이) 공부하였습니다.

私は 彼女の 頼みで 来させられた。

C-16-08

나는 그녀의 부탁으로 (어쩔 수 없이) 왔다.

❶ 일을 시키는 사람에게 조사 **に** 를 붙입니다. 그리고 해석은 '~로부터', '~ 때문에/~를 시켜서'와 같이 문장에 맞게 해석하면 됩니다.

16-04. 일본어의 희망표현 (1) ~たい 와 ~たがる

조동사 **~たい** (~하고 싶다)와 **~たがる** (~하고 싶어하다)는 대표적인 '희망표현'입니다.

단 **たい** 는 주로 '나'와 '당신'처럼 1인칭이나 2인칭에 접속하고, **たがる** 는 '그/그녀' 와 같은 3인칭에 접속하여 희망이나 욕구를 나타냅니다.

활용방법은 먼저 동사 어미를 **ます**형으로 바꾼 다음 **たい** 를 붙여주면 됩니다.

예를 들어 **行(い)く** (가다)는 동사의 어미 **う**단을 **い**단으로 바꿔서 **たい** 와 결합하 므로 즉, **行(い)く** + **たい** = **行(い)きたい** (가고 싶다)가 됩니다. 그리고 **たがる** 의 경우도 **たい** 와 마찬가지로 동사 변화를 하여 **行(い)きたがる** (가고 싶어 한다)가 됩니다.

- **日本 (にほん)** 일본
- **行(い)く** 가다
- **~たい** ~하고 싶다

나는 일본에 가고 싶다.

私は 日本へ 行きたい。

C-16-09

자! 그러면 패턴문장으로 실력을 다져볼까요!

- **友達 (ともだち)** 친구
- **~に なる** ~가 되다
- **昨日 (きのう)** 어제
- **見(み)る** 보다
- **旅行 (りょこう)** 여행

パターン
패턴
예문
3

日本人と 友達に なりたいです。

C-16-10

일본인과 친구가 되고 싶습니다.

昨日は 日本の ドラマが 見たかった。

C-16-11

어제는 일본 드라마가 보고 싶었다.

彼は 日本旅行を したがっている。

C-16-12

그는 일본 여행을 하고 싶어 하고 있다.

❶ **行(い)きたい** (가고 싶다)의 경우, **い** 로 끝났기 때문에 동사가 형용사로 바뀝니다. 그래서 형용사의 어미 에 따라 변화(활용)합니다. 예를 들어 **する** (하다) + **たい** 가 **です**형과 결합할 때는 **~したいです** (~하고 싶 습니다)가 됩니다.

❷ **~に なる** (~가 되다) 처럼 동사 **なる** 앞에는 조사 **を** (을/를) 대신에 **に** 를 씁니다. 마찬가지로 **~に 会(あ) う** (~을/를 만나다), **~に 乗(の)る** (~을/를 타다)도 조사는 **に** 를 씁니다

❸ 특히 **たい** 를 1인칭으로 사용할 때는 그 앞의 조사로 **が** 를 사용합니다.

❹ **~たがる** (~싶어한다)는 **~たがっている** (~하고 싶어 하고 있다)와 같이 주로 지속적인 상태를 표현합니 다.

16-05. 일본어의 희망표현 (2) ほしい 와 ほしがる

조동사 **~が ほしい** (~을/를 가지고 싶다)와 **~を ほしがる** (~을/를 가지고 싶어한다)는 주로 명사(목적어) 뒤에 쓰여서 희망표현을 나타냅니다. 그리고 **たい** 와 **たがる** 형과 마찬가지로 주로 '나'와 같은 1인칭에는 **ほしい** 를, '그/그녀'와 같은 3인칭에는 **ほしがる** 를 사용합니다.

특히 동사의 **て** 형과 같이 쓰여서 **~て ほしい** (~해 주기 바란다/~해 주었으면 좋겠다)로 희망표현을 나타냅니다.

- **素敵(すてき)だ** 멋지다/근사하다
- **恋人 (こいびと)** 애인
- **~が ほしい** ~을/를 가지고 싶다

나는 멋진 일본인 애인을 가지고 싶다.
C-16-13

私は 素敵な 日本人の 恋人が ほしい。

❶ ほしい (가지고 싶다) 앞에서- 조사 **が** 는 '을/를'로 해석하는 것이 자연스럽습니다.

자! 그러면 패턴문장으로 실력을 다져볼까요!

- **新(あたら)しい** 새롭다
- **車 (くるま)** 차
- **はっきり** 확실히/똑똑히
- **言(い)う** 말하다
- **お金(かね)** 돈
- **~を ほしがる** ~을/를 가지고 싶어한다

パターン
패턴
예문
3

私は 新しい 車が ほしいです。
C-16-14

나는 새 차를 가지고 싶습니다.

はっきり 言ってほしい。
C-16-15

확실히 말해주길 바란다/말해 주었으면 좋겠다.

彼は お金を ほしがっていない。
C-16-16

그는 돈을 가지고 싶어하지 않는다.

❶ '애인'은 **恋人 (こいびと)** 라고 합니다. **愛人 (あいじん)** 은 숨겨둔 애인이나 정부를 뜻합니다.
❷ ほしい 도 어미가 **い** 로 끝나기 때문에 형용사 변화를 합니다. 예를 들어 **です**형과 접속할 때는 그대로 **ほしいです** (가지고 싶습니다), 그리고 부정형 **ない** 와 결합하면 **ほしくない** (가지고 싶지 않다)가 됩니다.
❸ **~を ほしがる** (~을/를 가지 고 싶어한다)는 **~を ほしがっている** (~을/를 가지고 싶어하고 있다)로 활용하여 3인칭의 희망을 지속상태로 표현합니다.

Practical, Useful and **Easy-To-Understand** Lessons!

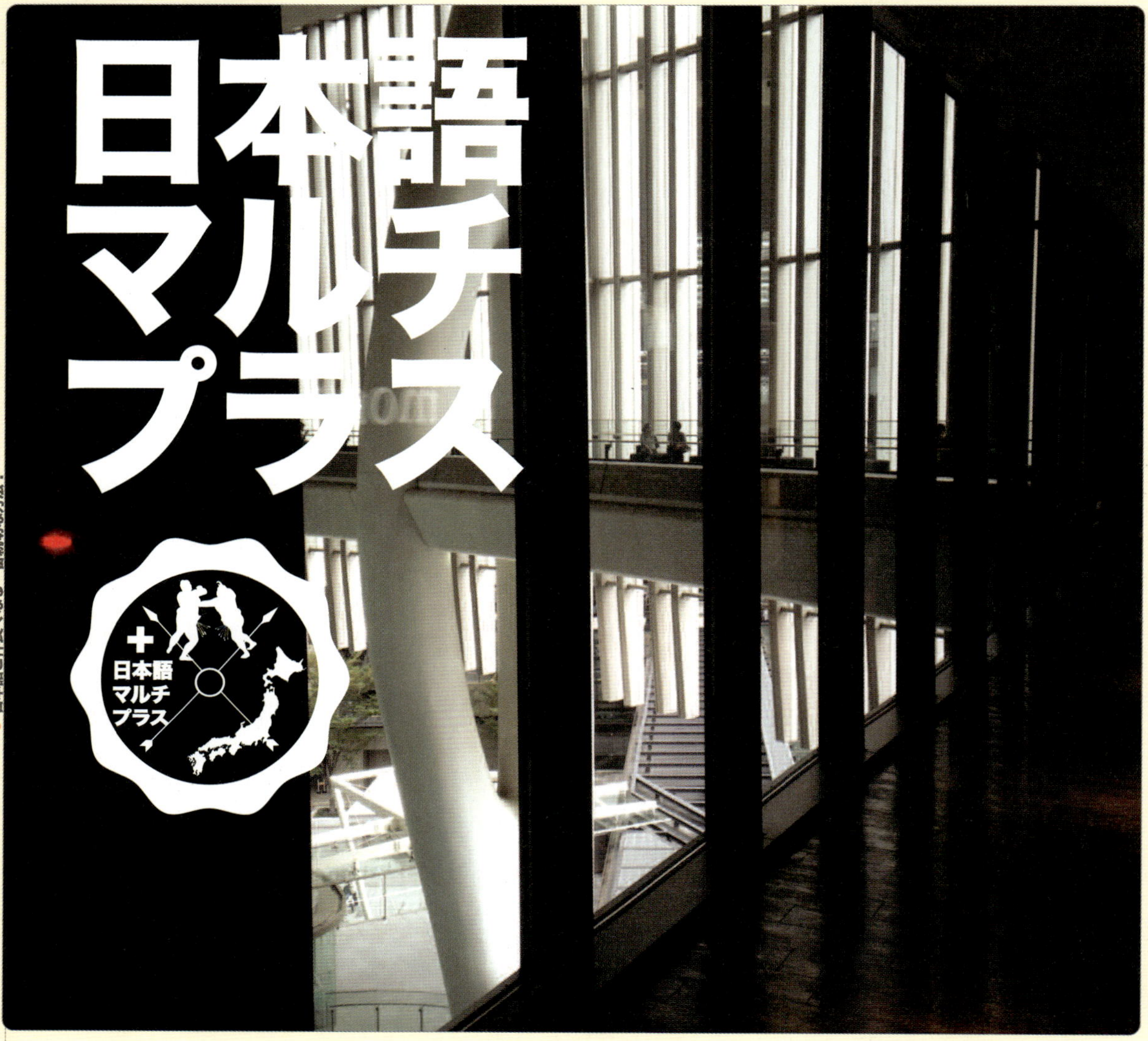

日本語 マルチ プラス

제16과 Multi Plus
일본어 생활표현 & 여행회화!

일본인은 약속을 매우 중요하게 생각합니다. 특히나 **迷惑(めいわく)를 掛(か)けない** (남에게 폐를 끼치지 않는) 것을 미덕으로 삼는 일본인에게 약속은 지키지 않을 것이면 애당초 하지 않는다는 생각을 엿볼 수 있습니다. 그래서 준비했습니다. 약속표현 총정리!

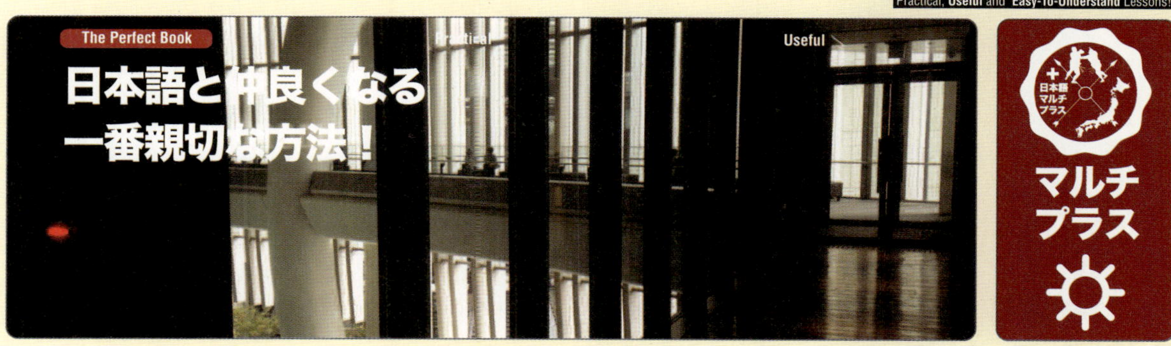

16+01. 일본어 생활표현 : 약속을 정할 때

일본 도쿄의 약속장소로 유명한 '명소 베스트 5'는 다음과 같습니다.
1위는 **渋谷 (しぶや)** (시부야)역에 있는 **ハチ公(こう)** (하치코) 동상 앞, 2위는 **新宿 (しんじゅく)** (신주쿠)역에 있는 **アルタ** (알타) 앞, 3위는 **東京 (とうきょう)** (도쿄)역에 있는 **銀(ぎん)の鈴(すず)** (은방울) 앞, 4위는 시부야역에 있는 **モアイ像(ぞう)** (모아이상) 앞, 5위는 **六本木 (ろっぽんき)** (롯뽄기)에 있는 **アマンド** (아몬드) 가게 앞입니다. (참조 http://www.shibuyabunka.com/data/20130312/)

● **今度 (こんど)** 이번 ● **週末 (しゅうまつ)** 주말 ● **暇 (ひま)** 시간/틈 ● **午前中 (ごぜんちゅう)** 오전 중 ● **時間 (じかん)** 시간 ● **そちら** 그쪽 ● **決(き)める** 정하다 ● **場所 (ばしょ)** 장소

① **今度の 週末 暇ですか。**
M+16-01
이번 주말에 시간 있으세요?

② **午前中には 時間が ありません。**
M+16-02
오전 중에는 시간이 없습니다.

③ **何時だったら 来られる。**
M+16-03
몇 시라면 올 수 있어?

④ **そちらで 時間を 決めて ください。**
M+16-04
그쪽에서 시간을 정해 주세요.

⑤ **そちらで 場所を 決めて ください。**
M+16-05
그쪽에서 장소를 정해 주세요.

日本語 マルチ プラス

● 멀티플러스 일본어 표현과 회화
● 생활표현과 여행회화를 완성하는 코너!

Practical, **Useful** and **Easy-To-Understand** Lessons!

❶ 今度 (こんど) 에는 '이번/이 다음'이라는 두 가지 의미가 있습니다. 예를 들어 今度 (こんど) 会(あ)お う。는 '다음에 만나자.'라고 상황에 맞게 해석해야 합니다.
❷ 일본어에서는 불특정한 시간을 나타낼 때, 조사 に 를 사용하지 않습니다. 즉 정확한 시간을 나타낼 경우, 예를 들어 '1시에'는 一時(いちじ)に 로 조사 に 를 사용하지만, 今度 (こんど) 나 週末 (しゅうまつ) 와 같이 불확실할 때는 조사 に를 사용하지 않습니다. 단 우리말로 번역할 때는 '이번에'나 '주말에'로 하는 것이 맞습니다.
❸ ~中 을 읽을 때, ~ちゅう 나 ~じゅう 와 같이 두 가지로 발음할 수 있습니다. 다만 ちゅう 로 발음할 경 우는 뭔가 한창 열심히 하고 있을 때, 예를 들어 勉強中 (べんきょうちゅう) 는 '공부 중'일 때이고, じゅう 로 발음할 경우는 전체를 나타낼 때, 예를 들어 世界中 (せかいじゅう) '전 세계'로 쓸 때 사용합니다.

16+02. 일본어 생활표현 : 약속을 변경할 때

일본인과의 약속을 변경할 때는 다음 번 약속이 어려울 수도 있다는 생각까지 해두 어야 합니다. 부득불 변경해야 한다면 최대한 빨리 알려주는 것이 기본 매너입니다.

● 雰囲気 (ふんいき) 분위기 ● いい 좋다/괜찮다 ● 場所 (ばしょ) 장소 ● 変更 (へんこう) 변경
● 約束 (やくそく) 약속 ● 少(すこ)し 조금 ● 早(はや)めに 빨리/정해진 시간보다 조금 이름
● ~たい ~하고 싶다 ● 明日 (あした) 내일 ● キャンセルする 취소하다 ● 急(きゅう)に 갑자기
● 具合(ぐあい)が 悪(わる)い 몸상태/컨디션이 안좋다

⑥ 雰囲気が いい 場所に 変更できないの。

M+16-06

분위기가 좋은 장소로 변경할 수는 없어?

⑦ よろしければ 約束を 変更できませんでしょうか。

M+16-07

괜찮으시다면 약속을 변경할 수 없을까요?

⑧ 約束の 時間を 少し 早めに したいです。

M+16-08

약속 시간을 조금 빨리 하고 싶습니다.

⑨ 明日の 約束を キャンセルしなければならない。

M+16-09

내일 약속을 취소하지 않으면 안된다.

⑩ すみません、急に 具合が 悪く なりまして。

M+16-10

미안합니다, 갑자기 몸이 안좋아져서요.

Practical, Useful and Easy-To-Understand Lessons!

❶ **の** 가 문장 끝에 쓰이면 여성어로 '물음'을 나타냅니다.
❷ 보통 '아프다'는 痛(いた)い 라고 말하는데, 예를 들어 '이가 아프다.'는 歯(は)が 痛(いた)い。로 '머리가 아프다.'는 頭(あたま)が 痛(いた)い。로 표현합니다. 단 '몸이나 컨디션이 좋지 않다.'는 具合(ぐあい)が 悪(わる)い。라고 해야 올바른 표현입니다.

 16+03. 일본어 생활표현 : 약속에 늦을 때

일본인들은 약속시간 준수에 매우 엄격합니다. 일본에서 시간을 못 지키는 사람은 전혀 신뢰를 얻을 수 없습니다. 예를 들어 단 1분만 늦어도 회사에서 해고당할 수 있으며, 누구에게 하소연해도 모두가 그의 잘못을 탓할 것입니다. 시간 약속에 늦었을 때 분명한 근거와 충분한 사과가 없다면 상대방은 두 번 다시 당신을 상대해주지 않을 수도 있습니다.

● 遅(おく)れる 늦다 ● 思(おも)う 생각하다 ● どこか 어딘가 ● 時間(じかん)を つぶす 시간을 때우다 ● 後 (あと) 나중/후 ● 着(つ)く 도착하다 ● 待(ま)つ 기다리다 ● ごめん 미안해 ● 本当(ほんとう)に 정말로 ● 申(もう)し訳(わけ) ございません 대단히 죄송합니다

  ⑪ **彼は 遅れて くると 思います。**
M+16-11
그는 늦게 올 것이라 생각합니다/늦게 올 겁니다.

마루치
플러스
+
멀티
플러스

 ⑫ **どこかへ 行って 時間を つぶそうか。**
M+16-12
어딘가에 가서 시간을 때울까?

 ⑬ **あとで 着きます。**
M+16-13
나중에 도착합니다.

 ⑭ **待たせて ごめん。**
M+16-14
기다리게 해서 미안해.

 ⑮ **遅れて 本当に 申し訳 ございません。**
M+16-15
늦어서 정말로 죄송합니다.

❶ 한자 着 을 着(き)る 로 읽으면 '(옷을) 입다'의 의미이고, 着(つ)く 로 읽으면 '도착하다'의 의미입니다. 즉 어미에 따라 읽는 것이 다르니 주의가 필요합니다.
❷ 申(もう)し訳(わけ) ございません。은 '대단히 죄송합니다.'로 통째로 알아두시면 좋겠습니다.

Practical, **Useful** and **Easy-To-Understand** Lessons!

Easy-To-Understand

제17과 일본어 표현력 도우미, 조동사 (3)
그는 내년 일본에 올 것 같다.
彼は 来年 日本へ 来るらしい。

이번 시간에는 형용사의 어미 **い** 로 끝나는 조동사 중에서 추측을 나타내는 표현
~らしい (~인 것 같다)를 만나보겠습니다.

17-01. 일본은 추리소설의 왕국

일본의 대중문학은 **推理小説 (すいりしょうせつ)** (추리소설)이라고 말해도 과언
이 아닙니다. 두터운 추리작가층과 수많은 독자가 견고하게 형성되어 있습니다.
일본을 대표하는 작가로는 우리에게도 유명한 **東野圭吾 (ひがしのけいご)** (히가
시노 게이고)를 들 수 있습니다. 그의 작품 대부분, 예를 들어 **白夜行 (びゃくやこ
う)** (백야행) (1999), **容疑者(ようぎしゃ)Xの献身(けんしん)** (용의자 X의 헌신)
(2005), **新参者 (しんざんもの)** (신참자) (2009)는 **ベストセラー** (베스트셀러)일
뿐만 아니라 **映画 (えいが)** (영화)와 **ドラマ** (드라마)로도 제작되었습니다.

17-02. 일본어의 추측표현 (1) らしい

조동사 ~らしい (~인 것 같다)는 대표적인 '추측표현'입니다.
주로 동사와 형용사의 기본형과 결합하거나, 아니면 형용동사의 어간(어미 だ 는 탈락)과 결합하여 표현합니다. 예를 들어 동사 来(く)る (오다) + らしい = 来(く)る らしい (올 것 같다) 혹은 형용사 おもしろい (재미있다) + らしい = おもしろい らしい (재미있을 것 같다), 형용동사 きれいだ (예쁘다) + らしい = きれいらしい (예쁠 것 같다)가 됩니다.
또한 명사와 함께 결합할 때는 '~인 듯하다/~답다'라는 뜻인데, 日本人 (にほんじん) (일본인) + らしい = 日本人らしい (일본인인 듯하다/일본인답다)가 됩니다.

● 来年 (らいねん) 내년
● ~らしい ~인 것 같다

그는 내년 일본에 올 것 같다.

彼は 来年 日本へ 来るらしい。

C-17-01

자! 그러면 패턴문장으로 실력을 다져볼까요!

● 明日 (あした) 내일
● 雪 (ゆき) 눈
● 降(ふ)る (비/눈 등이) 오다/내리다
● 幸(しあわ)せだ 행복하다
● 話(はな)し方(かた) 말투
● 女 (おんな) 여자

明日は 雪が 降るらしい。
C-17-02
내일은 눈이 올 것 같다.

パターン
패턴
예문
3

彼は 幸せらしい。
C-17-03
그는 행복한 것 같다.

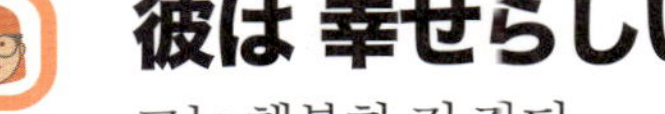

彼女の 話し方は 女らしい。
C-17-04
그녀의 말투는 여자 같다/여자답다.

17-03. 일본어의 추측표현 (2) ようだ

조동사 ~**ようだ** (~인 것 같다)는 **らしい** 보다 확실한 추측이나 비유를 나타내는 표현입니다. **ようだ** 는 어느 정도 근거가 있는 추측이나 비유표현을 말할 때 사용합니다. 활용방법은 동사나 형용사와 함께 쓸 때에는 동사와 형용사의 기본형과 각각 결합합니다. 예를 들어 **聴(き)く** (듣다) + **ようだ** = **聴くようだ** (듣는 것 같다) 또는 **おいしい** (맛있다) + **ようだ** = **おいしいようだ** (맛있는 것 같다)가 됩니다.
그리고 형용동사는 어미인 **だ** 가 **な** 로 바뀐 다음에 결합합니다. 예를 들어 **好(す)きだ** (좋아하다) + **ようだ** = **好きなようだ** (좋아하는 것 같다)가 됩니다.
또한 명사인 경우에는 명사와 **ようだ** 사이에 **の** (~의)를 넣어, **祭(まつ)り** (축제) + **の** + **ようだ** = **祭りのようだ** (축제인 것 같다)가 됩니다.

● **よく** 자주　　● **歌 (うた)** 노래　　● **聴(き)く** 듣다　　● **~ようだ** 인 것 같다

C-17-05

그는 자주 일본 노래를 듣는 것 같다.

彼は よく 日本の 歌を 聴くようだ。

자! 그러면 패턴문장으로 실력을 다져볼까요!

● **映画 (えいが)** 영화　　● **主人公 (しゅじんこう)** 주인공　　● **好(す)きだ** 좋아하다
● **街 (まち)** 거리　　● **いつも** 언제나　　● **祭 (まつり)** 축제

C-17-06

彼は 日本に 友達が いるようだ。

그는 일본에 친구가 있는 것 같다.

パターン
패턴 예문
3

C-17-07

彼女は 映画の 主人公が 好きなようだ。

그녀는 영화 주인공을 좋아하는 것 같다.

C-17-08

街は いつも 祭のようだ。

거리는 언제나 축제인 것 같다/축제 같다.

❶ **ようだ** 는 어미가 **だ** 로 끝나기 때문에 형용동사 변화를 합니다. 예를 들어 과거형 **た** 와 결합할 때는 ~**ようだった** (~인 것 같았다), 또는 뒤에 명사가 올 경우엔 어미인 **だ** 가 **な** 로 바뀌면서 ~**ような人(ひと)** (~인 것 같은 사람)이 됩니다.

17-04. 일본어의 추측표현 (3) みたいだ

ようだ 와 거의 마찬가지로 추측이나 단정을 나타내는 조동사로 ~みたいだ (~인 것 같다)가 있습니다. 활용방법도 동사와 형용사는 ようだ 에서 배운 것처럼 기본형과 결합합니다. 단! 형용동사인 경우에는 형용동사의 어간과 결합하여, 真面目(まじめ)だ (성실하다) + みたいだ = 真面目みたいだ (성실한 것 같다) 그리고 명사인 경우는 の 없이 그대로 결합하여, 嘘 (うそ) (거짓말) + みたいだ = 嘘みたいだ (거짓말인 것 같다/거짓말 같아)가 됩니다.

ようだ 와 みたいだ 는 모두 주관적인 추측표현으로 우리말 해석이 동일합니다. 다만 みたいだ 가 ようだ 보다는 좀 더 구어적으로 많이 쓰입니다.

● 有名(ゆうめい)だ 유명하다　● 芸能人 (げいのうじん) 연예인　● ~みたいだ ~인 것 같다

C-17-09

그녀는 일본에서 유명한 연예인인 것 같다.

彼女は 日本で 有名な 芸能人みたいだ。

자! 그러면 패턴문장으로 실력을 다져볼까요!

● どこか 어딘가　● 会(あ)う 만나다　● お店(みせ) 가게　● ~だけ ~만/뿐　● 見(み)る 보다
● おいしい 맛있다　● 何(なん)となく 왠지/어쩐지　● 真面目(まじめ)だ 성실하다

パターン
패턴
예문
3

C-17-10

彼は どこかで 会ったみたいだ。

그는 어딘가에서 만난 것 같다.

C-17-11

お店だけ 見ても おいしくないみたいだ。

가게만 봐도 맛없을 것 같다.

C-17-12

彼は 何となく 真面目みたいです。

그는 왠지 성실한 것 같습니다.

❶ 일상생활에서는 보통 みたいだ 에서 어미 だ 를 생략해서 많이 표현합니다.
❷ みたいだ 또한 어미가 だ 로 끝나기 때문에 형용동사 변화를 합니다. 그러므로 과거형 た 와 결합할 때는 みたいだった (~인 것 같았다)이며, 뒤에 명사가 올 경우에는 어미 だ 가 な 로 바뀌면서 ~みたいな 人(ひと) (~인 것 같은 사람)이 됩니다.

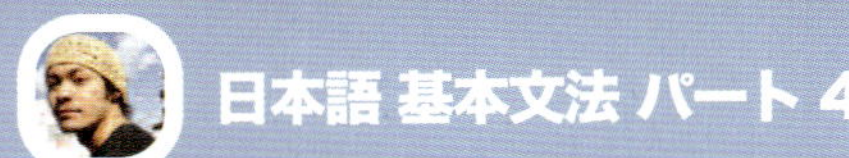 日本語 基本文法 パート **4.**

● 일본어 기본 문법의 완성!
● 기본 문법으로 완성하는 일본어

 17-05. 일본어의 추측표현 (4) そうだ

~**そうだ** (~인 것 같다) 역시 추측표현입니다. **そうだ** 의 경우 누구나 그렇게 생각하는 객관적인 추측일 때 쓰는 표현입니다. 활용방법은 **ようだ** 와 전혀 달라서, **そうだ** 는 앞의 동사가 **ます** 형으로 변화한 다음 결합합니다. 예를 들어 **降(ふ)る** ((비나 눈이) 오다/내리다) 동사는 어미 **う** 단을 **い** 단으로 바꾼 다음 **そうだ** 와 결합해서, **降(ふ)る** + **そうだ** = **降りそうだ** (내릴 것 같다)가 됩니다. 그리고 형용사는 어미 **い** 를 뺀 다음 **そうだ** 와 결합해 **高(たか)い** (비싸다) + **そうだ** = **高そうだ** (비쌀 것 같다)가 됩니다. 또한 형용동사의 경우에도 어미인 **だ** 를 뺀 다음 **そうだ** 와 결합해 **きれいだ** (깨끗하다) + **そうだ** = **きれいそうだ** (깨끗할 것 같다)가 됩니다. 그러나 명사의 경우는 **そうだ** 와 함께 쓰지 않으니 이점 유의하시기 바랍니다.

- 今日 (きょう) 오늘
- 雨 (あめ) 비
- ~そうだ ~인 것 같다

C-17-13

오늘 일본은 비라도 올 것 같다.
今日の 日本は 雨でも 降りそうだ。

 자! 그러면 패턴문장으로 실력을 다져볼까요!

- 明日 (あした) 내일
- 晴(は)れる 맑다/개다
- 買(か)う 사다
- 服 (ふく) 옷
- 高(たか)い 비싸다/높다
- 部屋 (へや) 방
- きれいだ 깨끗하다/예쁘다

C-17-14

明日は 晴れそうだ。
내일은 맑을 것 같다/갤 것 같다.

パターン
패턴
예문
3

C-17-15

彼が 買った 服は 高そうだ。
그가 산 옷은 비쌀 것 같다.

C-17-16

彼女の 部屋は きれいそうです。
그녀의 방은 깨끗할 것 같습니다.

❶ 조동사 **そうだ** 와 달리 우리말로 어떤 일을 긍정할 때 '그렇다'나 감탄을 할 때 '그래'의 일본어 표현으로 **そうだ** 도 있습니다.
❷ 예외적으로 **いい/よい** (좋다)와 **ない** (없다/않다)가 **そうだ** 와 결합할 경우에는 각각 **よさそうだ** (좋을 것 같다) 그리고 **なさそうだ** (없을 것 같다)가 됩니다. 이 두 가지는 예외적이어서 주의가 필요합니다.

17-06. 일본어의 전달표현 そうだ

조동사 **~そうだ** 는 추측(~인 것 같다) 이외에도 '~라고 한다'는 정보를 전달할 때의 의미도 있습니다. 이때의 활용방법은 추측표현일 때 **そうだ** 와 다릅니다. 왜냐하면 동사/형용사/형용동사의 기본형과 **そうだ** 가 결합하기 때문입니다. 예를 들어 **降 (ふ)る** (비/눈 등이 오다/내리다) + **そうだ** = **降(ふ)るそうだ** (비/눈 등이 온다고 한다), **おいしい** (맛있다) + **そうだ** = **おいしいそうだ** (맛있다고 한다), **きれい だ** (깨끗하다) + **そうだ** = **きれいだそうだ** (깨끗하다고 한다)가 됩니다.
그리고 명사의 경우에는 명사와 **そうだ** 사이에 **だ** (~이다)를 넣어, **先生 (せんせ い)** (선생님) + **だ** + **そうだ** = **先生だそうだ** (선생님이라고 한다)가 됩니다.

● 今日 **(きょう)** 오늘 ● 雨 **(あめ)** 비 ● 降(ふ)る (비/눈 등이) 오다/내리다 ● ~そうだ ~라고 한다

C-17-17
오늘 일본은 비가 온다고 한다.
今日 日本は 雨が 降るそうだ。

자! 그러면 패턴문장으로 실력을 다져볼까요!

● 物価 **(ぶっか)** 물가

C-17-18
彼が 日本から 来るそうだ。
그가 일본에서 온다고 한다/온대.

C-17-19
日本は 物価が 高いそうです。
일본은 물가가 비싸다고 합니다.

C-17-20
彼女は 日本語の 先生だそうだ。
그녀는 일본어 선생님이라고 한다/선생님이래.

❶ 전달표현인 **そうだ** (~라고 한다)에서 말하는 사람의 정보가 부정이나 과거일 경우, 먼저 부정형이나 과거형으로 만든 다음 **そうだ** 와 결합합니다. 예를 들어 '비가 오지 않는다고 한다.'는 **雨(あめ)が 降(ふ)らない そうだ。** 그리고 '비가 왔었다고 한다.'는 **雨(あめ)が 降(ふ)ったそうだ。** 가 됩니다.
❷ **そうだ** 는 '~라고 한다/~라더라/~래' 로도 해석할 수 있습니다.

Practical, **Useful** and **Easy-To-Understand** Lessons!

日本語 マルチ プラス

● 日本語と仲良くなる一番親切な方法!

+ 日本語
マルチ
プラス

제17과 Multi Plus
일본어 생활표현 & 여행회화!

일본은 버스나 지하철과 같은 공공장소에서는 휴대폰 사용을 엄격히 제한하고 있습니다.
주위 사람들에게 소음은 물론이고 전자파에 의한 의료기기 오작동 등 피해를 줄 수 있기 때문입니다.
때문에 지하철을 비롯해서 공공장소에서 휴대폰으로 통화하는 사람을 보기 쉽지 않습니다.

17+01. 일본어 생활표현 : 집에서 전화할 때

- もしもし 여보세요 ● 田中 (たなか) 다나카 (성씨) ● お宅(たく) 댁/집 (상대방 집의 높임말)
- 花子 (はなこ) 하나코 (이름) ● 太郎 (たろう) 타로 (이름) ● ~けど ~이지만 ● 家 (うち) 집
- 帰(かえ)る 돌아가다 ● 電話 (でんわ) 전화 ● ~てほしい ~해 주기 바란다/해 주었으면 좋겠다
- りえ 리에 (이름) ● 今 (いま) 지금 ● 家 (いえ) 집 ● おる 있다 ● 番号 (ばんごう) 번호
- 間違(まちが)える 틀리다/잘못하다

マルチ プラス + 멀티 플러스

❶ もしもし。田中さんの お宅ですか。
M+17-01
여보세요. 다나카씨 댁입니까?

❷ 花子の 友達の 太郎ですけど。
M+17-02
하나코 친구인 타로입니다만.

❸ 家に 帰ったら 電話して ほしい。
M+17-03
집에 돌아가면 전화해 줬으면 해.

❹ りえは 今 家に おりません。
M+17-04
리에는 지금 집에 없습니다.

❺ すみません。電話番号を 間違えました。
M+17-05
미안합니다. 전화번호를 틀렸습니다.

❶ お宅(たく) 는 남의 집을 높이는 뜻도 있지만, 어떤 특정한 일에 몰두하는 사람을 '오타쿠'라고도 합니다.
❷ おる 는 いる (있다)의 낮춤말로 자신이나 자신이 속한 가족 또는 회사 사람들이 '있다'고 할 때 사용합니다.
❸ 참고로 일본 휴대폰 종류로는 au, ドコモ, ボーダフォン, ソフトバンク 등이 있습니다.

日本語 マルチ プラス

● 멀티플러스 일본어 표현과 회화
● 생활표현과 여행회화를 완성하는 코너!

Practical, Useful and Easy-To-Understand Lessons!

17+02. 일본어 생활표현 : 전화를 사용할 때

- 大(おお)きな 큰/커다란 ● 声 (こえ) 소리 ● 話(はな)す 말하다 ● 遠(とお)い 멀다 ● よく 잘/자주
- 聞(き)こえる 들리다 ● 携帯 (けいたい) 휴대폰 ● 持(も)つ 가지다 ● 公共 (こうきょう) 공공
- 場所 (ばしょ) 장소 ● 控(ひか)える 삼가다 ● 電車内 (でんしゃない) 지하철 내
- 使(つか)う 사용하다 ● ~ては いけない ~해서는 안 된다

マルチ
プラス
＋
멀티
플러스

⑥ 大きな 声で 話して ください。

M+17-06

큰 소리로 말씀해 주세요.

⑦ 電話が 遠くて よく 聞こえません。

M+17-07

전화가 멀어서 잘 안들립니다.

⑧ 子供が 携帯を 持たせないように して ください。

M+17-08

아이가 휴대폰을 가지지 않도록 해 주세요.

⑨ 公共の 場所では 電話を 控えて ください。

M+17-09

공공장소에서는 전화를 삼가해 주십시오.

⑩ 電車内では 携帯を 使っては いけない。

M+17-10

지하철 내에서는 휴대전화를 사용해서는 안 된다.

❶ 持(も)たせない 의 기본형은 持(も)つ + せる (사역의 조동사) + ない (부정)입니다.
❷ ~ように して ください 는 '~하도록 해주십시오'라는 표현입니다.
❸ 일본은 지하철과 전차가 구분되어 있습니다. 주로 전차는 지상으로, 지하철은 지하로 다니는 것을 말합니다.
❹ '~해서는 안 된다'는 ~ては いけない 입니다. 예를 들어 '담배를 피워서는 안 된다.'는
タバコを 吸(す)っては いけない。 라고 하면 됩니다.

17+03. 일본어 생활표현 : 회사에서 전화할 때

회사에서 전화할 때는 경어(敬語)에 주의를 해야 합니다. 일본의 경우 회사 밖에서 전화가 올 때, 비록 자신의 상사를 찾는 전화라도 상사에 대해 경어를 쓰지 않습니다. 이것은 나이가 많고 적음에 따라 경어를 사용하는 우리와 달리, 일본은 자신들의 **外 (そと)** (밖)과 **内 (うち)** (안)이라는 기준으로 경어를 구별하기 때문입니다.

● 加藤 (かとう) 가토 (성씨) ● 通話(つうわ)する 통화하다 ● ~たい ~하고 싶다 ● 恐(おそ)れ入(い)る 죄송하다/송구하다 ● どちら様(さま) 어느 분 ● あいにく 공교롭게 ● 外出 (がいしゅつ) 외출 ● 変(か)わる 바꾸다 ● 少々 (しょうしょう) 잠시/조금 ● 待(ま)つ 기다리다

⑪ 加藤さんと 通話したいです。
M+17-11
가토 씨와 통화하고 싶습니다.

⑫ 恐れ入りますが どちら様でしょうか。
M+17-12
죄송합니다만, 어느 분이십니까/어디십니까?

⑬ あいにく 加藤は 外出して おります。
M+17-13
공교롭게 가토는 외출 중입니다.

⑭ お電話 変わりました。
M+17-14
전화바꼈습니다.

⑮ 少々 お待ちください。
M+17-15
잠시 기다려 주세요.

❶ ~たい (~하고 싶다)는 동사의 **ます**형에 붙어서 씁니다. 예를 들어 '놀고 싶다'는 遊(あそ)びたい 라고 하면 됩니다.
❷ 경어표현에 관해서는 제22과에서 좀 더 구체적으로 설명드리겠습니다.

パート
ファイブ

part 5.

SUPERSTAR
Japanese

スーパー
スター
日本語

最小の文法で
最大の会話能力を！
日本語の
基本文法
実用会話
旅行会話

일본어 첫걸음 기본문법 Part 5.

● 일본어 기본 문법의 완성!
● 기본 문법으로 완성하는 일본어

日本語
基本文法
パート 5.

日本語 基本文法 パート 5.

- 일본어 기본 문법의 완성!
- 기본 문법으로 완성하는 일본어

부사는 문장의 주요 구성요소는 아니더라도, 문장을 보다 세밀하게 만드는 역할을 합니다. 대부분의 부사들(매우/가장/과연 등)은 변화(활용)하지 않기 때문에 상대적으로 사용이 간편하고 쉽습니다. 부사를 많이 알수록 여러분의 일본어 표현은 보다 더 디테일해집니다.

 18-01. 일본인의 세밀한 어법!

일본인들은 대화할 때 반드시 **私(わたし)は ~と 思(おも)います。** (저는 ~라고 생각합니다.)라거나 **そう 思(おも)っていますが、いかがでしょうか。** (그렇게 생각하고 있습니다만, 어떠신지요?)라고 완곡하게 **言(い)い回(まわ)し** (돌려서 말하는 표현)을 씁니다. 이는 비록 자신의 생각이 확고하더라도 직접적으로 표현하는 것을 피하고, 가급적 상대방의 반응을 참고하며 자신의 **主張 (しゅちょう)** (주장)을 펼쳐가는 모습이라 하겠습니다. 자칫 줏대가 없다거나 **あいまいな 表現 (ひょうげん)** (애매한 표현)이라는 비난도 있지만, 한편으로 상대방과의 대화라는 형식을 유지하고 존중하려는 일본인만의 세밀한 어법이라고도 할 수 있습니다.

18-02. 일본어의 부사

부사는 형용사나 동사를 수식하는 말입니다.
이 말은 바꾸어 말하면 부사는 명사를 수식할 수 없다는 뜻이기도 합니다.
부사의 종류는 크게 두 가지로 나눌 수 있습니다. 하나는 그 자체가 부사적 의미를 가진 것으로 의성어, 의태어가 있습니다. 또 하나는 동사나 형용사를 부사로 만들어 사용하는 것입니다. 이 경우는 형용사/형용동사의 어미가 변화(활용)한 다음, 부사로 쓰이게 됩니다. 자! 그러면 일상회화에 자주 쓰이는 부사를 중심으로 시작해보겠습니다.

18-03. 일상회화에 자주 쓰이는 부사 (1)

부사는 그 자체가 변화(활용)하지 않기 때문에 거의 대부분 한 가지 의미입니다.
다만 문장에 따라서 뒤의 술어가 부정어일 때나, 혹은 호응관계에 맞게 의미를 조금 달리 해석하는 경우도 있습니다. 예를 들어 부사 **とても** 는 긍정문에서는 '매우'라는 뜻이지만, 부정문에서는 '도저히'라는 뜻이 됩니다.

- 韓国 (かんこく) 한국
- 現在 (げんざい) 현재
- 理解 (りかい) 이해
- とても 매우/도저히
- 韓日 (かんにち) 한일
- できる 할 수 있다
- 近(ちか)い 가깝다
- 関係 (かんけい) 관계

C-18-01

한국과 일본은 매우 가깝습니다.
韓国と 日本は とても 近いです。

C-18-02

현재 한일 관계는 도저히 이해할 수 없다.
現在 韓日の 関係は とても 理解できない。

日本語 基本文法 パート 5.

● 일본어 기본 문법의 완성!
● 기본 문법으로 완성하는 일본어

자! 그러면 패턴문장으로 실력을 다져볼까요!

- **あまり** 너무나/그다지 (부정과 호응)
- **まるで ~ように** 마치 ~처럼
- **まだ** 아직/여전히
- **難(むずか)しい** 어렵다
- **双子 (ふたご)** 쌍둥이
- **二人 (ふたり)** 두 사람
- **似(に)る** 닮다

 パターン 패턴 예문 **3**

C-18-03

日本語は あまり 難しくないです。
일본어는 그다지 어렵지 않습니다.

C-18-04

あの 二人は まるで 双子のように 似て いる。
저 두 사람은 마치 쌍둥이처럼 닮았다.

C-18-05

まだ 彼は 日本から 来ませんでした。
아직 그는 일본에서 오지 않았습니다.

❶ '~하지 않습니다'는 '동사의 부정+과거형'으로 만듭니다. 만드는 방법은 **ます**형의 부정문에 **です** 의 과거형 **でした** 를 결합하면 됩니다.

18-04. 일상회화에 자주 쓰이는 부사 (2) (의성어와 의태어)

의성어와 의태어는 부사어 전체에서 큰 비중을 차지합니다.
일본어의 의성어와 의태어 대부분은 같은 말을 반복한 형태입니다. 그리고 주로 카타카나로 쓰이는데, 히라가나로 쓰이는 경우도 있습니다. 일본어 의성어와 의태어를 우리말로 정확하게 직역하기는 쉽지 않습니다. 이럴 경우 우리말에 맞게 자연스럽게 의역하는 것이 좋습니다.

- **女性 (じょせい)** 여자/여성
- **どきどき** 두근두근
- **~に 会(あ)う** ~를 만나다
- **胸 (むね)** 가슴

C-18-06

그는 일본 여자를 만나 가슴이 두근거렸습니다.

彼は 日本の 女性に 会って 胸が どきどきしました。

자! 그러면 패턴문장으로 실력을 다져볼까요!

- にこにこ 방긋방긋
- つやつや 반들반들
- うきうき (마음이 들뜬 모양) 신나서/들떠서
- 微笑(ほほえ)む 미소 짓다
- 今夜 (こんや) 오늘 밤
- 肌 (はだ) 살갗/피부
- 合(ごう)コン 미팅

C-18-07

彼女は にこにこ 微笑んで います。

그녀는 방긋방긋 미소짓고 있습니다.

パターン
패턴예문
3

C-18-08

彼女の 肌は つやつやして います。

그녀의 피부는 반들반들합니다.

C-18-09

今夜の 合コンで 彼は うきうきして いる。

오늘 밤 미팅에 그는 들떠 있다.

❶ 같은 '두근두근'에도 긴장할 때는 **どきどき**, 즐거울 때는 **わくわく** 로 표현합니다.
❷ **つやつや** (반들반들)의 반대어는 **かさかさ** (거칠거칠)입니다.
❸ '단체미팅'은 **合(ごう)コン** 이라고 하는데, 이는 **合同 (ごうどう)** (합동) **コンパ** (company 친목회)
의 줄임말입니다.

日本語 基本文法 パート 5.

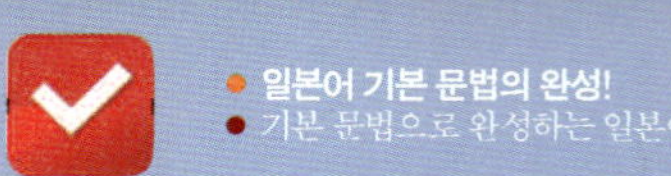

Practical, Useful and Easy-To-Understand Lessons!

18-05. 일상회화에 자주 쓰이는 의성어

일상생활에서 자주 사용하는 의성어들이 있습니다.
알아두시면 일본어 일상회화가 풍성해질 것입니다.

● ぺらぺら 술술/유창하다

C-18-10

그는 일본어가 술술 나온다/유창하다.

彼は 日本語が ぺらぺらだ。

자! 그러면 패턴문장으로 실력을 다져볼까요!

● 犬 (いぬ) 개
● 学生 (がくせい) 학생
● 話 (はなし) 이야기
● 笑(わら)う 웃다

● わんわん 멍멍
● ~達(たち) ~들 (복수접미사)
● 一人(ひとり)で 혼자서

● 吠(ほ)える 짖다
● こそこそ 소곤소곤/살금살금
● くすくす 낄낄

C-18-11

犬が わんわん 吠える。

개가 멍멍 짖다.

パター
ン
패턴
예문
3

C-18-12

学生達が こそこそ 話を する。

학생들이 소곤소곤 이야기를 한다.

C-18-13

彼女は 一人で くすくす 笑って いる。

그녀는 혼자서 낄낄 웃고 있다.

 18-06. 일상회화에 자주 쓰이는 의태어

일상생활에서 자주 사용하는 의태어들이 있습니다.
알아두시면 일본어 일상회화가 더욱 맛깔스러워집니다.

- 東京 (とうきょう) 도쿄
- 夜景 (やけい) 야경
- きらきら 반짝반짝
- 輝(かがや)く 빛나다

C-18-14

일본 도쿄의 야경이 반짝반짝 빛난다.
日本 東京の 夜景が きらきら 輝く。

 자! 그러면 패턴문장으로 실력을 다져볼까요!

- 足 (あし) 발
- 痛(いた)い 아프다
- ゆっくり 천천히
- 歩(ある)く 걷다
- 新(あたら)しい 새롭다
- 自転車 (じてんしゃ) 자전거
- めちゃくちゃ 엉망진창/형편없음
- ~に なる ~가 되다
- 二日酔(ふつかよ)い 숙취
- 頭 (あたま) 머리
- ずきずき 지끈지끈/욱신욱신

C-18-15

足が 痛くて ゆっくり 歩いた。
다리가 아파서 천천히 걸었다.

C-18-16

新しい 自転車が めちゃくちゃに なる。
새 자전거가 엉망진창이 되다.

C-18-17

二日酔いで 頭が ずきずきする。
숙취로 머리가 욱신거린다.

Practical, **Useful** and **Easy-To-Understand** Lessons!

日本語
マルチ
プラス

日本語と仲良くなる一番親切な方法！

日本語と仲良くなる一番親切な方法！

제18과 Multi Plus
일본어 생활표현 & 여행회화!

우리는 하루를 만나도 친구 사이라고 말하지만, 일본에서는 그냥 **知(し)り合(あ)い** (아는 사람)이라고 말합니다. 좀처럼 '친구'라는 표현을 하지 않습니다. 남녀관계 또한 마찬가지입니다. 서로가 자기 사람이라고 확신할 때까지는 좀처럼 자기 속내를 표현하지 않습니다.

 Practical, **Useful** and
Easy-To-Understand Lessons!

Practical, Useful and Easy-To-Understand Lessons!

18+01. 일본어 생활표현 : 남녀 사귀기

일본의 남녀는 서로 처음 사귀는 동안은 좀처럼 자신의 **本音(ほんね)** (속내)를 드러내는 법이 없습니다. 그리고 연애기간뿐만 아니라 결혼한 이후에도 지지고 볶고 싸우기 보다는 서로가 거의 속내를 드러내지 않고 생활합니다. 종종 남편의 **定年 (ていねん)** (정년)을 기다렸다가 이혼하는 소위 **熟年離婚 (じゅくねんりこん)** (황혼이혼)을 하기도 합니다. 이러한 연유로 최근에는 결혼을 기피하고 이성에 관심을 접은 **草食男子 (そうしょくだんし)** (초식남)이나 **干物女 (ほしものおんな)** (건어물녀) 그리고 초식남을 넘어 **悟(さと)り世代(せだい)** (득도세대 혹은 절식남)이 증가하고 있습니다.

● ただ 단지/다만 ● **関係 (かんけい)** 관계 ● **彼氏 (かれし)** 남자친구 ● **本当(ほんとう)に** 정말로
● **格好(かっこう)いい** 잘생겼다 ● **誰 (だれ)** 누구 ● **人 (ひと)** 사람 ● **紹介 (しょうかい)** 소개
● **無愛想 (ぶあいそう)** 무뚝뚝함/상냥치 못함 ● **~けど** ~이지만 ● **ロマンチックだ** 낭만적이다
● **~に 会(あ)う** ~를 만나다 ● **~と** ~면 (가정) ● **どきどき** 두근두근

① 私達は ただ 友達の 関係です。
M+18-01
우리들은 단지 친구 사이입니다.

② 彼女の 彼氏は 本当に 格好いい。
M+18-02
그녀의 남자친구는 정말로 잘생겼다.

③ 誰か いい 人 紹介して ください。
M+18-03
누군가 좋은 사람 소개시켜 주세요.

④ 彼は 無愛想だけど とても ロマンチックな 人です。
M+18-04
그는 무뚝뚝하지만 매우 낭만적인 사람입니다.

⑤ 彼女に 会うと どきどきする。
M+18-05
그녀를 만나면 두근거린다.

Practical, Useful and Easy-To-Understand Lessons!

❶ 남자가 잘생겼을 때 **格好(かっこう)いい** 이외에도 **イケメン** (꽃미남)이라는 표현도 있습니다.

18+02. 일본어 생활표현 : 밸런타인데이와 초콜릿

일본의 **バレンタインデー** (밸런타인데이)는 1936년 **神戸 (こうべ)** (고베)에 있던 서양과자점이 '밸런타인 초콜릿' 광고를 내면서 시작되었다고 합니다. 일본에서는 회사 상사나 동료, 친구, 부모님 등 연인 사이가 아니더라도 초콜릿을 선물하는데 이것을 **義理(ぎり)チョコ** (기리쵸코 : 의리초콜릿)이라고 하고, 연인이나 배우자에게 주는 것을 **本命(ほんめい)チョコ** (혼메이쵸코 : 연인 초콜릿)이라고 합니다. 또한 친구끼리 교환하는 것은 **友(とも)チョコ** (도모쵸코)라고 하고, 평소에 열심히 일하는 자신에게 주는 비싼 초콜릿은 **ご褒美(ほうび)チョコ** (고호비쵸코 : 칭찬 초콜릿)이라고 합니다.

- **一目(ひとめ)ぼれ** 첫눈에 반함 ● **君 (きみ)** 너 ● **好(す)きだ** 좋아하다 ● **愛(あい)する** 사랑하다
- **チュー** 뽀뽀 ● **今 (いま)** 지금 ● **幸(しあわ)せ** 행복 ● **~なんか** ~따위 ● **もう** 벌써/이제
- **うんざり** 지긋지긋함/진절머리가 남

マルチ プラス + 멀티 플러스

 M+18-06
⑥ **一目ぼれ しました。**
첫눈에 반했습니다.

 M+18-07
⑦ **君が 好きだよ。 (君を 愛してるよ。)**
너를 좋아해. (너를 사랑해.)

 M+18-08
⑧ **チューしても いい。**
뽀뽀해도 돼?

 M+18-09
⑨ **私達は 今 幸せです。**
우리들은 지금 행복합니다.

 M+18-10
⑩ **あなた なんか もう うんざりだ。**
당신 따위 이제 지긋지긋해.

Practical, Useful and Easy-To-Understand Lessons!

18+03. 일본어 생활표현 : 결혼하기

우리의 결혼이 양가 집안의 만남이라고 한다면 일본은 개인과 개인의 만남이라고 할 수 있습니다. 그래서인지 결혼 겸 신혼여행도 친구들과 함께 하와이로 놀러 가듯 떠나는 젊은 남녀도 많습니다.

● 二人 (ふたり) 두 사람 ● お似合(にあ)い 잘 어울림 ● カップル 커플 ● 結婚 (けっこん) 결혼
● 一緒(いっしょ)に 함께 ● 幸(しあわ)せだ 행복하다 ● 新婚 (しんこん) 신혼 ● ほやほや 따끈따끈
● 結婚生活 (けっこんせいかつ) 결혼생활 ● ~って ~이란 ● いろいろ 여러 가지
● 大変(たいへん)だ 힘들다/큰일이다

M+18-11

⑪ **あの 二人は お似合いの カップルです。**

저 두 사람은 잘 어울리는 한 쌍입니다.

M+18-12

⑫ **私と 結婚して ください。**

저와 결혼해 주세요.

M+18-13

⑬ **一緒に 幸せに なろう。**

함께 행복해지자.

M+18-14

⑭ **新婚 ほやほや。**

갓 결혼한 사이.

M+18-15

⑮ **結婚生活って いろいろ 大変だね。**

결혼생활이란 여러 가지로 힘드네.

❶ 젊은 남녀 커플들은 '좋아한다'는 표현으로 愛(あい)してるよ。 보다는 好(す)きだよ。 를 많이 씁니다.
❷ 흔히 남자가 여자에게 프로포즈할 때 私(わたし)と 結婚(けっこん)して ください。 라고 합니다. 또는 '저랑 사귀어 주십시오.'는 私(わたし)と 付(つ)き合(あ)って ください。 라고 합니다.
❸ 일본에는 成田離婚 (なりたりこん) (나리타 이혼)이란 말이 있는데, 이는 결혼한 남녀가 신혼여행을 갔다 오자마자 공항에서 이혼하는 세대를 풍자한 표현입니다. 이 밖에도 2000년 이후 한류 영향으로 ヨン様離婚 (よんさまりこん) (욘사마 이혼)이나 1995년 한신대지진과 2011년 동일본대지진으로 인한 災害離婚 (さいがいりこん) (재해 이혼) 등도 생겨났습니다.

이번 시간에는 형용사/형용동사를 부사 또는 명사로 만드는 방법에 대해 알아보겠습니다.
예를 들면 우리말 형용사 '재미있다'가 부사로 '재미있게' 또는 명사로 '재미'라고 쓰는 것과 같은 이치입니다.
활용방법은 어간은 변함 없고 형용사와 형용동사의 어미인 い 나 だ 만 변화(활용)하기 때문에 그다지 어렵지 않습니다.

 19-01. 일본문학과 노벨문학상

일본은 **ノーベル文学賞 (ぶんがくしょう)** (노벨문학상)을 이미 2번이나 수상한 바 있습니다. 첫 번째 영예의 작가는 **川端康成** (가와바타 야스나리)로 1968년 작품 **雪国 (ゆきぐに)** (설국)으로 수상하였는데, 일본의 서정미와 함께 자연과 인간의 조화를 몽환적인 분위기로 그려냈습니다. 그리고 두 번째는 **大江健三郎** (오에 겐자부로)가 1994년 작품 **飼育 (しいく)** (사육) 등으로 수상하였는데, 전쟁이란 극한적 상황에서 보편적 인류애를 추구하고 있습니다. 한편 **ノルウェイの森(もり)** (노르웨이의 숲 - 상실의 시대) 등으로 우리나라에서도 높은 인기를 누리는 **村上春樹** (무라카미 하루키) 또한 매년 노벨문학상 후보로 거론되고 있습니다.

19-02. 형용사를 부사로 만들기

형용사를 부사로 만드는 방법이 있습니다.
원래 형용사는 문법상 명사를 수식하며, 같은 형용사나 동사는 수식할 수 없습니다.
그러나 만약 형용사가 부사화된다면, 형용사나 동사를 수식할 수 있게 되겠죠.
형용사를 부사로 만들려면 형용사 어미 **い** 를 **く** 로 바꾸면 됩니다. 예를 들어 형용사 **おもしろい** (재미있다)를 **おもしろく** (재미있게)로 만들면 부사가 되는 것입니다.

- **小説 (しょうせつ)** 소설
- **おもしろい** 재미있다
- **読(よ)む** 읽다

그는 일본 소설을 재미있게 읽습니다.

C-19-01　**彼は 日本の 小説を おもしろく 読みます。**

자! 그러면 패턴문장으로 실력을 다져볼까요!

- **質問 (しつもん)** 질문
- **女性 (じょせい)** 여자/여성
- **親(した)しい** 친하다
- **優(やさ)しい** 상냥하다
- **誰(だれ)も** 누구나
- **付(つ)き合(あ)う** 사귀다
- **答(こた)える** 대답하다
- **かわいい** 사랑스럽다/귀엽다

C-19-02　**質問に 優しく 答えます。**
질문에 상냥하게 대답합니다.

パターン
패턴
예문
3

C-19-03　**女性は 誰もが かわいく なりたがる。**
여자는 누구나가 사랑스럽게 되고(사랑스러워지고) 싶어 한다.

C-19-04　**彼女と 親しく 付き合って います。**
그녀와 친하게 사귀고 있습니다.

19-03. 형용동사를 부사로 만들기

이번에는 형용동사를 부사로 만들어보겠습니다.

형용동사 또한 형용사와 마찬가지로 부사화된다면, 명사가 아닌 형용사나 동사를 수식할 수 있습니다. 형용동사를 부사로 만드는 방법은 형용동사 어미 **だ** 를 **に** 로 바꾸면 됩니다. 예를 들어 '능숙하다/잘하다'인 형용동사 **上手(じょうず)だ** 를 **上手(じょうず)に** 로 바꾸면 부사 '능숙하게/잘'이 됩니다.

● 上手(じょうず)だ 능숙하다　● 話(はな)す 말하다/이야기하다

C-19-05

그는 일본어를 능숙하게 말합니다.

彼は 日本語を 上手に 話します。

자! 그러면 패턴문장으로 실력을 다져볼까요!

● 部屋 (へや) 방　　　　● きれいだ 깨끗하다　　● 掃除(そうじ)する 청소하다
● 毎日 (まいにち) 매일　● 真面目(まじめ)だ 성실하다　● 働(はたら)く 일하다
● 大切(たいせつ)だ 소중하다　● 守(まも)る 지키다

C-19-06

部屋を きれいに 掃除します。

방을 깨끗하게 청소합니다.

パターン
패턴
예문
3

C-19-07

毎日 真面目に 働きます。

매일 성실히 일합니다.

C-19-08

彼女を 大切に 守ります。

그녀를 소중하게 지키겠습니다.

19-04. 형용사를 명사로 만들기

형용사를 명사로 만들려면 형용사 어미 **い** 를 명사형 어미인 **さ** 로 바꾸면 됩니다.
예를 들어 형용사 **高(たか)い** (높다)를 **高(たか)さ** 로 바꾸면 명사 '높이'가 되는 것
이죠.

● 富士山 (ふじさん) 후지산　　　● 高(たか)い 높다

C-19-09

일본 후지산의 높이는 3.776m 입니다.

日本の 富士山の 高さは 3.776mです。

자! 그러면 패턴문장으로 실력을 다져볼까요!

● 優(やさ)しい 상냥하다　　● 感動(かんどう)する 감동하다
● 美(うつく)しい 아름답다　　● 誰 (だれ) 누구　　　　　● 負(ま)ける 지다
● 武器 (ぶき) 무기　　　　　● 若(わか)い 젊다

C-19-10

学生は 先生の 優しさに 感動する。
학생은 선생님의 상냥함에 감동한다.

パターン
패턴
예문
3

C-19-11

彼女の 美しさは 誰にも 負けない。
그녀의 아름다움은 누구에게도 지지 않는다.

C-19-12

私の 武器は 若さだ。
나의 무기는 젊음이다.

❶ 형용사를 명사로 만들 때 명사형 어미는 **さ** 이외에도 **み** 와 **け** 가 있습니다. 형용사 어간에 어떤 명사형 어미가 붙는가에 따라 의미가 조금씩 달라집니다. 예를 들어 **寒(さむ)い** (춥다)가 **寒(さむ)さ** (추위), **寒(さむ)け** (오한)이란 뜻의 명사가 됩니다.
❷ 색깔을 나타내는 형용사의 경우 어미 **い** 가 탈락한 채 명사가 되기도 합니다. 예를 들어 **赤 (あか)** (빨강), **青 (あお)** (파랑) 등이 그렇습니다.

19-05. 형용동사를 명사로 만들기

형용동사를 명사로 만들려면 형용동사 어미 **だ** 를 명사형 어미인 **さ** 로 바꾸면 됩니다. 예를 들어 형용동사 **簡単(かんたん)だ** (간단하다)를 **簡単(かんたん)さ** 로 바꾸면 명사 '간단함'이 되는 것이죠.

● **簡単(かんたん)だ** 간단하다　　● **発音 (はつおん)** 발음　　● **~に** ~에　　● **ある** 있다

C-19-13

일본어의 간단함은 발음에 있다.
日本語の 簡単さは 発音に ある。

자! 그러면 패턴문장으로 실력을 다져볼까요!

● 村 (むら) 마을　　　　● 静(しず)かだ 조용하다　　● 昔 (むかし) 옛날
● そのまま 그대로　　　● 親切(しんせつ)だ 친절하다　● 命 (いのち) 목숨
● 救(すく)う 구하다　　● あいさつ 인사　　　　　● 大切(たいせつ)だ 소중하다
● 教(おし)える 가르치다

パターン
패턴
예문
3

C-19-14

この 村の 静かさは 昔 そのままだ。

이 마을의 조용함은 옛날 그대로다.

C-19-15

彼の 親切さで 子供の 命を 救った。

그의 친절함으로 아이의 목숨을 구했다.

C-19-16

学生達に あいさつの 大切さを 教える。

학생들에게 인사의 소중함을 가르치다.

Practical, **Useful** and **Easy-To-Understand** Lessons!

日本語 マルチ プラス

日本語 マルチ プラス

● 日本語と仲良くなる一番親切な方法！

제19과 Multi Plus
일본어 생활표현 & 여행회화!

일본의 치안은 세계적으로 높은 수준이며, 가장 안전한 여행지 중 하나로 손꼽힙니다. (범인 검거율도 세계 TOP 수준입니다.) 그렇기 때문에 만에 하나 소매치기나 강도를 만났더라도 대치하기보다는 나중에 경찰에게 신고하는 것이 현명합니다.

 Practical, **Useful** and
Easy-To-Understand Lessons!

Practical, **Useful** and **Easy-To-Understand** Lessons!

19+01. 일본어 여행표현 : 도난 및 분실

일본 여행 중 물건을 잃어버린 곳이 공항이나 빌딩 안이라면 **お忘(わす)れ物(も の) センター** (분실물 센터)에서 확인하고, 길거리에서 물건을 잃어버렸다면 근처 **交番 (こうばん)** (파출소)에 가서 **紛失届け (ふんしつとどけ)** (분실신고서)를 제출하면 됩니다.

● パスポート 여권 ● 亡(な)くす 잃다 ● ~て しまう ~해 버리다 ● 忘(わす)れ物(もの) 물건을 잃어 버림/유실물 ● ~ですが ~이지만 ● 運悪(うんわる)い 운 나쁘다 ● 地下鉄 (ちかてつ) 지하철 ● すり 소매치기 ● 遭(あ)う 당하다/만나다 ● うち 나/저 ● 子供 (こども) 아이 ● 泥棒 (どろぼう) 도둑

 **❶** **パスポートを 亡くして しまったんです。**
M+19-01
여권을 잃어버렸습니다.

 **❷** **忘れ物を したんですが。**
M+19-02
물건을 잃어버렸는데요.

 **❸** **運悪く 地下鉄で すりに 遭いました。**
M+19-03
운 나쁘게 지하철에서 소매치기를 당했습니다.

 **❹** **うちの 子供が いなくなりました。**
M+19-04
저희 아이가 없어졌어요.

 **❺** **泥棒だ。**
M+19-05
도둑이야!

 Practical, **Useful** and **Easy-To-Understand** Lessons!

日本語 マルチ プラス

● 멀티플러스 일본어 표현과 회화
● 생활표현과 여행회화를 완성하는 코너!

> ❶ **したんです** 의 경우 **ん** 은 **の** (것)이 변한 것으로, 직역하면, '하였던 것입니다'와 같이 강조표현으로 쓰였습니다. 단 우리말로 번역할 때는 굳이 강조 표현을 안하셔도 됩니다. (**の** 의 다양한 용법에 대해서는 제21과에서 보다 상세히 설명드리겠습니다.)
> ❷ **内 (うち)** 에는 '내부'의 뜻도 있지만, '나/저'와 같은 1인칭대명사로도 사용합니다.
> ❸ **~に 遭(あ)う** 는 '(어떤 일)을 당하다/만나다'의 뜻입니다.
> ❹ **いなくなりました** 는 **いる** (있다) + **ない** (없다) + **なる** (되다) + **ます**(입니다) + **た**(었다) 로 구성되어 있습니다.

19+02. 일본어 여행표현 : 경찰 신고

일본의 파출소는 **交番 (こうばん)** 이라고 하고 순경(경관)을 **お巡(まわ)りさん** 이라고 합니다. 일본의 경찰 신고번호는 **百十番 (ひゃくとおばん)** (110번)입니다.

- **早(はや)い** (시간이) 빠르다
- **警察 (けいさつ)** 경찰
- **呼(よ)ぶ** 부르다
- **届(とど)ける** 신고하다
- **書類 (しょるい)** 서류
- **正確 (せいかく)** 정확
- **記入 (きにゅう)** 기입
- **カード** 카드
- **停止 (ていし)** 정지
- **くれる** 주다
- **盗難 (とうなん)** 도난
- **届(とど)け** 신고/신고서
- **コピー** 복사/사본
- **もらう** 받다
- **~たい** ~하고 싶다

マルチ プラス + 멀티 플러스

⑥ **早く 警察を 呼んで ください。**
M+19-06
빨리 경찰을 불러 주세요.

⑦ **警察に 届けたいんです。**
M+19-07
경찰에게 신고하고 싶습니다.

⑧ **この 書類に 正確に 記入して ください。**
M+19-08
이 서류에 정확하게 기입해 주세요.

⑨ **カードを 停止して くれませんか。**
M+19-09
카드를 정지해 주시지 않겠습니까?

⑩ **盗難届けの コピーを もらいたいです。**
M+19-10
도난신고서 사본을 받고 싶습니다.

日本語と仲良くなる一番親切な方法！

日本語と仲良くなる一番親切な方法！

19+03. 일본어 여행표현 : 응급상황

최근에는 일본 여행에서도 렌터카를 이용하는 여행객이 늘고 있습니다. 자동차 사고 시에는 119번으로 신고하거나 도쿄에 있는 한국대사관(03-3452-7611) 또는 영사관 (03-3455-2601)로 연락하시는 것이 좋습니다.

- 近(ちか)く 근처 ● 病院 (びょういん) 병원 ● 救急車 (きゅうきゅうしゃ) 응급차
- 連(つ)れて 行(い)く 데리고 가다 ● 韓国大使館 (かんこくたいしかん) 한국대사관
- 韓国領事館 (かんこくりょうじかん) 한국영사관 ● 連絡(れんらく)する 연락하다
- 危険(きけん)だ 위험하다 ● 助(たす)ける 돕다

⑪ **この 近くに 病院は ありますか。**

M+19-11

이 근처에 병원이 있습니까?

⑫ **救急車を 呼んで ください。**

M+19-12

응급차를 불러 주세요.

⑬ **早く 病院に 連れて 行って ください。**

M+19-13

빨리 병원에 데려다 주세요.

⑭ **韓国大使館に 連絡して ください。**

M+19-14

한국대사관에 연락해주십시오.

⑮ **危険です。助けて ください。**

M+19-15

위험합니다. 도와주세요.

❶ '데리고 가다'는 連(つ)れて 行(い)く, '데리고 오다'는 連(つ)れて 来(く)る 입니다.

日本語 **基本文法 パート 5.**

- 일본어 기본 문법의 완성!
- 기본 문법으로 완성하는 일본어

이번 과에서는 지금까지 배운 의문사와 접속사를 모두 정리해 보겠습니다.
의문사는 생각보다 그리 많지 않으며, 접속사는 주로 そ (그)로 시작하는 것들이 많습니다. 일상생활에서 자주 쓰는 표현이기 때문에 전체적으로 정리가 필요합니다.

 20-01. 일본인의 편의점 사랑

일본은 **コンビニ 天国 (てんごく)** (편의점 천국)입니다.
편의점이 특히 일본에 많은 이유는 일본인 특유의 남에게 간섭받기 싫어하는 점이 하나의 원인입니다. 다시 말해 편의점에 들어가서 편하게 **雑誌 (ざっし)** (잡지)나 **マンガ** (만화)를 읽거나, 혹은 자유롭게 한참을 구경해도 점원이 눈치주거나 간섭을 하지 않습니다. 일본 편의점은 **コピー** (복사), **ファクス** (팩스)는 물론 우편 서비스, 세금 결제, 공연 **チケット** (티켓) 구입, 심지어는 화장실 이용도 가능합니다.

20-02. 일본어의 가장 기본적인 의문사

일본어의 대표적인 의문사로는 **何 (なん/ なに)** (무엇)과 함께 **いつ** (언제), **どこ** (어디), **いくら** (얼마), **いくつ** (몇 개) 등이 있습니다. 그리고 우리말과 마찬가지로 의문사에는 공손한 표현이 있는데, 예를 들어 **誰 (だれ)** (누구)의 공손한 표현은 **どなた** (어느 분)이 됩니다.

- **友達 (ともだち)** 친구
- **来(く)る** 오다
- **いつ** 언제
- **韓国 (かんこく)** 한국

C-20-01

일본 친구는 언제 한국에 옵니까?

日本の 友達は いつ 韓国に 来ますか。

자! 그러면 패턴문장으로 실력을 다져볼까요!

- **今 (いま)** 지금
- **住(す)む** 살다
- **何時 (なんじ)** 몇 시
- **性格 (せいかく)** 성격
- **どこ** 어디
- **どう** 어떻게

C-20-02

今 何時ですか。

지금 몇 시입니까?

C-20-03

ソウルの どこに 住んで いますか。

서울의 어디에 살고 있습니까?

C-20-04

彼女の 性格は どうですか。

그녀의 성격은 어떻습니까?

日本語 基本文法 パート 5.

● 일본어 기본 문법의 완성!
● 기본 문법으로 완성하는 일본어

20-03. 일상회화에서 자주 사용하는 의문 표현들

그리고 자주 사용하는 표현들로는 **いつ** (언제)와 관련해서 **いつか** (언젠가), **いつでも** (언제라도)가 있고, **どこ** (어디)와 함께 **ど** 로 시작하는 **どの** (어느), **どんな** (어떤), **どれ** (어느 것), **どなた** (어느 분), **どちら/どっち** (어느 쪽), **どのくらい** (얼마나/어느 정도)가 있습니다.

● **いつか** 언젠가
● **北海道 (ほっかいどう)** 홋카이도
● **行(い)く** 가다
● **~たい** ~하고 싶다

C-20-05

언젠가 일본 홋카이도에 가고 싶습니다.

いつか 日本 北海道へ 行きたいです。

자! 그러면 패턴문장으로 실력을 다져볼까요!

● **いくつ** 몇 살/몇 개
● **どのくらい** 어느 정도/얼마나
● **かかる** 걸리다
● **服 (ふく)** 옷
● **アクセサリー** 액세서리
● **全部(ぜんぶ)で** 전부/전부 합해서
● **いくら** 얼마

C-20-06

彼女は おいくつですか。

그녀는 몇 살입니까?

C-20-07

ソウルから 東京まで どのくらい かかりますか。

서울에서 도쿄까지 어느 정도 걸립니까?

C-20-08

この 服と アクセサリーは 全部で いくらですか。

이 옷과 액세서리는 전부 얼마입니까?

❶ **いくつ** 는 **何歳 (なんさい)** (몇 살)보다 공손한 표현입니다. 또한 **いくつ** 에는 '몇 개'라는 뜻도 있는데, 예를 들어 '천원에 몇 개입니까?'는 **千(せん)ウォンで いくつですか** 。 라고 하면 됩니다.

20-04. 일본어의 기본적인 접속사

일본어의 가장 대표적인 접속사로는 **そして** (그리고), **それから** (그리고/그리고 나서), **それで** (그래서), **それに** (게다가) 등과 같이 **そ** 로 시작되는 것들이 많습니다.

- 島国 (しまぐに) 섬나라
- そして 그리고
- 近(ちか)い 가깝다

C-20-09
일본은 섬나라입니다. 그리고 한국과 가깝습니다.

日本は 島国です。 そして 韓国と 近いです。

자! 그러면 패턴문장으로 실력을 다져볼까요!

- 授業 (じゅぎょう) 수업
- 終(お)わる 끝나다
- 夕方 (ゆうがた) 저녁때
- コンパ 모임
- 買物 (かいもの) 쇼핑
- それから 그리고 나서
- 家 (うち) 집
- 帰(かえ)る 돌아가다
- 頭 (あたま) 머리
- いい 좋다
- スポーツ 스포츠
- うまい 잘한다

C-20-10
授業は 五時に 終わります。 そして 夕方 コンパが あります。
수업은 5시에 끝납니다. 그리고 저녁때 모임이 있습니다.

パターン 패턴예문 3

C-20-11
彼女は 買物して、 それから 家に 帰りました。
그녀는 쇼핑하고, 그리고 나서 집에 돌아갔습니다.

C-20-12
彼は 頭も よくて、 それに スポーツも うまい。
그는 머리도 좋고 게다가 스포츠도 잘한다.

❶ 일본어 접속사는 여러 의미르 해석되기도 합니다. 예를 들어 **それから** 는 '그리고 나서' 이외에도 私(わたし)は サッカーも それから 野球(やきゅう)も 好(す)きだ。 (나는 축구도 그리고 야구도 좋아한다.)처럼 '그리고'로도 해석됩니다.

 20-05. 일상회화에 자주 쓰이는 접속사들

그 밖에 일상에서 자주 사용하는 접속사들로는 **だから** (그러니까/그렇기 때문에) 또는 전환을 의미하는 **では/さて** (그럼/그러면), **また** (또는/역시) 그리고 역접을 나타내는 접속사 **しかし** (그러나)와 **けれども** (하지만) 등이 있습니다.

- 地震 (じしん) 지진
- だから 그러니까/그렇기 때문에
- よく 잘
- 多(おお)い 많다
- 災害 (さいがい) 재해
- できる 되다/이루어지다
- 国 (くに) 나라
- 対策 (たいさく) 대책

C-20-13

일본은 지진이 많은 나라다.
그렇기 때문에 재해 대책이 잘 되어 있다.

**日本は 地震が 多い 国だ。
だから 災害の 対策が よく できて いる。**

자! 그러면 패턴문장으로 실력을 다져볼까요!

- 約束 (やくそく) 약속
- しかし 그러나
- 優(やさ)しい 상냥하다
- 時間 (じかん) 시간
- 来(く)る 오다
- では 그럼/그러면
- ~に なる ~가 되다
- 美(うつく)しい 아름답다
- 明日 (あした) 내일
- けれども 하지만

  **約束の 時間になった。 しかし 彼女は 来なかった。**
C-20-14
약속 시간이 되었다. 그러나 그녀는 오지 않았다.

 **彼女は 美しい けれども 優しくない。**
C-20-15
그녀는 아름답지만 상냥하지 않다.

 **では、また 明日。**
C-20-16
그럼, 내일 또 (봅시다).

❶ けれども (하지만/ 그렇지만은 일상회화에서는 주로 けれど 와 けど 로 쓰입니다.
❷ では 는 일상 구어표현에서 じゃ 로 많이 씁니다.

● 대표적인 의문사들 :

何 (なん/ なに)	무엇
いつ	언제
どこ	어디
どうして/なぜ/何(なん)で	왜/어째서
いくら	얼마
いくつ	몇 개/몇 살
誰 (だれ)	누구
どなた	어느 분

● 대표적인 접속사들 :

そして	그리고
それから	그리고 나서/그리고
それで	그래서
それに	게다가
また	또/역시
では	그럼/그러면
だから	그러니까/그렇기 때문에
けれども/けれど/けど	하지만/그렇지만
しかし	그러나
でも	하지만/그렇지만

Practical, **Useful** and **Easy-To-Understand** Lessons!

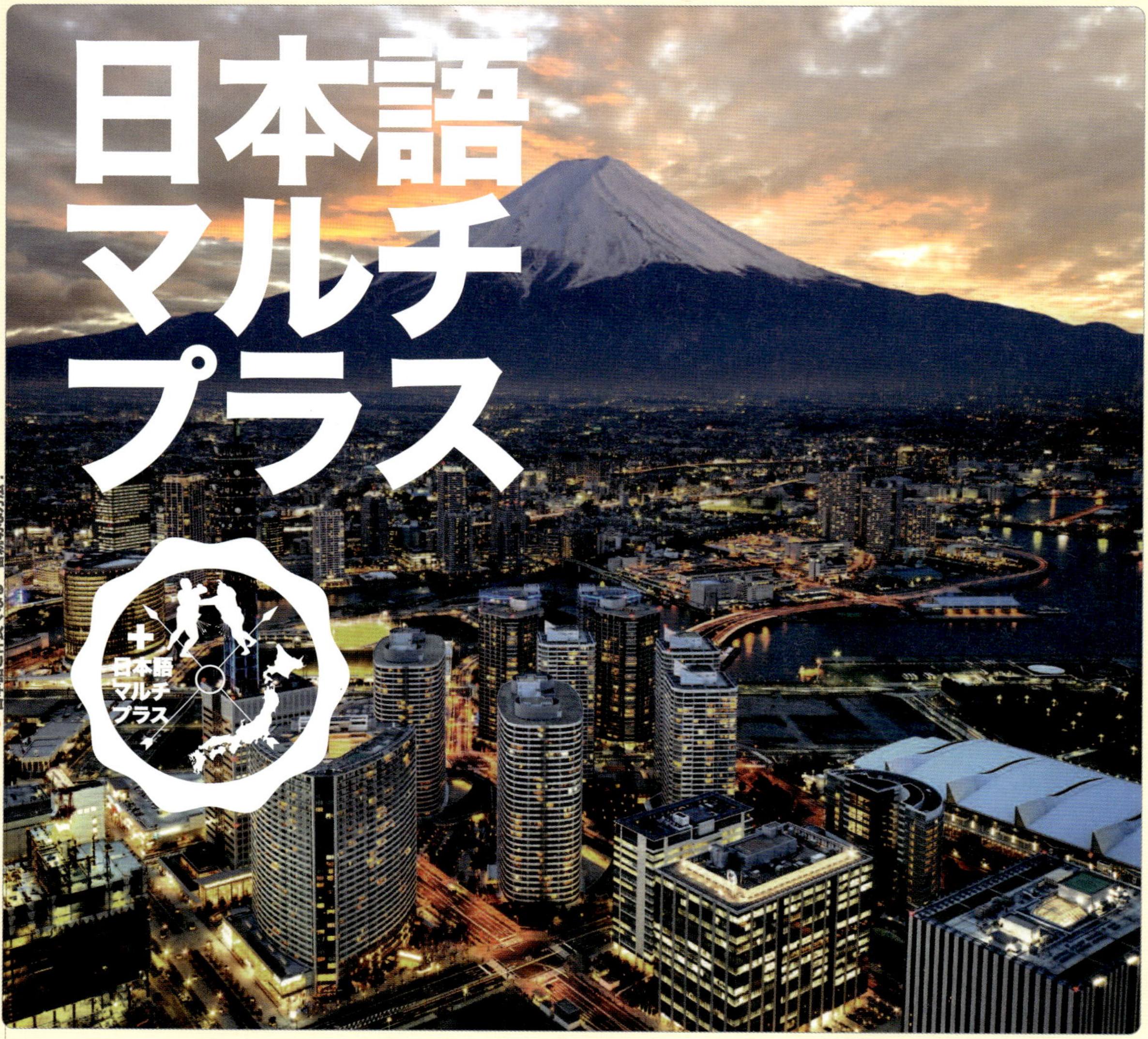

日本語 マルチ プラス

제20과 Multi Plus
일본어 생활표현 & 여행회화!

숙박이 해결되었다면 여행의 절반은 이미 성공한 셈입니다. 일본에는 저렴한 숙박시설인 비즈니스 호텔이 있습니다. 가격은 약 5000 ¥ 정도입니다. 만약 이보다 더 경제적인 곳을 원하신다면 **カプセル ホテル** (캡슐 호텔)도 추천합니다. 1박에 약 3500 ¥ 정도입니다.

20+01. 일본어 여행회화 : 호텔 예약

일본에는 여행자를 위한 보다 경제적인 **ビジネス ホテル** (비즈니스 호텔)이 있습니다. 숙박요금은 대략 5000¥ 내외로 저렴한 편이고, 시내 **繁華街 (はんかがい)** (번화가)나 역 근처에 있어서 이용이 편리합니다. 그리고 이보다 더 값싼 곳으로는 **カプセル ホテル** (캡슐 호텔)이 있습니다. 가격은 약 3500¥ 내외이며, 한 사람이 들어가 앉고 누울 수 있는 정도의 상자 두 개를 포개 놓은 형태입니다. 안에는 소형 TV, 알람시계, 환풍기 등이 설치되어 있습니다.

- **今夜 (こんや)** 오늘 밤 ● **ホテル** 호텔 ● **ご予約(よやく)** 예약 ● **明日 (あした)** 내일 ● **シングル ルーム** 싱글룸 ● **取(と)れる** 잡을 수 있다 ● **一泊 (いっぱく)** 1박 ● **もっと** 좀 더 ● **安(やす)い** (가격이) 싸다 ● **部屋 (へや)** 방 ● **朝食 (ちょうしょく)** 아침 식사 ● **付(つ)く** 붙다/딸리다

 ❶ **今夜 ホテルを 予約したいんですが。**
M+20-01
오늘 밤 호텔을 예약하고 싶습니다만.

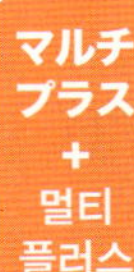 ❷ **明日 シングルルームは 取れますか。**
M+20-02
내일 싱글룸은 잡을 수 있습니까? (예약할 수 있습니까?)

 ❸ **一泊で いくらですか。**
M+20-03
1박에 얼마입니까?

 ❹ **もっと 安い 部屋は ありませんか。**
M+20-04
더 싼 방은 없습니까?

❺ **朝食は 付きますか。**
M+20-05
아침 식사는 포함입니까?

日本語 マルチ プラス

● 멀티플러스 일본어 표현과 회화
○ 생활표현과 여행회화를 완성하는 코너!

❶ 객실의 종류는 싱글룸 이외에 **ダブルルーム** (더블룸), **ツインルーム** (트윈룸), **スイートルーム** (스위트룸) 등이 있습니다.
❷ 객실은 **禁煙室 (きんえんしつ)** (금연실) 또는 **喫煙室 (きつえんしつ)** (흡연실)로 정할 수 있습니다.
❸ **~付(つ)き** 는 직역하면 '~이 딸려 있는 것'을 말합니다. 예를 들어 '화장실이 딸려 있는 방'인 경우 **トイレ付(つ)きの部屋(へや)** 라고 표현합니다.
❹ 참고로 비즈니스 호텔의 경우 **門限 (もんげん)** (폐문시간)을 미리 확인하는 것이 좋습니다.

20+02. 일본어 여행회화 : 일본의 전통 여관 이용

旅館 (りょかん) (료칸)은 일본의 전통 숙박업소입니다. 현관을 들어서면 기모노 차림의 여주인 **女将 (おかみ)** (오카미)가 인사를 하며 맞이합니다. 방 안은 **畳 (たたみ)** (다다미)로 되어 있고, 평상복인 무명 홑옷 **浴衣 (ゆかた)** (유카타)가 마련되어 있어 유카타 차림으로 여관 내부를 다닐 수 있습니다. 저녁식사는 지역의 특산물 요리인 **会席料理 (かいせきりょうり)** (연회요리)가 차려집니다. 그리고 욕실은 공동 목욕탕인 **露天風呂 (ろてんぶろ)** (노천탕)을 이용합니다. 참고로 잠만 자는 것을 **片泊(かたど)まり** (가타도마리)라고 하고, 식사 없이 객실만 제공하는 것을 **素泊(すど)まり** (스도마리)라고 합니다.

- **空(あき)部屋(べや)** 빈 방 ● **ござる** 계시다 ('있다'의 높임말) ● **階 (かい)** 층
- **号室 (ごうしつ)** 호실 ● **露天風呂 (ろてんぶろ)** 노천탕 ● **何時 (なんじ)** 몇 시 ● **~まで** ~까지
- **使(つか)う** 사용하다 ● **案内 (あんない)** 안내 ● **いたす** 하다 (**する**) 의 겸양어

⑥ **今日は 空部屋が ございません。**

오늘은 빈 방이 없습니다.

M+20-06

⑦ **この 部屋に します。**

이 방으로 하겠습니다.

M+20-07

⑧ **お部屋は 11階の 1106号室に なります。**

방은 11층 1106호입니다.

M+20-08

⑨ **露天風呂は 何時まで 使えますか。**

노천온천은 몇 시까지 사용할 수 있습니까?

M+20-09

⑩ **お部屋まで ご案内 いたします。**

방까지 안내하겠습니다.

M+20-10

マルチ
プラス
+
멀티
플러스

❶ '있다'의 높임말 **ございる** 가 **ます**형과 결합할 때, 예외적으로 **る** 가 **い** 로 활용해서 **ございます** 가 됩니다.
❷ 객실 번호는 하나씩 읽습니다. 예를 들어 1106은 1 **(いち)** - 1 **(いち)** - 0 **(ゼロ)** - 6 **(ろく)** 입니다.
❸ **使(つか)う** (사용하다)를 가능동사 '사용할 수 있다'로 만들려면 **う** 가 **え** 로 바뀌어 **使(つか)える** 가 됩니다.

20+03. 일본어 여행회화 : 룸서비스 관련 표현

호텔 숙박은 일반적으로 **朝食(ちょうしょく)つき** (아침 식사 포함)이 좋습니다. 대체로 일본 호텔에서의 조식은 **バイキング** (바이킹요리 - 뷔페)이거나 아니면 **和食 (わしょく)** (일식), 즉 일본정식으로 **ご飯(はん)** (밥)에 **味噌汁 (みそしる)** (된장국), **焼魚 (やきざかな)** (생선구이), **サラダ** (샐러드), **海苔 (のり)** (김), **目玉焼(めだまや)き** (계란 프라이) 등으로 구성됩니다.

● **モーニングコール** 모닝콜 ● **お願(ねが)い します** 부탁합니다 ● **朝食 (ちょうしょく)** 조식/아침 식사 ● **ルームサービス** 룸서비스 ● **できる** 되다/생기다/할 수 있다/만들어지다 ● **ドライヤー** 드라이어 ● **~が ほしい** ~을/를 가지고 싶다 ● **変(か)える** 바꾸다 ● **もらう** 받다/얻다

マルチ プラス + 멀티 플러스

⑪ **モーニングコールを お願い します。**
M+20-11
모닝콜을 부탁합니다.

⑫ **朝食は どこですか。**
M+20-12
조식(아침 식사)는 어디에서 합니까?

⑬ **ルームサービスは できますか。**
M+20-13
룸서비스는 됩니까?

⑭ **ドライヤーが ほしいですが。**
M+20-14
드라이어가 필요합니다만.

⑮ **部屋を 変えて もらいたいです。**
M+20-15
방을 바꾸고 싶습니다.

❶ 동사 **できる** (되다/생기다/할 수 있다/만들어지다)는 여러 가지 의미가 있기 때문에 문맥에 따라 해석합니다.

지금까지 소개해드린 것들을 포함하여 '일본어 조사 총정리' 시간을 마련했습니다. 우리말은 조사의 뜻이 거의 하나로 정해져 있지만 일본어 조사의 경우 몇몇은 위치에 따라 의미의 차이가 있습니다.

 21-01. 일본인은 자립 마인드

일본인은 기본적으로 자립을 중요시합니다.
大学 (だいがく) (대학) 진학을 할 경우 본인이 아르바이트로 **入学金 (にゅうがくきん)** (입학금)을 마련해야 한다고 생각하고, **長男 (ちょうなん)** (장남)이라고 해서 부모를 모시고 산다는 생각도 없습니다. 심지어는 시부모가 아들네 집을 방문할 때도 본인의 도시락을 싸올 정도로 누구에게도 의지하려고 하지 않습니다. 일본인은 자신의 일은 스스로 해야 한다는 생각이 일반적입니다.

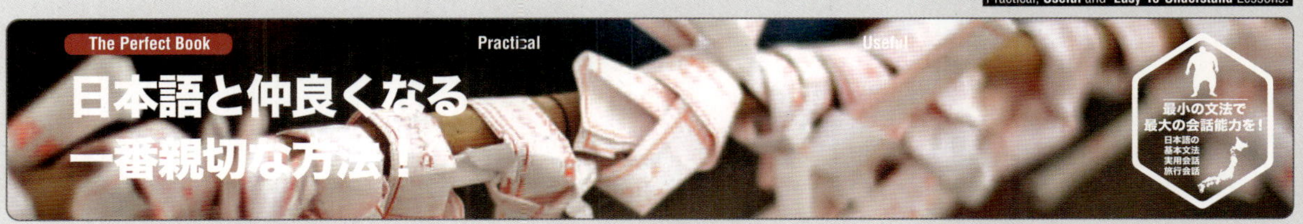

 21-02. 일본어 조사 の

일본어 조사 **の** 는 문장 위치에 따라 크게 네 가지로 해석할 수 있습니다.
먼저 ❶ **日本語(にほんご)の 辞書 (じしょ)** 와 같이 명사(대명사/수사)와 명사 사이에 있을 때는 소유나 성질 등을 나타내는 '~의'라는 뜻이 됩니다. 이때 우리말로 자연스럽게 번역할 경우 생략이 가능합니다. 그리고 ❷ **私(わたし)のです。** (나의 것입니다.)와 같이 명사와 동사(혹은 조사) 사이에 있을 때는 소유대명사 '~것'이란 뜻이 됩니다. 또한 ❸ 경우에 따라선 **私(わたし)の 書(か)いた。** (내가 썼다.)처럼 주격 조사의 '~이/가'라는 뜻이 되기도 합니다. 마지막으로 ❹ **行(い)くの。** 처럼 문장 맨 끝에 쓰일 때는 주로 여성어로 의문의 '~니?' 또는 단정의 '~해요', 명령의 '~하여라'가 됩니다.

● **辞書 (じしょ)** 사전

이 일본어 사전은 내 것입니다.
この 日本語の 辞書は 私のです。
C-21-01

 자! 그러면 패턴문장으로 실력을 다져볼까요!

● いつも 언제나　● 来(く)る 오다　● 遅(おそ)い 늦다　● メモ 메모　● 書(か)く 쓰다
● 物 (もの) 물건/것　● 行(い)く 가다　● 今 (いま) 지금　● どこ 어디

彼女は いつも 来るのが 遅い。
C-21-02
그녀는 언제나 오는 것이 늦다.

この メモは 私の 書いた 物です。
C-21-03
이 메모는 내가 쓴 것이다.

今 どこに 行くの。
C-21-04
지금 어디에 가니?

21-03. 일본어 조사 **が**

일본어 조사 **が** 는 명사/대명사/수사와 같은 체언과 함께 쓰는 격조사 '이/가'입니다. 그러나 문장 끝에서 서술어 뒤에 쓰면, '~이지만'의 뜻으로 역접의 접속사가 됩니다. 또한 특정한 동사/형용사/형용동사 뒤에서는 목적격 조사 **を** (을/를) 대신에 **が** 를 대신 쓸 수도 있습니다.

- 昨日 (きのう) 어제
- 日本人 (にほんじん) 일본인
- 友達 (ともだち) 친구
- 来(く)る 오다

어제 일본인 친구가 왔습니다.

昨日 日本人の 友達が 来ました。

C-21-05

자! 그러면 패턴문장으로 실력을 다져볼까요!

- 東京 (とうきょう) 도쿄
- いい 좋다
- 京都 (きょうと) 교토
- 行(い)く 가다
- 見(み)る 보다
- ~たい ~하고 싶다
- 心 (こころ) 마음
- ~が わかる ~를 알다/이해하다
- 何 (なに) 무엇
- ~が ほしい ~을/를 가지고 싶다

東京も いいですが、京都にも 行って みたいです。

C-21-06

도쿄도 좋습니다만, 교토에도 가보고 싶습니다.

パターン 패턴 예문 **3**

私は 彼女の 心が わからない。

C-21-07

나는 그녀의 마음을 모르겠다.

何が ほしいですか。

C-21-08

무엇을 갖고 싶습니까?

❶ 접속사 **が** 는 주로 문장에 많이 쓰고, 일상회화에서는 **けれども** 나 **けれど / けど** 를 많이 사용합니다.
❷ ~**わかる** (~알다) 그리고 ~**ほしい** (~가지고 싶다) 앞에는 **を** (을/를) 대신에 **が** (이/가) 를 씁니다. 물론 해석할 때에 우리말 번역은 '을/를'로 합니다. ('~가'로도 번역됩니다만, 문법상 '~을/를'로 번역해야 합니다)

21-04. 일본어 조사 **か**

일본어 조사 **か** 는 문장 끝에 쓰여 의문을 나타내는 '~까' 이지만, **か** 가 문장 중간에 쓰이면 불확실한 추측을 나타내는 '~인지/인가'로 쓰입니다.

- 何(なん)と 뭐라고
- 言(い)う 말하다

이것은 일본어로 뭐라고 말합니까?

C-21-09　これは 日本語で 何と 言いますか。

자! 그러면 패턴문장으로 실력을 다져볼까요!

- 行(い)く 가다
- 会(あ)う 만나다
- 悩(なや)む 고민하다
- いつか 언젠가
- ~ましょう ~합시다
- また 다시/또
- どうか 어떨지

C-21-10　彼は 日本へ 行きましたか。
그는 일본에 갔습니까?

C-21-11　いつか また 会いましょう。
언젠가 다시 만납시다.

C-21-12　私は 行くか どうか 悩んで いる。
나는 갈지 어떨지 고민하고 있다.

❶ ~ましょう 는 주로 동사의 ます형과 결합하여 권유나 의지를 나타내는 '~합시다'라는 뜻입니다.

 日本語 基本文法 パート 5.

 ● 일본어 기본 문법의 완성!
● 기본 문법으로 완성하는 일본어

 21-05. 일본어 조사 に

일본어 조사 に 는 그 앞에 무엇이 오느냐에 따라 크게 세 가지로 해석할 수 있습니다.
우선 ❶ 私 (わたし) 와 같이 인칭대명사와 함께 쓰일 때는 '~에게'라는 뜻이 됩니다. 그리고 ❷ 시간/장소 표현과 함께 쓰일 때는 '~에'의 뜻이 됩니다. 마지막으로 ❸ 동사의 **ます**형과 같이 쓰일 때는 '~하러'와 같이 목적의 의미를 나타내기도 합니다.

- 私 (わたし) 나
- 彼女 (かのじょ) 그녀
- メール 메일
- ~で ~로
- 送(おく)る 보내다

 나는 그녀에게 일본어로 메일을 보냈다.

C-21-13 **私は 彼女に 日本語で メールを 送った。**

 자! 그러면 패턴문장으로 실력을 다져볼까요!

- 友達 (ともだち) 친구
- 本 (ほん) 책
- あげる 주다
- 住(す)む 살다
- 週末 (しゅうまつ) 주말
- 釣 (つり) 낚시
- 行(い)く 가다

  **私は 友達に 本を あげた。**
C-21-14 나는 친구에게 책을 주었다.

 パターン 패턴 예문 **3**

 **彼女は 東京に 住んで います。**
C-21-15 그녀는 도쿄에 살고 있습니다.

 **週末は 釣に 行きます。**
C-21-16 주말은 낚시하러 갑니다.

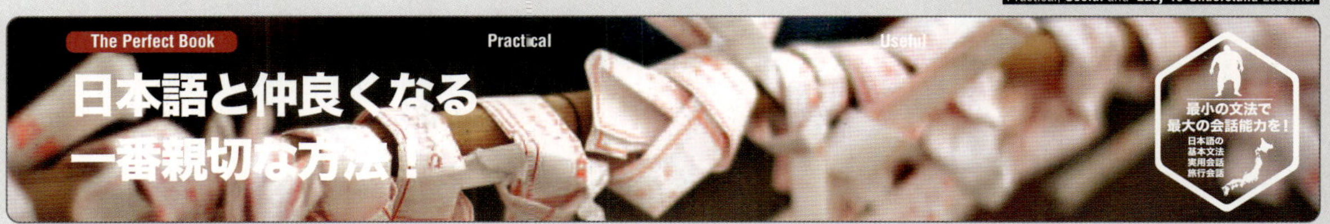

21-06. 일본어 조사 と

일본어 조사 **と** 또한 앞에 무엇이 오느냐에 따라 크게 세 가지로 해석할 수 있습니다. 우선 ❶ 명사와 명사 사이에 **と** 가 쓰일 때는 나열을 나타내는 '~와/과'라는 뜻입니다. 그리고 ❷ 동사와 같이 쓰일 때는 '~면'과 같이 조건을 나타내는 가정문이 됩니다. 마지막으로 ❸ 주로 **と** 뒤에 **言(い)う** (말하다)나 **思(おも)う** (생각하다) 등과 쓰여 '~라고'와 같이 인용의 의미를 나타내기도 합니다.

● 季節 (きせつ) 계절 ● 春 (はる) 봄 ● 夏 (なつ) 여름 ● 秋 (あき) 가을 ● 冬 (ふゆ) 겨울

C-21-17

일본의 계절에는 봄과 여름과 가을과 겨울이 있다.

日本の 季節には 春と 夏と 秋と 冬が ある。

자! 그러면 패턴문장으로 실력을 다져볼까요!

● 空 (そら) 하늘 ● 海 (うみ) 바다 ● 境界 (きょうかい) 경계 ● 見(み)える 보이다
● 何(なん)だか 왠지 ● 見(み)る 보다 ● わくわくする 설레이다/두근거리다
● 黒木 (くろき) 구로키 (성씨) ● 申(もう)す 말하다

ここでは 空と 海の 境界が 見える。
C-21-18
여기에서는 하늘과 바다의 경계가 보인다.

彼を 見ると、何だか わくわくする。
C-21-19
그를 보면 왠지 설레인다.

黒木と 申します。
C-21-20
구로키라고 합니다.

❶ 申(もう)す 는 言(い)う (말하다)의 겸양어입니다.

日本語 マルチ プラス ＋
● 멀티플러스 일본어 표현과 회화
● 생활표현과 여행회화를 완성하는 코너!

Practical, **Useful** and **Easy-To-Understand** Lessons!

日本語 マルチ プラス

제21과 Multi Plus
일본어 생활표현 & 여행회화!

일본 사람들이 우리나라 면세점에서 가장 많이 구매하는 선물은 **海苔 (のり)** (김)입니다.
물론 일본에도 김은 있지만, 우리처럼 얇고 바삭한 맛이 없습니다. 최근에는 우리 담배를 많이 구매해
가는 경향입니다. 약 250￥ 하던 담뱃값이 현재는 무려 450￥ 으로 인상되었기 때문입니다. (참고로 도쿄
시내 모든 거리는 금연거리로 지정되어 있고, 곳곳에 흡연구역이 따로 있습니다.)

Practical, Useful and Easy-To-Understand Lessons!

21+01. 일본어 여행회화 : 공항 면세점 쇼핑표현

요즘 일본을 다녀오는 여행객이 선호하는 선물은 **和菓子 (わがし)** (일본과자)로 **神田 (かんだ)** (간다)에 있는 **庄之助 (しょうのすけ)** (쇼노스케)나 **浅草 (あさくさ)** (아사쿠사)에 있는 **舟和本店 (ふなわほんてん)** (후나와 본점)이 유명합니다. 그리고 **起(お)き上(あ)がり** (오키아가리)나 **こけし** (고케시) 같은 일본 **郷土人形 (きょうどにんぎょう)** (향토인형) 등도 훌륭한 선물이자 기념품으로 사랑받고 있습니다.

- **先生 (せんせい)** 선생님 ● **お土産(みやげ)** 선물/특산품 ● **~かな** ~일까 (가벼운 의문) ● **最近 (さいきん)** 최근/요즘 ● **一番 (いちばん)** 가장/제일 ● **人気 (にんき)** 인기 ● **もの** 것/물건 ● **伝統人形 (でんとうにんぎょう)** 전통인형 ● **いくら** 얼마 ● **包(つつ)む** 포장하다/싸다

❶ **先生の お土産は 何が いいかな。**
선생님 선물은 뭐가 좋을까?

M+21-01

❷ **これは 最近 一番 人気の ある ものです。**
이것은 최근에 가장 인기있는 물건입니다.

M+21-02

❸ **お土産では 何が いいでしょうか。**
선물로는 어떤 것이 좋을까요?

M+21-03

❹ **この 伝統人形は いくらですか。**
이 전통인형은 얼마입니까?

M+21-04

❺ **包んで ください。**
포장해 주세요.

M+21-05

Practical, Useful and Easy-To-Understand Lessons!

❶ **お土産(みやげ)** 는 여행지에서 가족이나 친구를 위해 사는 선물 혹은 특산품을 말하며, 보통 선물이라고 할 때는 **プレゼント** 를 씁니다.

21+02. 일본어 여행회화 : 선물할 때 주의할 점

일본인에게 **お土産(みやげ)** (선물)을 할 때 특별히 **注意 (ちゅうい)** (주의)할 점이 있습니다. 먼저 선물을 흰 종이나 흰 꽃으로 포장해선 안됩니다. 일본인은 흰색을 죽음의 색깔로 여기기 때문입니다. 그리고 일본인은 짝으로 된 세트선물을 좋아하는데, 그 중에서 4개는 피해야 합니다. 왜냐하면 **四 (し)** (4)가 죽음 **死 (し)** 를 연상시키기 때문입니다. 또한 **櫛 (くし)** (빗)이나 **刀 (かたな)** (칼)은 선물하지 않습니다. 두 가지 모두 **苦死 (くし)** (고통스러운 죽음)이나 **自殺 (じさつ)** (자살)을 의미하기 때문입니다.

● **お酒(さけ)** 술 ● **何本 (なんぼん)** 몇 병 ● **免税 (めんぜい)** 면세 ● **~まで** ~까지
● **ウォン** 원 (한국 돈) ● **~で** ~(으)로 ● **支払(しはら)い** 계산/지불 ● **パーセント** 퍼센트
● **割引 (わりびき)** 할인 ● **好(す)きだ** 좋아하다

⑥ お酒は 何本まで 免税に なりますか。
M+21-06
술은 몇 병까지 면세가 됩니까?

⑦ ウォンで 支払いできますか。
M+21-07
원으로 계산할 수 있습니까?

⑧ 日本円で いくらですか。
M+21-08
일본 엔으로 얼마입니까?

⑨ 何 パーセント 割引ですか。
M+21-09
몇 % 할인됩니까?

⑩ 日本人の 好きな お土産は 何ですか。
M+21-10
일본인이 좋아하는 선물은 무엇입니까?

❶ 술병이나 나무/담배/연필 등과 같이 길고 폭이 좁은 것을 셀 때는 **~本 (ほん)** 을 사용하여 ~병/그루/개비/자루 등으로 해석할 수 있습니다.

21+03. 일본어 여행회화 : 공항에서 이동 시 표현

일본 **成田空港 (なりたくうこう)** (나리타공항)에서 도쿄 시내로 가는 방법 중에서 가장 경제적인 것은 **京成線 (けいせいせん)** (케이세이센)을 이용하는 것입니다. 가격은 1000￥으로 도쿄의 **日暮里 (にっぽり)** (닛뽀리)역이나 **上野 (うえの)** (우에노)역까지 약 1시간 30분 정도 소요됩니다. 좀 더 빠른 방법은 **スカイライナー** (스카이라이너)를 이용하면 됩니다. 소요시간은 닛뽀리역까지 약 40분이고, 요금은 2400￥ 입니다.

- **リムジンバス** 리무진버스 ● **乗(の)り場(ば)** 정류장 ● **スカイライナー** 스카이라이너
- **切符(きっぷ) 売(う)り場(ば)** 매표소 ● **駅 (えき)** 역 ● **着(つ)く** 도착하다
- **教(おし)える** 가르치다 ● **空港 (くうこう)** 공항 ● **電車 (でんしゃ)** 전철
- **参(まい)る** 가다/오다 (**行く** 나 **来る** 의 겸양어) ● **注意 (ちゅうい)** 주의

⑪ **リムジンバスの 乗り場は どこですか。**
리무진버스 정류장은 어디입니까?

M+21-11

⑫ **スカイライナーの 切符 売り場は どこですか。**
스카이라이너 매표소는 어디입니까?

M+21-12

⑬ **上野駅に 着いたら 教えて いただけますか。**
우에노역에 도착하면 가르쳐 주시겠습니까?

M+21-13

⑭ **この バスは 成田空港まで 行きますか。**
이 버스는 나리타 공항까지 갑니까?

M+21-14

⑮ **電車が まいります。ご注意 ください。**
전철이 들어옵니다. 주의해 주세요.

M+21-15

❶ **いただく** (받다)는 **もらう** 의 겸양어이고, 이것을 가능표현으로 만들면 **いただける** (받을 수 있다)가 됩니다.
❷ 닛뽀리역이나 우에노역에 도착하면 지하철 **山手線 (やまのてせん)** 과 연계되어 도쿄 주요 지역 어디든 갈 수 있습니다.
❸ 도쿄에서 반나절이나 하루 시내관광을 하시려면 **はとバス** 를 이용하시는 것이 편리합니다. 가격은 반나절 코스(오전 9시부터 오후 1시까지)인 경우 약 5000￥, 하루 코스(오전 9시부터 저녁 7시까지)는 약 12000￥ 정도 비용이 듭니다.

日本語 基本文法 パート 5.

Practical, Useful and Easy-To-Understand Lessons!

제22과 일본어의 품위를 더해주는 경어표현 (1)
일본어 선생님의 성함은 무엇입니까?
日本語の 先生の お名前は 何ですか。

일본어에서 가장 까다로운 부분이 바로 '경어표현'입니다.
그 이유는 우리말은 보통 상대가 윗사람인 경우에 경어를 쓰는 반면 일본어에서는 나와 상대방을 구별하여 각각 경어표현을 사용하기 때문입니다. 종종 일본 사람도 헷갈려 한다는 경어표현을 정복한다면 여러분은 '고급 일본어'의 경지에 도달하는 것입니다.

 22-01. 일본어의 끝판왕, 경어표현

일본의 **敬語 (けいご)** (경어) 표현은 상대를 높이는 **尊敬語 (そんけいご)** (존경어), 자신을 낮추는 **謙譲語 (けんじょうご)** (겸양어) 혹은 정중하게 말하는 **丁寧語 (ていねいご)** (정중어) 표현, 이렇게 3가지가 있습니다. 각각의 경어표현 또한 상대방이나 상황에 따라 쓰임이 다른 탓에 일본인조차 실수할 때가 많습니다. 일본으로 여행을 갈 때나 일본인과 대화할 때는 별로 문제가 없지만, 만일 일본에서 **就職 (しゅうしょく)** (취업)을 하거나 공적인 행사에서 발표를 해야한다면 경어표현을 확실하게 사용해야 합니다.

 Practical, **Useful** and **Easy-To-Understand** Lessons!

The Perfect Book　　　Practical　　　Useful

日本語と仲良くなる
一番親切な方法！

最小の文法で
最大の会話能力を！
日本語の
基本文法
実用会話
旅行会話

22-02. 일본어의 경어표현

일본어의 경어표현은 크게 3가지로 나눌 수 있습니다.
첫째는 여러분이 지금까지 배우신 **です**형 또는 **ます**형으로 말하는 정중표현이 있습니다. 대부분 우리말 '~입니다(까?)'가 여기에 해당합니다. 그리고 둘째는 상대방의 행위나 상태 등을 높여 나타내는 존경표현이 있습니다. 예를 들어 '가다'를 '가시다'와 같이 존경어로 만들거나, '먹다'를 '잡수시다/드시다'처럼 표현하는 별도의 존경어가 여기에 해당합니다. 셋째는 말하는 사람이 자신의 행위 등을 낮추어 표현하는 겸양표현이 있습니다. 예를 들어 1인칭 대명사 '나'를 '저'로 만들거나 혹은 '묻다'를 '여쭙다'처럼 별도의 겸양어로 표현하는 방법입니다.
자! 그러면 일본어의 정중표현부터 하나씩 살펴보도록 하겠습니다.

22-03. 일본어의 정중표현

정중표현은 내가 상대방에게 정중하게 표현하는 것을 말합니다.
흔히 명사/형용사 + **~です** (~입니다) 또는 동사의 활용 + **~ます** (~합니다)와 같은 형태로 많이 사용되며, 우리말의 경어표현과 같다고 생각하면 됩니다.

● ここ 여기　　　● 有名(ゆうめい)だ 유명하다　　　● 金閣寺 (きんかくじ) 금각사

C-22-01

여기는 일본에서 유명한 금각사입니다.
ここは 日本で 有名な 金閣寺です。

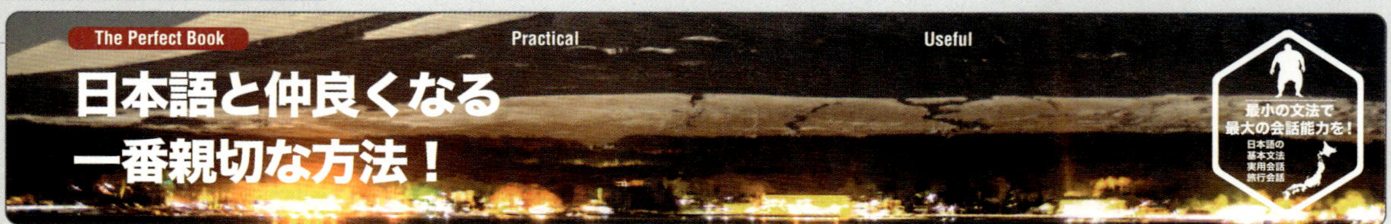

자! 그러면 패턴문장으로 실력을 다져볼까요!

- メール 메일
- 送(おく)る 보내다
- カフェ 카페
- ~で ~에서
- 本 (ほん) 책
- 読(よ)む 읽다
- 方 (かた) 분

パターン
패턴
예문
3

彼は メールを 送ります。
C-22-02
그는 메일을 보냅니다.

私は カフェで 本を 読みます。
C-22-03
나는 카페에서 책을 읽습니다.

あの 方は 日本語の 先生ですか。
C-22-04
저 분은 일본어 선생님입니까?

22-04. 일본어의 접두어 お 와 ご

일본어에는 접두어 **お** 나 **ご** 를 명사/형용사/형용동사 등의 앞에 써서 존경표현이나 겸양표현을 나타내는 경우가 있습니다. 예를 들어 **お名前(なまえ)** (성함), **ご家族 (かぞく)** (가족) 등은 존경표현으로, **お願(ねが)い** (부탁), **ご案内(あんない)** (안내) 등은 겸양표현으로 사용된 것입니다.

또한 일반적으로 **お** 는 한자를 뜻으로 읽을 때, **ご** 는 한자를 음으로 읽을 때 붙습니다만, 몇 가지 예외적인 경우도 있습니다.

Practical, Useful and Easy-To-Understand Lessons!

The Perfect Book　　　　Practical　　　　　　Useful

日本語と仲良くなる 一番親切な方法！

● 先生 (せんせい) 선생님　　　　● お名前(なまえ) 성함

일본어 선생님의 성함은 무엇입니까?

日本語の 先生の お名前は 何ですか。

C-22-05

자! 그러면 패턴문장으로 실력을 다져볼까요!

● ご家族(かぞく) 가족　　　● 何人 (なんにん) 몇 명　　　● お電話(でんわ) 전화
● 代(か)わる 바꾸다　　　● 私 (わたくし/わたし) 저　　　● お客(きゃく)さん 손님
● ご案内(あんない)する 안내하다

ご家族は 何人ですか。

가족은 몇 명입니까?

C-22-06

お電話 代わりました。

전화 바꿨습니다(받았습니다).

C-22-07

パターン
패턴
예문
3

私が お客さんを ご案内します。

제가 손님을 안내하겠습니다.

C-22-08

---

❶ 私 (わたくし) (저)는 私 (わたし) (나)의 겸양표현입니다.

日本語 基本文法 パート 5.

● 일본어 기본 문법의 완성!
● 기본 문법으로 완성하는 일본어

22-05. 일본어의 미화어 **お** 와 **ご**

접두사 **お** 와 **ご** 는 존경표현이나 겸양표현으로 쓰이기도 하지만, 단어의 일부로 고착되어 말을 예쁘게 해주는 '미화어'가 된 것도 있습니다.
예를 들어 **お手洗(てあら)い** (화장실)의 경우 존경어라기보다는 **お** 가 **手洗(てあら)い** 에 붙어 하나의 단어로 된 미화어입니다.

● **お手洗(てあら)い** 화장실　　　　● **あそこ** 저쪽

C-22-09　화장실은 저쪽에 있습니다.
お手洗いは あそこに あります。

자! 그러면 패턴문장으로 실력을 다져볼까요!

● **ここ** 여기　　　　● **暖(あたた)かい** 따뜻하다　　　　● **お茶(ちゃ)** 차
● **子供達 (こどもたち)** 아이들　● **お菓子(かし)** 과자 ● **あげる** 주다　● **カード** 카드
● **ご住所 (じゅうしょ)** 주소　　● **電話番号 (でんわばんごう)** 전화번호　● **書(か)く** 쓰다

パターン
패턴
예문
3

C-22-10　**ここに 暖かい お茶が あります。**
여기에 따뜻한 차가 있습니다.

C-22-11　**私は 子供達に お菓子を あげました。**
나는 아이들에게 과자를 주었습니다.

C-22-12　**カードに ご住所と 電話番号を 書いて ください。**
카드에 주소와 전화번호를 써주세요.

❶ 접두어 **お** 와 **ご** 를 붙여 모든 단어를 미화어로 만들 수 있는 것은 아니며, 특히 외래어에는 거의 쓰지 않습니다.

ここに暖かいお茶があります。

日本語 マルチ プラス

● 멀티플러스 일본어 표현과 회화
● 생활표현과 여행회화를 완성하는 코너!

日本語 マルチ プラス

+ 日本語 マルチ プラス

● 日本語と仲良くなる一番親切な方法！

제22과 Multi Plus
일본어 생활표현 & 여행회화!

JAL 과 ANA 로 대표되던 일본항공사가 최근 **格安航空 (かくやすこうくう)** (저가항공사)들의 취항이 많아졌습니다. **ピーチ** (피치), **スカイマーク** (스카이마크), **エアアジア・ジャパン** (에어아시아재팬), **バニラ・エア** (바닐라에어) 등이 있는데, 주로 국내 도시를 중심으로 운행하고 있습니다. 일본 국내여행 시 **新幹線 (しんかんせん)** (신칸센)보다는 저가항공사를 이용하는 것이 시간이나 비용면에서 훨씬 경제적입니다.

Practical, Useful and Easy-To-Understand Lessons!

22+01. 일본어 여행회화 : 국제전화

공중전화로 일본에서 한국으로 **国際電話 (こくさいでんわ)** (국제전화)를 걸려면 우선 국제전화 가능이라고 적혀있는 전화를 사용하셔야 합니다. 그리고 통신사 접속 번호를 누른 다음 82(한국 국가번호) + 0을 뺀 한국 지역번호 + 상대방 전화번호로 걸면 됩니다. 물론 **コイン** (동전)이나 **カード** (카드)를 이용할 수 있으나, 가급적이면 전화카드를 이용하시는 것이 저렴합니다. 또한 **プリペイドカード** (선불카드)라는 것이 있는데, 긴 번호를 눌러야 하는 불편은 있으나 보통 공중전화로도 이용 가능합니다. 최근에는 각 공항마다 **携帯電話(けいたいでんわ)レンタル** (휴대전화 렌털)을 하고 있어서, 입국해서 출국할 때까지 편리하게 사용할 수 있습니다.

- 月 (がつ) 월 ● 日 (にち) 일 ● ~行(ゆ)き ~행 ● 予約 (よやく) 예약 ● 出発 (しゅっぱつ) 출발
- 時刻 (じこく) 시각 ● 確認 (かくにん) 확인 ● 変更 (へんこう) 변경
- 取(と)り消(け)す 취소하다 ● いただく 받다 (もらう) 의 겸양어 ● あいにく 공교롭게/ 때 마침
- フライト 비행 편 ● 満席 (まんせき) 만석

❶ 12月 24日の 東京行きを 予約したいです。

12월 24일 도쿄행을 예약하고 싶습니다.

M+22-01

❷ 出発時刻を 確認したいです。

출발시각을 확인하고 싶습니다.

M+22-02

❸ 予約の 変更は できますか。

예약 변경은 가능합니까?

M+22-03

❹ 予約を 取り消して いただきたいんですが。

예약을 취소해 주셨으면 합니다만.

M+22-04

❺ あいにく この フライトは 満席です。

공교롭게 이 비행 편은 만석입니다.

M+22-05

❶ 1월, 2월과 같이 '월'은 **月 (がつ)** 로 발음합니다. 하지만 1개월, 2개월의 경우에는 **一ヶ月 (いっかげつ)** 나 **二ヶ月 (にかげつ)** 처럼 **月 (げつ)** 로 읽습니다. 참고로 하늘에 떠 있는 달은 **月 (つき)** 라고 합니다. 그래서 **12月 (じゅうにがつ) 24日 (にじゅうよっか)** 로 읽으면 됩니다.

 22+02. 일본어 여행회화 : 일본 배낭여행

일본 배낭여행자를 위한 필수 품목 3가지를 소개합니다. 첫째로 **コイン入(い)れ** (동전지갑)을 준비하시는 것이 좋습니다. 일본에서는 1엔짜리도 쓰고 있기 때문에 쇼핑을 하다보면 동전이 많이 생깁니다. 그리고 두번째는 110V **アダプター** (어댑터 : 일명 '돼지코')입니다. 일본은 110V이기 때문에 휴대폰이나 노트북을 충전할 때 필요합니다. 그리고 세번째 도쿄에 가시려면 **メトロ路線図(ろせんず)** (전철/지하철 노선도)가 꼭 필요합니다. 스마트폰용 앱으로 준비하시는 것도 좋겠습니다.

- **国際線 (こくさいせん)** 국제선 • **出発 (しゅっぱつ)** 출발 • **ロビー** 로비
- **搭乗開始 (とうじょうかいし)** 탑승 개시 • **窓側 (まどがわ)** 창 측 • **席 (せき)** 좌석/자리
- **パスポート** 여권 • **航空券 (こうくうけん)** 항공권
- **拝見(はいけん)する 見(み)る** (보다)의 겸양어 • **手荷物 (てにもつ)** 수하물 • **いくつ** 몇 개

マルチ プラス + 멀티 플러스

❻ **国際線の 出発ロビーは どこですか。**
M+22-06
국제선 출발 로비는 어디입니까?

❼ **搭乗開始は 何時ですか。**
M+22-07
탑승 개시는 몇 시입니까?

❽ **窓側の 席に して ください。**
M+22-08
창 측 좌석으로 주십시오.

❾ **パスポートと 航空券を 拝見します。**
M+22-09
여권과 항공권을 보겠습니다.

❿ **手荷物は いくつですか。**
M+22-10
수하물은 몇 개입니까?

❶ '창 측' 좌석은 **窓側 (まどがわ)** 이고, '복도 측' 좌석은 **通路側 (つうろがわ)** 라고 합니다.

22+03. 일본어 여행회화 : 일본에서 항공편 이용

일본의 각 도시를 잇는 주요 **空港 (くうこう)** (공항)으로 도쿄는 **成田国際空港 (なりたこくさいくうこう)** (나리타 국제공항)과 **羽田空港 (はねだくうこう)** (하네다 공항 : 우리나라의 김포공항처럼 주로 국내선 운항), 그리고 오사카의 **関西 国際空港 (かんさいこくさいくうこう)** (간사이 국제공항), 홋카이도의 **新千歳 空港 (しんちとせくうこう)** (신치토세 공항), 규슈의 **福岡国際空港 (ふくおか こくさいくうこう)** (후쿠오카 국제공항), 나고야의 **中部国際空港 (ちゅうぶこ くさいくうこう)** (주부 국제공항), 오키나와의 **那覇空港 (なはくうこう)** (나하 공항)이 있습니다.

● **席 (せき)** 좌석 ● **変(か)える** 바꾸다 ● **ブランケット** 담요 ● **一枚 (いちまい)** 한 장 ● **免税品 (めんぜいひん)** 면세품 ● **注文 (ちゅうもん)** 주문 ● **ちょっと** 잠깐 ● **通(とお)る** 지나가다

⑪ 私の 席は どこですか。

M+22-11

제 자리는 어디입니까?

⑫ 席を 変えても いいですか。

M+22-12

좌석을 바꿔도 됩니까?

⑬ ブランケット 一枚 お願い します。

M+22-13

담요 한 장 부탁합니다.

⑭ 免税品を 注文できますか。

M+22-14

면세품을 주문할 수 있습니까?

⑮ ちょっと 通っても いいですか。

M+22-15

잠깐 지나가도 되겠습니까?

'경어표현' 두 번째 시간은 '존경표현'과 '겸양표현'입니다. 지금까지 배우신 **です**형과 **ます**형은 모두 정중표현이며, 대부분 우리말의 경어에 해당됩니다. 그런데 일본어는 정중표현 이외에도 존경표현과 겸양표현이 세분화되어 매우 발달해 있습니다. 배우기에 다소 어려운 만큼, 잘 활용한다면 일본어 실력을 인정받을 수 있습니다.

 23-01. 일본어 경어표현 해석 요령

일본의 경어표현은 **自分 (じぶん)** (자신)과 관련된 것은 낮추고, **相手 (あいて)** (상대)와 관련된 것은 높이는 **傾向 (けいこう)** (경향)이 있습니다. 그래서 상대가 손아랫사람이라고 하더라도 높여서 표현할 때가 많습니다. 다만 우리말에 적합한 표현이 없는 경우가 많아서 해석할 때는 우리말 경어에 맞게, 대체적으로 일본의 **丁寧語 (ていねいご)** (정중어)인 **です**형이나 **ます**형으로 의역할 필요가 있습니다.

23-02. 일본어의 존경표현

존경표현은 한마디로 '상대방을 높여 표현하는 것'입니다.
우리말도 '듣다'를 '들으시다'라고 존경표현으로 만드는 것처럼 일본어도 존경표현을 만드는 방법이 있습니다. 앞서 여러분께서는 조동사 **れる** 와 **られる** 를 이용한 존경표현을 학습하신 바 있습니다. 이외에도 존경표현을 만드는 방법으로는 ❶ **お/ご** + 동사 **ます**형(또는 행위명사) + **になる** 나 ❷ **お/ご** + 동사 **ます**형(또는 행위 명사) + **です**, 혹은 당부를 표현할 때 ❸ **お/ご** + 동사 **ます**형(또는 행위 명사) + **ください** 등이 있습니다. 예를 들어 **帰(かえ)る** (돌아오다)의 존경표현은 **お帰(かえ)りに なる** (돌아오시다)가 됩니다.

● 先生 (せんせい) 선생님　　● 帰(かえ)る 돌아오다

C-23-01

선생님은 언제 일본에서 돌아오십니까?

先生は いつ 日本から お帰りに なりますか。

자! 그러면 패턴문장으로 실력을 다져볼까요!

● 週末 (しゅうまつ) 주말　　● 行(い)く 가다　　● 名刺 (めいし) 명함
● 持(も)つ 가지다　　● 少々 (しょうしょう) 잠시　　● 待(ま)つ 기다리다

C-23-02

週末は どこへ 行かれますか。

주말은 어디에 가십니까?

パターン
패턴
예문
3

C-23-03

名刺は お持ちですか。

명함을 가지고 계십니까?

C-23-04

少々 お待ち ください。

잠시 기다려 주십시오.

Practical, Useful and Easy-To-Understand Lessons!

❶ 존경표현 **お/ご** + 동사 **ます**형 + **になる** 는 '조동사 **れる** 와 **られる**'보다 좀 더 공손한 표현입니다.

23-03. 일본어의 특별 존경어

우리말 동사 '먹다'가 '드시다'가 되는 것처럼 형태가 완전히 다른 특별한 존경표현이 있습니다. 예를 들어 **行く** (가다)의 존경표현은 **いらっしゃる** (가시다/오시다/계시다)입니다. 물론 모든 동사가 이런 특별한 존경표현이 있지는 않습니다. 없는 경우에는 바로 앞에서 배운 '존경표현 만드는 방법'을 이용하면 됩니다.

- 来週 (らいしゅう) 다음 주
- いらっしゃる 가시다/오시다/계시다

C-23-05

선생님은 다음 주 일본에 가십니다.
先生は 来週 日本へ いらっしゃいます。

자! 그러면 패턴문장으로 실력을 다져볼까요!

- たくさん 많이
- 召(め)し上(あ)がる 잡수시다/드시다
- 映画 (えいが) 영화
- ご覧(らん)に なる 보시다
- 社長 (しゃちょう) 사장님
- 今 (いま) 지금

C-23-06

たくさん 召し上がって ください。
많이 잡수세요.

パターン
패턴
예문
3

C-23-07

この 映画は ご覧に なりましたか。
이 영화는 보셨습니까?

C-23-08

社長は 今 どこへ いらっしゃいますか。
사장님은 지금 어디에 가십니까(계십니까)?

❶ 예를 들어 **いらっしゃる** 등의 특별한 존경표현은 조동사 **れる/られる** 나 존경표현 만드는 방법 **お/ご** + **ます**형 + **になる** 보다 더 격식 있는 표현입니다.
❷ **いらっしゃる** (가시다/오시다/계시다)와 **おっしゃる** (말씀하시다), **なさる** (하시다), **くださる** (주시다)는 동사 어미인 **る** 가 **ます**형과 결합할 때, 예외적으로 **り** 가 아닌 **い** 로 변화하는 점에 유의해 주십시오.

Practical, **Useful** and **Easy-To-Understand** Lessons!

23-04. 일본어의 겸양표현

겸양표현은 자신의 행위를 낮춤으로써 상대방을 높이는 표현입니다. 일본 사람들은 겸양표현을 매우 자주 사용하며, 그만큼 중요한 표현입니다. 우리말에는 정확하게 대응하는 표현이 없기 때문에 정중어처럼 번역하면 됩니다. 겸양표현을 만드는 방법은 **お/ご** + 동사 **ます**형 (또는 행위 명사) + **する** 가 있습니다. 예를 들어 **送(おく)る** (보내다)의 겸양표현은 **お送(おく)り する** (보내드리다)가 됩니다.

● 小説 (しょうせつ) 소설　　　　　● 送(おく)る 보내다

선생님에게 일본소설을 보내드리겠습니다.
先生に 日本の 小説を お送り します。
C-23-09

자! 그러면 패턴문장으로 실력을 다져볼까요!

● 待(ま)つ 기다리다
● 電話番号 (でんわばんごう) 전화번호
● 致(いた)す 하다 (する) 의 겸양어
● 案内(あんない)する 안내하다

どうぞ よろしく お願い します。
C-23-10
잘 부탁드리겠습니다.

ここで お待ち 致します。
C-23-11
여기서 기다리겠습니다.

パターン
패턴
예문
3

電話番号を ご案内 します。
C-23-12
전화번호를 안내하겠습니다.

❶ どうぞ よろしく お願い します。(잘 부탁드리겠습니다.) 는 통째로 기억해 주십시오.

23-05. 일본어의 특별 겸양어

우리도 '묻다'를 '여쭙다'로 말하는 것처럼 완전히 다른 형태의 겸양표현이 있습니다. 예를 들어 **尋(たず)ねる** (묻다)의 겸양표현은 **伺(うかが)う** (여쭙다)입니다. 겸양 표현 역시 존경표현처럼 모든 동사가 있는 것은 아닙니다. 만일 없을 때에는 앞에서 배운 겸양표현 만드는 방법을 참고하시면 됩니다.

● **河合 (かわい)** 가와이 (성씨)　　● **申(もう)す** 말하다 **(言う)** 의 겸양어

저는 일본에서 온 가와이이라고 합니다.

C-23-13

私は 日本から 来た 河合と 申します。

자! 그러면 패턴문장으로 실력을 다져볼까요!

● **本屋 (ほんや)** 서점　　　　　　　● **おる** 있다 **(いる)** 의 겸양어
● **拝見(はいけん)する** 배견하다 **(見る)** 의 겸양어　● **参(まい)る** 가다/오다 **(行く/来る)** 의 겸양어

C-23-14

私は 本屋に おります。

저는 서점에 있습니다.

C-23-15

ちょっと 拝見しても いいですか。

조금 봐도 괜찮겠습니까?

C-23-16

行って 参ります。

다녀오겠습니다.

❶ 특별 겸양어가 우리말에 해당하는 말이 없을 때에는 정중어로 번역합니다.

● **특별 존경어 :**

보통어	존경어
行(い)く (가다) / 来(く)る (오다) / いる (있다)	いらっしゃる (가시다/오시다/계시다)
言(い)う (말하다)	おっしゃる (말씀하시다)
食(た)べる (먹다) / 飲(の)む (다시다)	召(め)し上(あ)がる (잡수시다/드시다)
見(み)る (보다)	ご覧(らん)になる (보시다)
する (하다)	なさる (하시다)
くれる (주다)	くださる (주시다)
寝(ね)る (자다)	お休(やす)みになる (주무시다)
知(し)る (알다)	ご存知(ぞんじ)だ (아시다)

● **특별 겸양어 :**

보통어	겸양어
行(い)く (가다) / 来(く)る (오다)	参(まい)る
いる (있다)	おる
言(い)う (말하다)	申(もう)す
尋(たず)ねる (묻다) / 訪(たず)ねる (방문하다)	伺(うかが)う
食(た)べる (먹다) / 飲(の)む (마시다) / もらう (주다)	いただく
見(み)る (보다)	拝見(はいけん)する
する (하다)	致(いた)す
あげる (주다)	さしあげる
会(あ)う (만나다)	お目(め)にかかる

Practical, **Useful** and **Easy-To-Understand** Lessons!

제23과 Multi Plus
일본어 생활표현 & 여행회화!

일본에 가면 꼭 가보아야 할 도시 베스트 5! 제일 먼저 **東京 (とうきょう)** (도쿄)입니다. 일본의 세련된 현재와 미래를 볼 수 있습니다. 두 번째는 **京都 (きょうと)** (교토), 교토는 과거 일본의 수도로서 옛 문화의 아름다움을 느낄 수 있습니다. 세 번째는 **大阪 (おおさか)** (오사카)입니다. 오사카의 유흥가인 **道頓堀 (どうとんぼり)** (도톤보리)에서는 일본의 모든 먹거리를 만날 수 있습니다. 네 번째는 **長崎 (ながさき)** (나가사키)입니다. 나가사키는 옛날 **オランダ** (네덜란드)와의 교역을 통해 서양문물이 들어온 도시로 현재까지도 서양식 건물들이 남아 있어 이국적인 정취를 느낄 수 있습니다. 다섯 번째는 **函館 (はこだて)** (하코다테)입니다. 하코다테의 야경은 세계 3대 야경으로 유명합니다.

 Practical, **Useful** and
Easy-To-Understand Lessons!

Practical, Useful and Easy-To-Understand Lessons!

 23+01. 일본어 여행회화 · 일본 입국심사표현

일본 입국심사는 다소 까다롭습니다. 귀국용 항공권을 여권과 함께 제출하시고, 입국신고서 작성 시 숙소를 명확하게 기입해야 합니다. 숙소를 예약하셨을 경우, 바우처를 함께 제출하시면 됩니다. 만약 숙소가 정해지지 않은 상태라면 예상하고 있는 호텔의 주소/전화번호만이라도 정확하게 기입하도록 합니다.

- 見(み)せる 보이다 ● 旅行 (りょこう) 여행 ● 目的 (もくてき) 목적 ● 観光 (かんこう) 관광
- 仕事 (しごと) 업무/직업 ● 何日間 (なんにちかん) 며칠간 ● 滞在 (たいざい) 체재/체류
- 予定 (よてい) 예정 ● 三泊 (さんぱく) 四日 (よっか) 3박 4일 ● 泊(と)まる 묵다/숙박하다

M+23-01

① パスポートを 見せて ください。
여권을 보여주세요.

M+23-02

② 旅行の 目的は 何ですか。
여행목적은 무엇입니까?

M+23-03

③ 観光です。
관광입니다.

M+23-04

④ 仕事です。
업무상 왔습니다.

M+23-05

⑤ どんな 仕事を して いますか。
어떤 일을 하고 있습니까?

Practical, Useful and Easy-To-Understand Lessons!

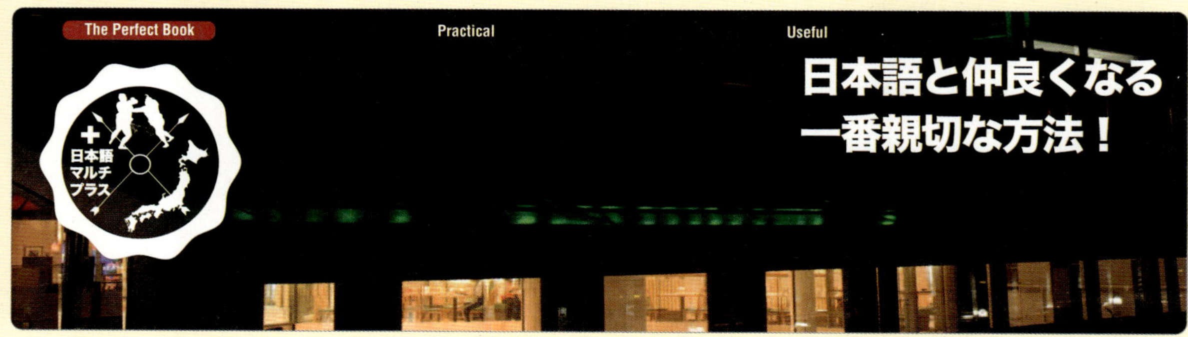

マルチ
プラス
＋
멀티
플러스

⑥ 日本に 何日間 滞在する 予定ですか。

M+23-06

일본에 며칠간 체류할 예정입니까?

⑦ 三泊 四日です。

M+23-07

3박 4일입니다.

⑧ どの ホテルに 泊まりますか。

M+23-08

어느 호텔에 묵습니까?

❶ 입국심사를 가장 간편하게 받는 방법은 여권과 항공권, 호텔바우처 그리고 신고서를 모두 한꺼번에 심사원에게 건네주면 됩니다.

23+02. 일본어 여행회화 : 세관신고표현

일본 입국신고서와 세관신고서는 기내에서 미리 작성해 둡니다.
여권의 영문 이름과 신고서의 영문이 반드시 동일해야 하며, 서명 역시 여권과 동일해야 합니다.

● 申告 (しんこく) 신고 ● 荷物 (にもつ) 화물/짐 ● 中身 (なかみ) 내용물 ● バック 백 ● 開(あ)ける 열다 ● 関税 (かんぜい) 관세 ● 付(つ)く 붙다 ● 貴重品 (きちょうひん) 귀중품 ● 外貨 (がいか) 외화 ● 持(も)つ 가지다

마ルチ プラス + 멀티 플러스

⑨ 何か 申告する ものは ありませんか。
M+23-09
뭔가 신고할 것이 없습니까?

⑩ 申告する ものは ありません。
M+23-10
신고할 물건은 없습니다.

⑪ この 荷物の 中身は 何ですか。
M+23-11
이 짐 속에 내용물은 무엇입니까?

⑫ この バックを 開けて ください。
M+23-12
이 가방을 열어주십시오.

⑬ この バックは 関税が 付きます。
M+23-13
이 가방은 관세가 붙습니다.

⑭ 貴重品は ないんですか。
M+23-14
귀중품은 없습니까?

⑮ 外貨は いくら 持って いますか。
M+23-15
외화는 얼마나 가지고 있습니까?

---

❶ 일본 세관심사의 기준은 소지하고 있는 현금/물품 등의 가치가 100만원인지와 면세 제한 범위를 벗어나는지, 그리고 반입 제한 품목을 소지하고 있는지 여부입니다.
❷ 일본 통관 면세 범위는 주류 3병/담배 400개비, 향수 2온스입니다. 반입금지품은 화약/총기/폭발물/마약류/음란물/해적판 CD 및 가짜 명품입니다.

Appendix

SUPERSTAR
Japanese

スーパー
スター
日本語

最小の文法で
最大の会話能力を
日本語の
基本文法
実用会話
旅行会話

부록 : **청취** 및 **발음** 연습용 대본

- **청취연습**과 **회화연습**을 위한 **MP3 리스트!**
- 본문의 문장들을 재구성한 학습용 스크립트!

● 청취연습과 회화연습을 위한 MP3 리스트!
● 본문의 문장들을 재구성한 학습용 스크립트!

● 부록
● 청취 및 발음 연습용 스크립트

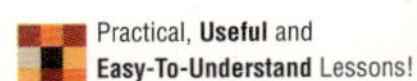
Practical, **Useful** and
Easy-To-Understand Lessons!

부록 : 청취 및 발음 연습용 대본

● 청취연습과 회화연습을 위한 MP3 리스트!
● 본문의 문장들을 재구성한 학습용 스크립트!

일본어 첫걸음 학습자를 위한
진격의 오리엔테이션!

1. 히라가나
S-00-00

あ	い	う	え	お
[a 아]	[i 이]	[u 우]	[e 에]	[o 오]
か	き	く	け	こ
[ka 카]	[ki 키]	[ku 쿠]	[ke 케]	[ko 코]
さ	し	す	せ	そ
[sa 사]	[si 시]	[su 스]	[se 세]	[so 소]
た	ち	つ	て	と
[ta 타]	[chi 치]	[tsu 츠]	[te 테]	[to 토]
な	に	ぬ	ね	の
[na 나]	[ni 니]	[nu 누]	[ne 네]	[no 노]
は	ひ	ふ	へ	ほ
[ha 하]	[hi 히]	[hu 후]	[he 헤]	[ho 호]
ま	み	む	め	も
[ma 마]	[mi 미]	[mu 무]	[me 메]	[mo 모]
や		ゆ		よ
[ya 야]		[yu 유]		[yo 요]
ら	り	る	れ	ろ
[ra 라]	[ri 리]	[ru 루]	[re 레]	[ro 로]
わ				を
[wa 와]				[o 오]
ん				
[n 응]				

1) 히라가나

あい		**いえ**	
S-01-01	[ai] 사랑	S-01-02	[ie] 집
うえ			
S-01-03	[ue] 위		
え		**おい**	
S-01-04	[e] 그림	S-01-05	[oi] 조카
かき		**きせつ**	
S-01-06	[kaki] 감	S-01-07	[kisetsu] 계절
くり			
S-01-08	[kuri] 밤		
けしき		**こころ**	
S-01-09	[kesiki] 경치	S-01-10	[kokoro] 마음
さとう		**しお**	
S-01-11	[satou] 설탕	S-01-12	[sio] 소금
す			
S-01-13	[su] 식초		
せかい		**そら**	
S-01-14	[sekai] 세계	S-01-15	[sora] 하늘
たか		**ちから**	
S-01-16	[taka] 매	S-01-17	[chikara] 힘
つばさ			
S-01-18	[tsubasa] 날개		
て		**とり**	
S-01-19	[te] 손	S-01-20	[tori] 새
なみ		**にし**	
S-01-21	[nami] 파도	S-01-22	[nisi] 서쪽

 부록 : 청취 및 발음 연습용 대본

● 청취연습과 회화연습을 위한 MP3 리스트!
● 본문의 문장들을 재구성한 학습용 스크립트!

ぬま
S-01-23 [numa] 늪

ねこ
S-01-24 [neko] 고양이

のり
S-01-25 [nori] 김

はし
S-01-26 [hasi] 젓가락

ひと
S-01-27 [hito] 사람

ふね
S-01-28 [hune] 배

へいおん
S-01-29 [heion] 평온

ほん
S-01-30 [hon] 책

まね
S-01-31 [mane] 흉내

みそ
S-01-32 [miso] 된장

むら
S-01-33 [mura] 마을

めいし
S-01-34 [meisi] 명함

もやし
S-01-35 [moyasi] 콩나물

やま
S-01-36 [yama] 산

ゆ
S-01-37 [yu] 더운 물

よこ
S-01-38 [yoko] 가로

らいねん
S-01-39 [rainen] 내년

りんり
S-01-40 [rinri] 윤리

るふ
S-01-41 [ruhu] 유포

れきし
S-01-42 [rekisi] 역사

ろくおん
S-01-43 [rokuon] 녹음

わたし
S-01-44 [watasi] 나

2) 히라가나 - 탁음과 반탁음

a) 탁음

S-02-00

が	ぎ	ぐ	げ	ご
[ga 가]	[gi 기]	[gu 구]	[ge 게]	[go 고]
ざ	じ	ず	ぜ	ぞ
[za 자]	[zi 지]	[zu 즈]	[ze 제]	[zo 조]
だ	ぢ	づ	で	ど
[da 다]	[zi 지]	[zu 즈]	[de 데]	[do 도]
ば	び	ぶ	べ	ぼ
[ba 바]	[bi 비]	[bu 부]	[be 베]	[bo 보]

がくせい
S-02-01 [gakusei] 학생

かぎ
S-02-02 [kagi] 열쇠

ごうかく
S-02-03 [goukaku] 합격

じゆう
S-02-04 [ziyuu] 자유

ちず
S-02-05 [chizu] 지도

しぜん
S-02-06 [sizen] 자연

くだもの
S-02-07 [kudamono] 과일

Practical, Useful and **Easy-To-Understand** Lessons!

부록 : 청취 및 발음 연습용 대본

● 청취연습과 회화연습을 위한 MP3 리스트!
● 본문의 문장들을 재구성한 학습용 스크립트!

でぐち
S-02-08　[deguchi] 출구

さどう
S-02-09　[sadou] 다도

ばら
S-02-10　[bara] 장미

どうぶつ
S-02-11　[doubutsu] 동물

べんとう
S-02-12　[bentou] 도시락

b) 반탁음

S-02-13

ぱ	ぴ	ぷ	ぺ	ぽ
[pa 파]	[pi 피]	[pu 푸]	[pe 페]	[po 포]

かんぺき
S-02-14　[kanpeki] 완벽

たんぽぽ
S-02-15　[tanpopo] 민들레

3) 히라가나 - 요음

しゃかい
S-03-01　[syakai] 사회

きゅうり
S-03-02　[kyuuri] 오이

じょし
S-03-03　[zyosi] 여자

4) 히라가나 - 촉음

いっかい
S-04-01　[ikkai] 1층

にっき
S-04-02　[nikki] 일기

ざっし
S-04-03　[zassi] 잡지

おっと
S-04-04　[otto] 남편

いっぱい
S-04-05　[ippai] 한 잔/가득

にっぽん
S-04-06　[nippon] 일본

5) 히라가나 - 발음

いんさつ
S-05-01　[insatsu] 인쇄

せんたく
S-05-02　[sentaku] 세탁

もんだい
S-05-03　[mondai] 문제

うんめい
S-05-04　[unmei] 운명

とんぼ
S-05-05　[tonbo] 잠자리

えんぴつ
S-05-06　[enpitsu] 연필

부록 : 청취 및 발음 연습용 대본

● 청취연습과 회화연습을 위한 MP3 리스트!
● 본문의 문장들을 재구성한 학습용 스크립트!

れんあい
S-05-07　[renai] 연애

かんこく
S-05-08　[kankoku] 한국

でんわ
S-05-09　[denwa] 전화

2. 가타카나

アルバイト
S-06-01　[arubaito] 아르바이트

ゲーム
S-06-02　[ge-mu] 게임

コーヒー
S-06-03　[ko-hi-] 커피

コピー
S-06-04　[kopi-] 복사

スタークラフト
S-06-05　[suta-kurahuto] 스타 크래프트

セレモニー
S-06-06　[seremoni-] 세리머니

タクシー
S-06-07　[takusi-] 택시

テーブル
S-06-08　[te-buru] 테이블

ニート
S-06-09　[ni-to] 니트족

ノート
S-06-10　[no-to] 노트

バラク・オバマ
S-06-11　[baraku obama] 버락 오바마

ビール
S-06-12　[bi-ru] 맥주

マクドナルド
S-06-13　[makudonarudo] 맥도널드

ムービー
S-06-14　[mu-bi-] 영화

ユニバーサル
S-06-15　[yuniba-saru] 유니버설

ヨーグルト
S-06-16　[yo-guruto] 요구르트

ライフ スタイル
S-06-17　[raihu sutairu] 라이프 스타일

ルール
S-06-18　[ru-ru] 룰/규칙

ワード
S-06-19　[wa-do] 워드

ワールド・カップ
S-06-20　[wa-rudo kappu] 월드컵

キラキラ
S-06-21　[kirakira] 반짝반짝

ウロウロ
S-06-22　[urouro] 어슬렁어슬렁

ニコニコ
S-06-23   [nikoniko] 싱글벙글

ワクワク
S-06-24   [wakuwaku] 두근두근

スベスベ
S-06-25   [subesube] 매끈매끈

ベタベタ
S-06-26   [betabeta] 끈적끈적

ゴルフ
S-06-27   [goruhu] 골프

デザイナー
S-06-28   [dezaina-] 디자이너

ピカピカ
S-06-29   [pikapika] 번쩍번쩍

ペラペラ
S-06-30   [perapera] 술술 / 유창하게

ピンク
S-06-31   [pinku] 분홍색

マスタープラン
S-06-32   [masuta-puran] 마스터플랜

2チャンネル
S-06-33   [nichyanneru] 2채널

デコレーション
S-06-34   [dekore-syon] 데코레이션

ネットカフェ
S-06-35   [nettokahwe] PC방

フェイスブック
S-06-36   [hweisubukku] 페이스북

インターネット
S-06-37   [inta-netto] 인터넷

レディー・ガガ
S-06-38   [redi-gaga] 레이디 가가

제01과 일본어로 인사, 소개하기
나는 사랑입니다.
わたしは サランです。

そうです。
C-01-01   [Soudesu.] 그렇습니다. (평서문)

そうですか。
C-01-02   [Soudesuka?] 그렇습니까? (의문문)

そうでした。
C-01-03   [Soudesita.] 그랬습니다. (평서문 과거형)

そうでしたか。
C-01-04   [Soudesitaka?] 그랬습니까? (의문문 과거형)

나 + 는 + 한국인 + 입니다.
わたし + は + かんこくじん + です。
C-01-05   [Watasi wa kankokuzin desu.]

나 + 는 + 한국인 + 이다.
わたし + は + かんこくじん + だ。
C-01-06   [Watasi wa kankokuzin da.]

 부록 : 청취 및 발음 연습용 대본

● 청취연습과 회화연습을 위한 MP3 리스트!
● 본문의 문장들을 재구성한 학습용 스크립트!

わたしが アメリカじん です。
C-01-07 [Watasiga amerikazin desu.]
제가 미국인입니다.

かのじょは にほんじん だ。
C-01-08 [Kanozyowa nihonzin da.]
그녀는 일본인이다.

かれは ちゅうごくじん です。
C-01-09 [Karewa chyugokuzin desu.]
그는 중국인입니다.

그녀 + 는 + 일본인 + 입니까?
かのじょ + は + にほんじん + ですか。
C-01-10 [Kanozyo wa nihonzin desuka?]

그녀 + 는 + 일본인 + 이야?
かのじょ + は + にほんじん。
C-01-11 [Kanozyo wa nihonzin?]

あなたは かいしゃいん ですか。
C-01-12 [Anatawa kaisyain desuka?]
당신은 회사원입니까?

かれも こうむいん ですか。
C-01-13 [Karemo koumuin desuka?]
그도 공무원입니까?

かれらは がくせい。
C-01-14 [Karerawa gakusei?]
그들은 학생이야?

그녀 + 는 + 대학생 + 이 아닙니다.
かのじょ + は + だいがくせい
+ ではありません。
C-01-15 [Kanozyo wa daigakusei dewaarimaseⁿ.]

그녀 + 는 + 대학생 + 이 아니다.
かのじょ + は + だいがくせい
+ ではない。
C-01-16 [Kanozyo wa daigakusei dewanai.]

すずきさんは ちゅうごくじん
ではありません。
C-01-17 [Suzukisanwa chyugokuzin
dewaarimasen.]
스즈키씨는 중국인이 아닙니다.

りくんは りゅうがくせい
じゃありませんか。
C-01-18 [Rikunwa ryuugakusei zyaarimasenka?]
이 군은 유학생이 아닙니까?

せんせいは アメリカじん
ではありません。
C-01-19 [Senseiwa amerikazin dewaarimasen.]
선생님은 미국인이 아닙니다.

제01과 Multi Plus
인사를 잘해야 일본어가 팍팍! 늘어난다!

01+01. 일본어 생활표현 :
일본어 인사표현, 베스트!

おはよう ございます。
M+01-01 [Ohayou gozaimasu.]
안녕하세요. (아침인사)

おはよう。
M+01-02 [Ohayou.] 안녕.
(친한 친구끼리 아침에 인사할 때)

こんにちは。
M+01-03 [Konnichiwa.]
안녕하세요. (점심인사)

こんばんは。
M+01-04 [Konbanwa.] 안녕하세요. (저녁인사)

おげんきですか。

M+01-05 [Ogenkidesuka?]
안녕하세요?/잘 지내시죠? (안부 인사말)

01+02. 일본어 생활표현 : 젊은 일본어 인사표현들!

おは。

M+01-06 [Oha.] 안녕.

おはつ。

M+01-07 [Ohatsu.] 방가방가.

おっす。

M+01-08 [Ossu.] 안녕하십니까?

あけおめ。

M+01-09 [Akeome.] 새해 복 많이 받아.

ハイ。

M+01-10 [Hai.] 하이.

01+03. 일본어 생활표현 : 감사하고 사과하기!

すみません。

M+01-11 [Sumimasen.]
죄송합니다. (사과표현)

ありがとう ございます。

M+01-12 [Arigatou gozaimasu.]
고맙습니다. (감사표현)

ありがとう。

M+01-13 [Arigatou.]
고마워. (친한 친구끼리 감사표현)

ごめんなさい。

M+01-14 [Gomennasai.]
미안합니다.

ごめん。

M+01-15 [Gomen.]
미안. (친한 친구끼리 사과표현)

제02과 일본어로 소개, 지시하기
그녀는 선생님이었습니다.
かのじょは せんせいでした。

그녀 + 는 + 선생님 + 이었습니다.
かのじょ + は + せんせい + でした。

C-02-01 [Kanozyo wa sensei desita.]

그녀 + 는 + 선생님 + 이였다.
かのじょ + は + せんせい + だった。

C-02-02 [Kanozyo wa sensei datta.]

かれは フリーター でした。

C-02-03 [Karewa huri-ta- desita.]
그는 프리타였습니다.

きのうは わたしの たんじょうび でした。

C-02-04 [Kinouwa watasino tanzyoubi desita.]
어제는 나의 생일이었습니다.

木村さんは モデル だった。

C-02-05 [Kimurasanwa moderu datta.]
기무라씨는 모델이었다.
(기무라씨는 모델이였어.)

그녀 + 는 + 학생 + 이 아니었습니다.
**かのじょ + は + がくせい
+ ではありませんでした。**

C-02-06 [Kanozyo wa gakusei
dewaarimasendesita.]

부록 : 청취 및 발음 연습용 대본

● 청취연습과 회화연습을 위한 MP3 리스트!
● 본문의 문장들을 재구성한 학습용 스크립트!

그녀 + 는 + 학생 + 이 아니었다.
かのじょ + は + がくせい + ではなかった。
C-02-07　[Kanozyo wa gakusei dewanakattε.]

やくそくは にじ ではありませんでした。
C-02-08　[Yakusokuwa nizi dewaarimasendεsita.]
약속은 2시가 아니었습니다.

かれは サッカーせんしゅ じゃありませんでした。
C-02-09　[Karewa sakka-sensyu zyaarimasendesita.]
그는 축구 선수가 아니었습니다.

せんせいの たんじょうびは きのう じゃなかった。
C-02-10　[Senseino tanzyoubiwa kinou zyanakatta.]
선생님의 생일은 어제가 아니었다.

이것 + 은 + 무엇 + 입니까?
これ + は + なん + ですか。
C-02-11　[Kore wa nan desuka?]

이것 + 은 + 무엇이지?
これ + は + なに?
C-02-12　[Kore wa nani?]

ここは どこ ですか。
C-02-13　[Kokowa doko desuka?]
여기는 어디입니까?

あの くだものは りんご ですか。
C-02-14　[Ano kudamonowa ringo desuka?]
저 과일은 사과입니까?

この ひとは だれ ですか。
C-02-15　[Kono hitowa daredesuka?]
이 사람은 누구입니까?

그것 + 은 + 누구 + 의 + 책 + 입니까?
それ + は + だれ + の + ほん + ですか。
C-02-16　[Sore wa dare no hon desuka?]

그것 + 은 + 나 + 의 것 + 입니다.
それ + は + わたし + の + です。
C-02-17　[Sore wa watasi no desu.]

かのじょは おんがくの せんせい です。
C-02-18　[Kanozyowa ongakuno sensei desu.]
그녀는 음악(과목)의 선생님입니다.

だれの けいたい。
C-02-19　[Dareno keitai?] 누구의 휴대폰이니?

この パソコンは りさん のです。
C-02-20　[Kono pasokonwa risanno desu.]
이 PC는 이씨의 것입니다.

제02과 Multi Plus
일본어 여행자를 위한 초간단 숫자공부!

02+01. 일본어 생활표현 :
1부터 10까지 숫자 읽기

これは いくらですか。
M+02-01　[Korewa ikuradesuka?]
이것은 얼마입니까?

この りんごは にひゃくきゅうじゅうえんです。
M+02-02　[Kono ringowa nihyakukyuuzyuuendesu.]
이 사과는 290엔입니다.

Practical, Useful and
Easy-To-Understand Lessons!

**そのりょうりは
よんせんはっぴゃくえんです。**

M+02-03　[Sono ryouriwa yonsenhappyakuendesu.]
그 요리는 4,800엔입니다.

**あのパソコンは
ろくまんごせんえんです。**

M+02-04　[Ano pasokonwa rokumangosenendesu.]
저 PC는 65,000엔입니다.

**これは さんじゅっ パーセント
わりびきです。**

M+02-05　[Korewa sanzyup pa-sento waribikidesu.]
이것은 30% 할인입니다.

02+02. 일본어 생활표현 :
숫자 세기 (조수사)

りんごは いくらですか。

M+02-06　[Ringowa ikuradesuka?]
사과는 얼마입니까?

ひとつ ひゃくえんです。

M+02-07　[Hitotsu hyakuendesu.]
한 개 100엔입니다.

この なし みっつ ください。

M+02-08　[Kono nasi mittsu kudasai.]
이 배 세 개 주세요.

ぜんぶ いくらですか。

M+02-09　[Zenbu ikuradesuka?]
전부 얼마입니까?

ぜんぶで さんびゃくろくじゅうえんです。

M+02-10　[Zenbude sanbyakurokuzyuuendesu.]
전부 합해서 360엔입니다.

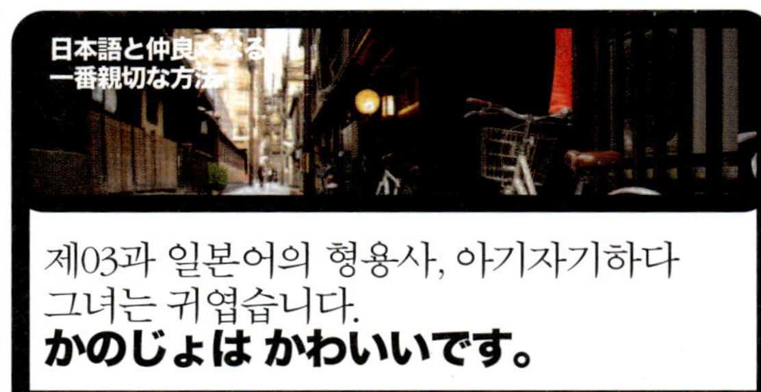

제03과 일본어의 형용사, 아기자기하다
그녀는 귀엽습니다.
かのじょは かわいいです。

그녀는 귀엽습니다.
C-03-01　**かのじょは かわいいです。**

그녀는 귀엽습니까?
C-03-02　**かのじょは かわいいですか。**

그녀는 귀엽다.
C-03-03　**かのじょは かわいい。**

かれは やさしいです。
C-03-04　그는 상냥합니다.

かのじょの せいかくは いいです。
C-03-05　그녀의 성격은 좋습니다.

あの おとこは せが たかい。
C-03-06　그 남자는 키가 크다.

그녀는 아름다웠습니다.
C-03-07　**かのじょは うつくしかったです。**

그녀는 아름다웠습니까?
C-03-08　**かのじょは うつくしかったですか。**

그녀는 아름다웠다.
C-03-09　**かのじょは うつくしかった。**

かれの かおは ちいさかったです。
C-03-10　그의 얼굴은 작았습니다.

わたしの たいじゅうは かるかったです。
C-03-11　저의 몸무게는 가벼웠습니다.

 부록 : 청취 및 발음 연습용 대본

● 청취연습과 회화연습을 위한 **MP3 리스트!**
● 본문의 문장들을 재구성한 학습용 스크립트!

かのじょの せは ひくかった。
C-03-12　그녀의 키는 작았어?

그녀는 예쁘지 않습니다.
かのじょは うつくしくないです。
C-03-13

그녀는 예쁘지 않다.
かのじょは うつくしくない。
C-03-14

あの じょせいは かわいくないです。
C-03-15　그 여자는 귀엽지 않습니다.

だんせいの せいかくは おとなしく ないです。
C-03-16　남자의 성격은 온순하지 않습니다.

かれの たいじゅうは おもくない。
C-03-17　그의 체중은 무겁지 않다.

그녀는 아름답지 않았습니다.
かのじょは うつくしく なかったです。
C-03-18

그녀는 아름답지 않았다.
かのじょは うつくしくなかった。
C-03-19

かれの はなしは むずかしく なかったです。
C-03-20　그의 이야기는 어렵지 않았습니다.

かのじょは まずしく なかったです。
C-03-21　그녀는 가난하지 않았습니다.

かれの うわさは わるく ありませんでした。
C-03-22　그의 소문은 나쁘지 않았습니다.

그녀는 귀여운 사람입니다.
C-03-23　**かのじょは かわいい ひとです。**

あには おもしろい ひとです。
C-03-24　형은 재미있는 사람입니다.

かのじょの おかあさんは うつくしい かたです。
C-03-25　그녀의 어머니는 아름다운 분입니다.

すずきさんは わるい ひとではありません。
C-03-26　스즈키 씨는 나쁜 사람이 아닙니다.

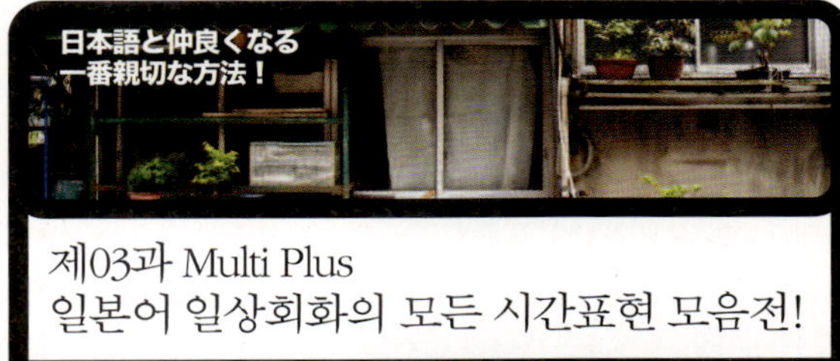

제03과 Multi Plus
일본어 일상회화의 모든 시간표현 모음전!

03+01. 일본어 생활표현 : 요일 말하기!

きょうは なんようびですか。
M+03-01　오늘은 무슨 요일입니까?

きょうは どようびです。
M+03-02　오늘은 토요일입니다.

きのうは きんようびでした。
M+03-03　어제는 금요일이었습니다.

あしたは にちようびですか。
M+03-04　내일은 일요일입니까?

おとといは なんようびでしたか。
M+03-05　그저께는 무슨 요일이었습니까?

부록 : 청취 및 발음 연습용 대본

● 청취연습과 회화연습을 위한 MP3 리스트!
● 본문의 문장들을 재구성한 학습용 스크립트!

03+02. 일본어 생활표현 : 년/월/일 말하기!

きょうは なんがつ なんにちですか。
M+03-06　오늘은 몇 월 며칠입니까?

きょうは いちがつ ついたちです。
M+03-07　오늘은 1월 1일입니다.

ごがつ ごにちは こどものひです。
M+03-08　5월 5일은 어린이날입니다.

きのうは じゅうがつ はつかでした。
M+03-09　어제는 10월 20일이었습니다.

ことし 2016ねんは へいせい 28ねんです。
M+03-10　금년 2016년은 헤이세이 28년입니다.

03+03. 일본어 생활표현 : 시간 말하기!

いま なんじですか。
M+03-11　지금 몇 시입니까?

ごぜん じゅういちじ さんじゅっぷんです。
M+03-12　오전 11시 30분입니다.

ごご よじ じゅっぷん まえです。
M+03-13　오후 4시 10분 전입니다.

ちょうど じゅうにじです。
M+03-14　정각 12시입니다.

あさ ごじ はんです。
M+03-15　아침 5시 반입니다.

제04과 일본어의 예쁜 형용동사
그녀는 예쁩니다.
彼女は きれいです。

그녀는 예쁩니다.
C-04-01　**彼女は きれいです。**

그녀는 예쁩니까?
C-04-02　**彼女は きれいですか。**

그녀는 예쁘다.
C-04-03　**彼女は きれいだ。**

彼女は 親切です。
C-04-04　그녀는 친절합니다.

彼は 真面目ですか。
C-04-05　그는 성실합니까?

彼女が 好き。
C-04-06　그녀를 좋아해?

그는 성실하였습니다.
C-04-07　**彼は まじめでした。**

그는 성실하였습니까?
C-04-08　**彼は まじめでしたか。**

그는 성실하였다.
C-04-09　**彼は まじめだった。**

彼女は きれいでした。
C-04-10　그녀는 예뻤습니다.

彼女は 幸せでしたか。
C-04-11　그녀는 행복했습니까?

Practical, **Useful** and **Easy-To-Understand** Lessons!

 부록 : **청취** 및 **발음** 연습용 **대본**

● **청취연습**과 **회화연습**을 위한 **MP3 리스트!**
● 본문의 문장들을 재구성한 학습용 스크립트!

彼は ハンサムだった。
C-04-12　그는 핸섬했다.

그는 유명하지 않습니다.
C-04-13　**彼は 有名ではありません。**

그는 유명하지 않습니까?
C-04-14　**彼は 有名ではありませんか。**

그는 유명하지 않다.
C-04-15　**彼は 有名ではない。**

彼の 服は 派手ではありません。
C-04-16　그의 옷은 화려하지 않습니다.

あの 子は でぶじゃない。
C-04-17　그 아이는 뚱뚱하지 않아?

彼女は ゴージャスじゃありません。
C-04-18　그녀는 력셔리하지 않습니다.

그녀는 친절하지 않았습니다.
C-04-19　**彼女は 親切ではありませんでした。**

그녀는 친절하지 않았습니까?
C-04-20　**彼女は 親切ではありませんでしたか。**

그녀는 친절하지 않았다.
C-04-21　**彼女は 親切ではなかった。**

彼は 暇ではありませんでした。
C-04-22　그는 한가하지 않았습니다.

**彼女の 英語は
上手じゃありませんでした。**
C-04-23　그녀의 영어는 능숙하지 않았습니다.

私の 部屋は きれいじゃなかった。
C-04-24　내 방은 깨끗하지 않았어.

그는 친절한 사람입니다.
C-04-25　**彼は 親切な 人です。**

彼女は 大切な 人です。
C-04-26　그녀는 소중한 사람입니다.

彼は 勇敢な 警察官でした。
C-04-27　그는 용감한 경찰관이었습니다.

彼は 変な 人だ。
C-04-28　그는 이상한 사람이야.

제04과 Multi Plus
일본인의 모든 감정표현 모음전

04+01. 일본어 생활표현 :
일본인의 감정표현

私は とても 嬉しいです。
M+04-01　나는 매우 기쁩니다.

めちゃ 楽しいです。
M+04-02　무지 즐겁습니다.

ちっとも おもしろくない。
M+04-03　조금도 재미없어.

ちょっと 悲しい。
M+04-04　조금 슬퍼.

全然 寂しくない。
M+04-05　전혀 외롭지 않아.

Practical, Useful and
Easy-To-Understand Lessons!

 부록 : 청취 및 발음 연습용 대본

● 청취연습과 회화연습을 위한 **MP3 리스트!**
● 본문의 문장들을 재구성한 학습용 스크립트!

04+02. 일본어 생활표현 : 일본인의 호불호!

彼女が 大好きです。
M+04-06　그녀를 매우 좋아합니다.

彼の 性格が 嫌じゃありません。
M+04-07　그의 성격이 싫지 않습니다.

すみません、大丈夫ですか。
M+04-08　죄송합니다, 괜찮습니까?

あの 男は 格好いい。
M+04-09　저 남자는 멋있어.

彼女は 苦手だ。
M+04-10　그녀는 상대하기 어려워. (질색이야.)

제05과. 일본어 실력의 핵심은
'동사'다! (5단동사 1.)
그는 일본어를 배웁니다.
彼は 日本語を 習います。

그는 일본어를 배우지 않는다.
C-05-01　**彼は 日本語を 習わない。**

그는 일본어를 배우지 않습니다.
C-05-02　**彼は 日本語を 習わないです。**

그는 일본어를 배우지 않습니까?
C-05-03　**彼は 日本語を 習わないですか。**

그는 일본어를 배우지 않아?
C-05-04　**彼は 日本語を 習わない。**

子供は 嘘を 言わない。
C-05-05　아이는 거짓말을 말하지 않는다.

彼は 彼女を 待たないですか。
C-05-06　그는 그녀를 기다리지 않습니까?

私は 何も 知らない。
C-05-07　나는 아무것도 모른다.

그는 일본어를 배웁니다.
C-05-08　**彼は 日本語を 習います。**

그는 일본어를 배웁니까?
C-05-09　**彼は 日本語を 習いますか。**

그는 일본어를 배운다.
C-05-10　**彼は 日本語を 習う。**

私は 平仮名を 書きます。
C-05-11　나는 히라가나를 씁니다.

友達と 日本語で 話しますか。
C-05-12　친구와 일본어로 이야기합니까?

私たちは 日本の 文学を 学びます。
C-05-13　우리는 일본 문학을 배웁니다.

제05과 Multi Plus
일본어 생활표현 & 여행회화!

05+01. 일본어 생활표현 : 건강 상태/컨디션 표현!

金さん 顔色が 悪いですね。
M+05-01　김씨, 안색이 나쁘군요.

Practical, Useful and
Easy-To-Understand Lessons!

부록 : 청취 및 발음 연습용 대본

● 청취연습과 회화연습을 위한 MP3 리스트!
● 본문의 문장들을 재구성한 학습용 스크립트!

気分が 悪いです。
M+05-02 기분이 좋지 않습니다.

体の 具合が よくない。
M+05-03 몸 상태가 좋지 않아.

少し だるい。
M+05-04 조금 나른해.

完全に へとへとだ。
M+05-05 완전히 녹초가 됐어.

05+02. 일본어 여행회화 : 병원 관련 표현

近くに 病院が ありますか。
M+05-06 근처에 병원이 있습니까?

どこが 痛いですか。
M+05-07 어디가 아픕니까?

熱は ありますか。
M+05-08 열은 있습니까?

お腹が 痛いです。
M+05-09 배가 아픕니다.

注射を 打ちます。
M+05-10 주사를 맞습니다.

05+03. 일본어 여행회화 : 약국 관련 표현

風邪薬にも 処方箋が 要りますか。
M+05-11 감기약에도 처방전이 필요합니까?

薬を 飲みます。
M+05-12 약을 먹습니다.

頭痛薬を ください。
M+05-13 두통약을 주세요.

咳に よく 効きます。
M+05-14 기침에 잘 듣습니다.

この 薬は いつ 何回 飲みますか。
M+05-15 이 약은 언제 몇 번 먹습니까?

제06과. 일본어 실력의 핵심은
동사다! (5단동사 2.)
그가 배우는 언어는 일본어입니다.
彼が 習う 言語は 日本語です。

그가 배우는 언어는 일본어입니다.
C-06-01 **彼が 習う 言語は 日本語です。**

私が 行く 図書館は 近いです。
C-06-02 내가 가는 도서관은 가깝습니다.

彼は 休む 時間が ありません。
C-06-03 그는 쉬는 시간이 없습니다.

**彼が 乗る バスは 釜山行きの
バスです。**
C-06-04 그가 타는 버스는 부산행 버스입니다.

그에게 일본어를 배우면 재미있습니다.
C-06-05 **彼に 日本語を 習えば
おもしろいです。**

この 本屋で 買えば 安いです。
C-06-06 이 서점에서 사면 쌉니다.

毎日 泳げば 体に いいです。
C-06-07 매일 수영하면 몸에 좋습니다.

この 角を 曲がれば 学校が 見える。
C-06-08 이 모퉁이를 돌면 학교가 보인다.

Practical, **Useful** and
Easy-To-Understand Lessons!

부록 : 청취 및 발음 연습용 대본

● 청취연습과 회화연습을 위한 MP3 리스트!
● 본문의 문장들을 재구성한 학습용 스크립트!

C-06-09
일본어를 배워라.
日本語を 習え。

C-06-10
勇気を 持て。
용기를 가져!

C-06-11
趣味を 楽しめ。
취미를 즐겨라!

C-06-12
韓国 頑張れ。
한국 힘내라!

C-06-13
일본어를 배워야지(배우자).
日本語を 習おう。

C-06-14
先生の お言葉を 従おう。
선생님의 말씀을 따라야지/따르자.

C-06-15
一人で 歩こう。
혼자서 걸어야지/걷자.

C-06-16
ジュースを 飲もう。
주스를 마셔야지/마시자.

제06과 Multi Plus
일본어 생활표현 & 여행회화!

06+01. 일본어 여행회화 : 길묻기 표현! (1)

M+06-01
一番 近い 地下鉄駅は どこですか。
가장 가까운 지하철역은 어디입니까?

M+06-02
ここから コンビニまで 遠いですか。
여기에서 편의점까지 멉니까?

M+06-03
この 近くに 薬屋は どこですか。
이 근처에 약국은 어디입니까?

M+06-04
交通が 便利な ホテルは どこですか。
교통이 편리한 호텔은 어디입니까?

M+06-05
**ゆりかもめ線に 乗り換える
所は どこですか。**
유리카모메 선으로 환승하는
곳은 어디입니까?

06+02. 일본어 여행회화 : 길묻기 표현! (2)

M+06-06
この 近くに トイレは どこですか。
이 근처에 화장실은 어디입니까?

M+06-07
この 住所まで お願い します。
이 주소까지 부탁합니다.

M+06-08
地下鉄で どのぐらい かかりますか。
지하철로 얼마나 걸립니까?

M+06-09
案内所は どこに ありますか。
안내소는 어디에 있습니까?

M+06-10
道を 迷いました。
길을 잃었습니다.

06+03. 일본어 여행회화 : 길묻기 표현! (3)

M+06-11
この 道を まっすぐ 行って ください。
이 길을 곧장 가주세요.

M+06-12
ホテルまで どうやって 行きますか。
호텔까지 어떻게 갑니까?

M+06-13
右に 曲がって すぐ 左です。
오른쪽으로 돌아서 바로 왼쪽입니다.

M+06-14
駅の 向こう 側です。
역의 맞은 편입니다.

Practical, Useful and
Easy-To-Understand Lessons!

부록 : **청취** 및 **발음 연습용 대본**

● **청취연습**과 **회화연습**을 위한 **MP3 리스트!**
● 본문의 문장들을 재구성한 학습용 스크립트!

銀行は ここから 遠いですか。
M+06-15　은행은 여기에서 멉니까?

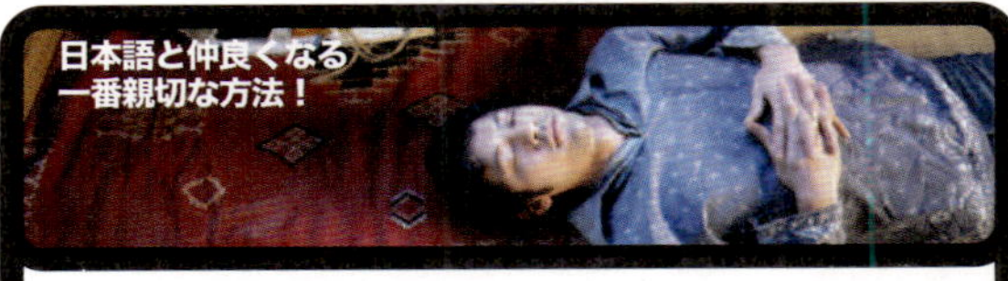

제07과 일본어 실력의 핵심은
동사다! (1단동사 1.)
그녀는 일본 드라마를 봅니다.
彼女は 日本の ドラマを 見ます。

그녀는 일본 드라마를 보지 않는다.
C-07-01　**彼女は 日本の ドラマを 見ない。**

그녀는 일본 드라마를 보지 않습니다.
C-07-02　**彼女は 日本の ドラマを 見ないです。**

그녀는 일본 드라마를 보지 않습니까?
C-07-03　**彼女は 日本の ドラマを 見ないですか。**

그녀는 일본 드라마를 보지 않아?
C-07-04　**彼女は 日本の ドラマを 見ない。**

彼女は 何も 食べないです。
C-07-05　그녀는 아무것도 먹지 않습니다.

警備員は 夜中に 寝ないですか。
C-07-06　경비원은 한밤중에 자지 않습니까?

彼は 朝早く 起きない。
C-07-07　그는 아침 일찍 일어나지 않니?

그녀는 일본 드라마를 봅니다.
C-07-08　**彼女は 日本の ドラマを 見ます。**

그녀는 일본 드라마를 봅니까?
C-07-09　**彼女は 日本の ドラマを 見ますか。**

그녀는 일본 드라마를 본다.
C-07-10　**彼女は 日本の ドラマを 見る。**

私の 家には 弟が 一人 います。
C-07-11　저의 집에는 남동생이 한 명 있습니다.

彼女は 何人の 子供を 育てますか。
C-07-12　그녀는 몇 명의 아이를 키웁니까?

新しい 人生を 始める。
C-07-13　새로운 인생을 시작하다.

그녀가 보는 것은 일본 드라마입니다.
C-07-14　**彼女が 見る 物は 日本の ドラマです。**

彼が 努める ことは いつも 成功です。
C-07-15　그가 애쓰는 일은 언제나 성공입니다.

日本語の 勉強を 続ける コツ。
C-07-16　일본어 공부를 계속하는 비결.

彼女が 受ける 賛辞は 努力の 結果です。
C-07-17　그녀가 받는 찬사는 노력의 결과입니다.

제07과 Multi Plus
일본어 생활표현 & 여행회화!

07+01. 일본어 생활표현 :
생일/나이 말하기!

年は いくつですか。
M+07-01　나이는 몇 살입니까?

Practical, Useful and
Easy-To-Understand Lessons!

私は 二十四歳です。
M+07-02 　저는 24살입니다.

あなたの 誕生日は いつですか。
M+07-03 　당신의 생일은 언제입니까?

私の 誕生日は 十二月 二十五日です。
M+07-04 　나의 생일은 12월 25일입니다.

生年月日ですか。
M+07-05 　생년월일 말입니까?

07+02. 일본어 생활표현 :
축하인사 베스트 5

おめでとう ございます。
M+07-06 　축하합니다.

お誕生日 おめでとう。
M+07-07 　생일 축하해.

成人式 おめでとう。
M+07-08 　성인식 축하해.

メリークリスマス。
M+07-09 　메리 크리스마스.

あけまして おめでとう ございます。
M+07-10 　새해 복 많이 받으세요.

제08과 일본어 실력의 핵심은
동사다! (1단동사 2.)
일본 드라마를 보면 즐겁다.
日本の ドラマを 見れば 楽しい。

일본 드라마를 보면 즐겁다.
C-08-01 　**日本の ドラマを 見れば 楽しい。**

道に ゴミを 捨てれば 罰金です。
C-08-02 　**道に ゴミを 捨てれば 罰金です。**
길에 쓰레기를 버리면 벌금입니다.

思考を 変えれば 世の中が 変わる。
C-08-03 　생각을 바꾸면 세상이 바뀐다.

職場を 辞めれば 大変です。
C-08-04 　직장을 그만두면 큰일입니다.

일본 드라마를 봐라!
C-08-05 　**日本の ドラマを 見ろ!**

質問に 答えろ!
C-08-06 　질문에 대답해라!

毎日 子供を 褒めろ!
C-08-07 　매일 아이를 칭찬해라!

難しい ことは 彼に 任せろ!
C-08-08 　어려운 일은 그에게 맡겨라!

일본 드라마를 볼 거야(보자).
C-08-09 　**日本の ドラマを 見よう。**

彼女に 私の 心を 伝えよう。
C-08-10 　그녀에게 나의 마음을 전해야지/전하자.

友達の 家を 訪ねよう。
C-08-11 　친구 집을 방문해야지/방문하자.

人々の 関心を 集めよう。
C-08-12 　사람들의 관심을 모아야지/모으자.

12월에 일본에 돌아갑니다.
C-08-13 　**十二月に 日本へ 帰ります。**

彼女 以外には 誰も 要らない。
C-08-14　그녀 이외에는 누구도 필요 없다.

汽車は 早く 走ります。
C-08-15　기차는 빠르게 달립니다.

桜が 散ります。
C-08-16　벚꽃이 집니다.

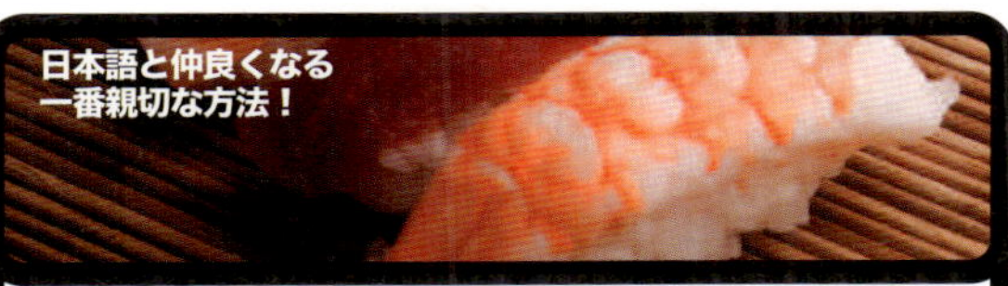

제08과 Multi Plus
일본어 생활표현 & 여행회화!

08+01. 일본어 생활표현 : 식사 관련 표현

あ お腹 すいた。
M+08-01　아~! 배고프다. (배고파 죽겠어.)

お腹 すかない。
M+08-02　배고프지 않니?

何か 辛い ものが 食べたい。
M+08-03　뭔가 매운 것이 먹고 싶은데.

お代わり いかがですか。
M+08-04　좀 더 드시겠습니까? (한 그릇 더 어떻습니까?)

もう お腹 いっぱいです。
M+08-05　이미 배부릅니다.

08+02. 일본어 생활표현 : 식사예절 표현

どうぞ。
M+08-06　자, 드세요.

いただきます。
M+08-07　잘 먹겠습니다.

ごちそうさまでした。
M+08-08　잘 먹었습니다.

お口に 合いましたか。
M+08-09　입맛에 맞으셨습니까?

すごく おいしかったです。
M+08-10　매우 맛있었습니다.

08+03. 일본어 생활표현 : 맛 표현

味は いかがですか。
M+08-11　맛은 어떻습니까?

少し 薄いです。
M+08-12　약간 싱겁습니다.

とても しょっぱいです。
M+08-13　너무 짭니다.

味が ちょっと おかしいです。
M+08-14　맛이 좀 이상합니다.

辛くて 食べません。
M+08-15　매워서 안 먹습니다.

제09과 일본어 실력의 핵심은
동사다! (불규칙동사 1.)
그는 일본문학을 공부합니다.
彼は 日本文学を 勉強します。

그는 일본문학을 공부하지 않는다.
C-09-01　**彼は 日本文学を 勉強しない。**

 부록 : 청취 및 발음 연습용 대본

● 청취연습과 회화연습을 위한 MP3 리스트!
● 본문의 문장들을 재구성한 학습용 스크립트!

C-09-02
그는 일본문학을 공부하지 않습니다.
彼は 日本文学を 勉強しないです。

C-09-03
그는 일본문학을 공부하지 않습니까?
彼は 日本文学を 勉強しないですか。

C-09-04
그는 일본문학을 공부하지 않아?
彼は 日本文学を 勉強しない。

C-09-05
그녀는 일본에서 오지 않는다.
彼女は 日本から 来ない。

C-09-06
그녀는 일본에서 오지 않습니다.
彼女は 日本から 来ないです。

C-09-07
그녀는 일본에서 오지 않습니까?
彼女は 日本から 来ないですか。

C-09-08
그녀는 일본에서 오지 않아?
彼女は 日本から 来ない。

C-09-09
彼女は 金持ちを 尊敬しない。
그녀는 부자를 존경하지 않는다.

C-09-10
日曜日に 私の 家へ 来ない。
일요일에 우리 집으로 오지 않을래?

C-09-11
週末には バイトを しないです。
주말에는 아르바이트를 하지 않습니다.

C-09-12
그는 일본문학을 공부합니다.
彼は 日本文学を 勉強します。

C-09-13
그는 일본문학을 공부합니까?
彼は 日本文学を 勉強しますか。

C-09-14
그는 일본문학을 공부한다.
彼は 日本文学を 勉強する。

C-09-15
그녀는 일본에서 옵니다.
彼女は 日本から 来ます。

C-09-16
그녀는 일본에서 옵니까?
彼女は 日本から 来ますか。

C-09-17
그녀는 일본에서 온다.
彼女は 日本から 来る。

C-09-18
私達は テニスを します。
우리들은 테니스를 칩니다.

C-09-19
いつ 日本の 友達が 来ますか。
언제 일본 친구가 옵니까?

C-09-20
いつも あなたを 応援します。
언제나 당신을 응원합니다.

C-09-21
일본문학을 공부하는 사람은 나의 친구입니다.
日本文学を 勉強する 人は 私の 友達です。

C-09-22
일본에서 오는 사람은 나의 여자친구입니다.
日本から 来る 人は 私の 彼女です。

C-09-23
ジムで 運動する 人は 誰ですか。
체육관에서 운동하는 사람은 누구입니까?

C-09-24
遊園地に 来る 人は 殆んど 若者です。
유원지에 오는 사람은 대부분 젊은이입니다.

C-09-25
ここは 日本文化を 勉強する 会です。
여기는 일본문화를 공부하는 모임입니다.

제09과 Multi Plus
일본어 생활표현 & 여행회화!

09+01. 일본어 여행회화 : 식당을 찾을 때

Practical, Useful and Easy-To-Understand Lessons!

 부록 : 청취 및 발음 연습용 대본

● 청취연습과 회화연습을 위한 MP3 리스트!
● 본문의 문장들을 재구성한 학습용 스크립트!

有名な すし屋を 勧めて ください。
M+09-01　유명한 초밥집을 추천해주세요.

安くて おいしい 居酒屋なら いいです。
M+09-02　저렴하고 맛있는 이자카야면 좋겠습니다.

いい トンカツ屋は どこですか。
M+09-03　괜찮은 돈가스집은 어디입니까?

この ラーメン屋は どこに ありますか。
M+09-04　이 라멘집은 어디에 있습니까?

この 近くに 中華屋が ありますか。
M+09-05　이 근처에 중국집이 있습니까?

09+02. 일본어 여행회화 : 식당예약 표현

予約が 要りますか。
M+09-06　예약이 필요합니까?

今夜 六時に 二人 予約します。
M+09-07　오늘 밤 6시에 2인 예약합니다.

**申し訳ございませんが、
満席でございます。**
M+09-08　죄송합니다만, 만석입니다.

いつ 予約できますか。
M+09-09　언제 예약 가능합니까?

予約の 可能な 時間で お願い します。
M+09-10　예약 가능한 시간으로 해주세요 (부탁합니다).

09+03. 일본 상식 : 맛집 표현

有名なグルメは どこですか。
M+09-11　유명한 맛집은 어디입니까?

うどんが おいしい店は どこですか。
M+09-12　우동이 맛있는 집은 어디입니까?

**豚骨ラーメンを 是非
食べてみたいです。**
M+09-13　돈코츠라멘을 꼭 먹어보고 싶습니다.

急に 牛丼が 食べたいです。
M+09-14　갑자기 규동이 먹고 싶습니다.

トンカツ専門店に 行きましょう。
M+09-15　돈가스 전문점으로 갑시다!

제10과 일본어 실력의 핵심은
동사다! (불규칙동사 2.)
일본문학을 공부하면 일본이 보입니다.
**日本文学を 勉強すれば、
日本が 見えます。**

일본문학을 공부하면 일본이 보입니다.
C-10-01　**日本文学を 勉強すれば、
日本が 見えます。**

그녀가 일본에 온다면 좋겠습니다.
C-10-02　**彼女が 日本に 来れば、
いいと 思います。**

여기서 식사하면 맛있습니다.
C-10-03　**ここで 食事すれば おいしいです。**

봄이 오면 꽃이 핀다.
C-10-04　**春が 来れば 花が 咲く。**

어떻게 하면 좋겠습니까?
C-10-05　**どう すれば いいですか。**

일본문학을 공부해라!
C-10-06　**日本文学を 勉強しろ。**

 Practical, **Useful** and
Easy-To-Understand Lessons!

일본에 놀러 와라!
C-10-07　日本へ 遊びに 来い。

一人の 男として 約束しろ。
C-10-08　한 사람의 남자로써 약속해라!

早く カフェへ 来い。
C-10-09　어서 카페로 와라!

早く 結婚しろ。
C-10-10　빨리 결혼해라!

일본문학을 공부해야지/공부하자.
C-10-11　日本文学を 勉強しよう。

일본에 놀러 와야지/오자.
C-10-12　日本へ 遊びに 来よう。

日本の あっちこっちを 観光しよう。
C-10-13　일본의 여기저기를 관광해야지/관광하자.

是非 また 来よう。
C-10-14　꼭 다시 와야지/오자.

後で また 来よう。
C-10-15　나중에 또 와야지/오자.

일본어 수업을 시작하겠습니다.
C-10-16　日本語の 授業を 始めます。

彼女の 結婚相手が 決まりました。
C-10-17　그녀의 결혼 상대가 정해졌습니다.

彼女は 結婚相手を 決めました。
C-10-18　그녀는 결혼 상대를 정했습니다.

私達の 愛は 昔から 始まった。
C-10-19　우리들의 사랑은 옛날부터 시작되었다.

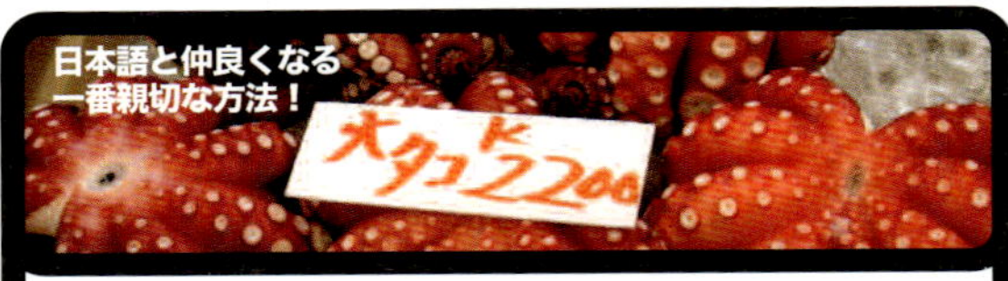

**제10과 Multi Plus
일본어 생활표현 & 여행회화!**

**10+01. 일본어 여행회화 :
식당용 회화 표현 (1)**

いらっしゃいませ。
M+10-01　어서 오세요.

何が いいですか。
M+10-02　무엇이 좋습니까?

お勧めの 料理は 何ですか。
M+10-03　추천요리는 무엇입니까?

牛丼は いくらですか。
M+10-04　규동은 얼마입니까?

寿司 ください。
M+10-05　초밥 주세요.

**10+02. 일본어 여행회화 :
식당용 회화 표현 (2)**

おしぼり ください。
M+10-06　물수건 주세요.

熱いですから お気を つけて ください。
M+10-07　뜨거우니까 주의해주세요.

今 注文します。
M+10-08　지금 주문하겠습니다.

この あたりに 中華屋が ありますか。
M+10-09　이 주변에 중국식당이 있습니까?

Practical, Useful and Easy-To-Understand Lessons!

부록 : **청취 및 발음 연습용 대본**

- 청취연습과 회화연습을 위한 MP3 리스트!
- 본문의 문장들을 재구성한 학습용 스크립트!

今日は 私が おごります。
M+10-10　오늘은 제가 한턱 내겠습니다.

10+03. 일본어 여행회화 : 패스트푸드점용 회화표현

こちらで おめしあがりですか。
M+10-11　여기에서 드십니까?

お持ち帰りですか。
M+10-12　포장입니까?

ハンバーガーと コーラ ください。
M+10-13　햄버거와 콜라 주세요.

チーズバーガー セットを 二つ ください。
M+10-14　치즈버거 세트를 2개 주세요.

ランチセットを 三つ お持ち帰りです。
M+10-15　런치세트를 3개 포장해주세요.

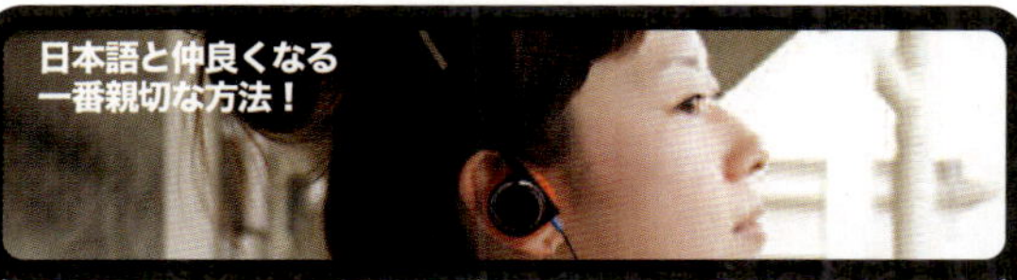

제11과 우리말에 없는 일본어 주고 받기 표현
나는 그녀에게 일본 CD를 주었습니다.
私は 彼女に 日本の CDを あげました。

나는 그녀에게 일본 CD를 줍니다.
C-11-01　**私は 彼女に 日本の CDを あげます。**

彼は 彼女に 指輪を あげます。
C-11-02　그는 여자친구에게 반지를 줍니다.

彼は 犬に 餌を やる。
C-11-03　그는 개에게 먹이를 준다.

彼は 先生に ばらを さしあげます。
C-11-04　그는 선생님에게 장미꽃을 드립니다.

그는 그녀에게 영화 티켓을 줍니다.
C-11-05　**彼は 彼女に 映画の チケットを くれます。**

小野さんは 妹に 誕生日の プレゼントを くれます。
C-11-06　오노 씨는 여동생에게 생일 선물을 줍니다.

おばさんは 私に 手作り弁当を くださる。
C-11-07　아주머니는 나에게 손수 만든 도시락을 주신다.

金さん、食事の 準備を 手伝ってくれる。
C-11-08　김 씨, 식사 준비를 도와줄래?

나는 친구에게 매일 메일을 받습니다.
C-11-09　**私は 友達に 毎日 メールを もらいます。**

彼は 会社から 休暇を もらう。
C-11-10　그는 회사로부터 휴가를 받는다.

子供は 先生から お菓子を いただきます。
C-11-11　아이는 선생님으로부터 과자를 받았습니다.

私は 金さんに 食事の 準備を 手伝って もらいます。
C-11-12　나는 김 씨에게 식사 준비 도움을 받습니다.
(김 씨는 식사 준비를 도와줍니다.)

제11과 Multi Plus
일본어 생활표현 & 여행회화!

11+01. 일본 상식 : 일본의 불꽃놀이

夏祭の 見所は やっぱり 花火だね。

M+11-01 여름 축제의 볼거리는 역시 불꽃놀이지.

11+02. 일본 상식 : 꽃놀이

今度の 日曜日 花見に 行く。

M+11-02 이번 일요일 꽃놀이 하러 갈래?

11+03. 일본 상식 : 일본의 온천문화

日本では 猿も 温泉を 楽しむ。

M+11-03 일본에서는 원숭이도 온천을 즐긴다.

11+04. 일본 상식 : 파칭코

パチンコは ギャンブルだ。

M+11-04 파칭코는 도박이다.

제12과 동사의 활용과 **て**형 / **た**형 (1)
나는 일본어 책을 읽고 드라마를 봅니다.
**私は 日本語の 本を 読んで
ドラマを 見ます。**

일본인 친구를 만나/만나서 커피를 마십니다.
C-12-01 **日本人の 友達に 会って コーヒーを
飲みます。**

어제 일본인 친구를 만났다.
C-12-02 **昨日 日本人の 友達に 会った。**

彼女は 新車を 買って ドライブします。
C-12-03 그녀는 새 차를 사서 드라이브합니다.

**昨日 私は カメラを 持って 写真を
撮った。**
C-12-04 어제 나는 카메라를 가지고 사진을 찍었다.

彼は 飛行機に 乗って 旅立った。
C-12-05 그는 비행기를 타고 여행을 떠났다.

매일 일본어를 쓰고 외웁니다.
C-12-06 **毎日 日本語を 書いて 覚えます。**

나는 일본어로 편지를 썼다.
C-12-07 **私は 日本語で 手紙を 書いた。**

彼女は 歩いて 学校へ 行きます。
C-12-08 그녀는 걸어서 학교에 갑니다.

**学校へ 行く前に 歯を 磨いて 顔を
洗います。**
C-12-09 학교에 가기 전에 이를 닦고 얼굴을 씻습니다.

**図書館では コートを 脱いで
勉強します。**
C-12-10 도서관에서는 코트를 벗고 공부합니다.

나는 일본어 책을 읽고, 드라마를 봅니다.
C-12-11 **私は 日本語の 本を 読んで ドラマを
見ます。**

어제 일본 만화책을 전부 읽었다.
C-12-12 **昨日 日本の マンガを 全部 読んだ。**

**彼等は 東京で 遊んで
ショッピングを します。**
C-12-13 그들은 도쿄에서 놀고 쇼핑을 합니다.

愛する 人が 死んで 悲しいです。
C-12-14 사랑하는 사람이 죽어서 슬픕니다.

부록 : 청취 및 발음 연습용 대본

● 청취연습과 회화연습을 위한 MP3 리스트!
● 본문의 문장들을 재구성한 학습용 스크립트!

彼女は 腕を 組んで います。
C-12-15　그녀는 팔짱을 끼고 있습니다.

일본에서 선생님과 함께 지내서 즐거웠습니다.
日本で 先生と 一緒に 過ごして
楽しかったです。
C-12-16

휴일에는 아이와 일본에서 지냈다.
休日には 子供と 日本で 過ごした。
C-12-17

母と 話して 友達を 招待します。
C-12-18　어머니와 애기해서 친구를 초대합니다.

皆が 誕生日の 歌を 歌いながら
ろうそくを 消した。
C-12-19　모두가 생일 노래를 부르면서 촛불을 껐다.

彼女は 彼氏の プレゼントで
感動の 涙を 流した。
C-12-20　그녀는 남자친구의 선물로
　　　　감동의 눈물을 흘렸다.

제12과 Multi Plus
일본어 생활표현 & 여행회화!

12+01. 일본 상식 : 일본 라멘 베스트 3

豚骨ラーメン 一つと
醤油ラーメン 一つ ください。
M+12-01　돈코츠라멘 1개와 쇼유라멘 1개 주세요.

12+02. 일본 상식 :
일본의 대표 간편식, 규동

ここは 牛丼定食が 一番 おいしいです。
M+12-02　여기는 규동정식이 제일 맛있습니다.

12+03. 일본 상식 : 일본인의 베스트 스시

全部で いくらですか。
M+12-03　전부해서 얼마입니까?
　　　　（회전스시점에서 가격을 물어볼 때）

12+04. 일본 상식 :
일본의 편의점 벤또 베스트!

この コンビニは 焼肉弁当が
一番 おいしいです。
M+12-04　이 편의점은 야키니쿠 벤또가
　　　　제일 맛있습니다.

제13과 동사의 활용과 **て**형 / **た**형 (2)
그는 아침에 일어나서 신문을 읽습니다.
彼は 朝 起きて 新聞を 読みます。

그는 아침에 일어나서 신문을 읽습니다.
C-13-01　**彼は 朝 起きて 新聞を 読みます。**

그녀는 오전 6시에 일어났다.
C-13-02　**彼女は 午前 六時に 起きた。**

私は 朝ご飯を 食べて 会社へ
出勤します。
C-13-03　나는 아침밥을 먹고 회사에 출근합니다.

Practical, Useful and
Easy-To-Understand Lessons!

伊藤さんは 仲間と 別れた。
C-13-04　이토 씨는 동료와 헤어졌다.

彼は 仕事を 終えて 飲み会へ 行きました。
C-13-05　그는 일을 끝내고 회식에 갔었습니다.

일본인 친구가 메일로 연락해 왔다.
日本人の 友達が メールで 連絡して 来た。
C-13-06

일본에서 친구가 와서 함께 서울을 구경하였다.
日本から 友達が 来て 一緒に ソウルを 見物した。
C-13-07

市場で 買物して 屋台で トクポクキを 食べました。
C-13-08　시장에서 쇼핑하고 포장마차에서 떡볶이를 먹었습니다.

大勢が 来て 服や アクセサリーを 買います。
C-13-09　많은 사람들이 와서 옷이랑 장신구를 삽니다.

私達は 一日中 ウィンドウショッピングを した。
C-13-10　우리들은 하루 종일 아이쇼핑을 했다.

그녀는 일본에서 선물을 사고 있다.
彼女は 日本で お土産を 買っている。
C-13-11

그녀는 일본에서 선물을 사두었다.
彼女は 日本で お土産を 買っておいた。
C-13-12

그녀는 일본에서 선물을 사본다.
彼女は 日本で お土産を 買ってみる。
C-13-13

그녀는 일본에서 선물을 사온다.
彼女は 日本で お土産を 買ってくる。
C-13-14

彼女は お母さんに 似ている。
C-13-15　그녀는 어머니를 닮았다.

彼女は 日本で 住んでいます。
C-13-16　그녀는 일본에서 살고 있습니다.

彼は 結婚していますか。
C-13-17　그는 결혼했습니까?

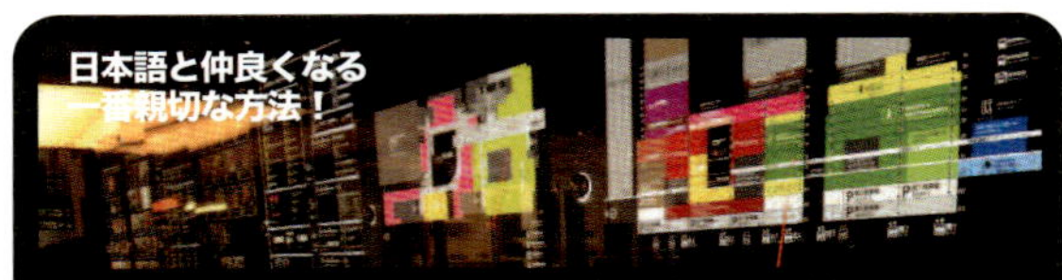

제13과 Multi Plus
일본어 생활표현 & 여행회화!

13+01. 일본 상식 : 쇼핑스팟 - 돈키호테

ドン・キホーテでは 色々な 製品を 売っている。
M+13-01　돈키호테에서는 여러 가지 제품을 팔고 있다.

13+02. 일본 상식 : 쇼핑스팟 - 100엔숍

日本では 100円ショップだけでなく、 99円ショップも あります。
M+13-02　일본에는 100엔숍뿐만 아니라, 99엔숍도 있습니다.

13+03. 일본 상식 : 쇼핑스팟 - 프리마켓

今度の 週末 家族 皆が フリーマーケットへ 行きます。
M+13-03　이번 주말 가족 모두가 벼룩시장에 갑니다.

13+04. 일본 상식 : 쇼핑스팟 - 시부야 109

 부록 : 청취 및 발음 연습용 대본

 ● 청취연습과 회화연습을 위한 MP3 리스트!
● 본문의 문장들을 재구성한 학습용 스크립트!

原宿駅へ 行けば、
ショッピングは 勿論
公園や 神社 なども 見る ことが
できる。

M+13-04　하라주쿠역에 가면, 쇼핑은 물론 공원이나 신사 등도 볼 수 있다.

제14과 형용사 및 형용동사의 활용과 **て**형
일본 여성은 상냥하고 귀엽습니다.
日本の 女性は 優しくて かわいいです。

일본 여성은 상냥하고 귀엽습니다.
C-14-01　**日本の 女性は 優しくて かわいいです。**

彼女は 若くて 美しいです。
C-14-02　그녀는 젊고 아름답습니다.

彼は 背が 高くて 格好いいです。
C-14-03　그는 키가 크고 잘 생겼습니다.

彼女は 頭が よくて 性格も 明るいです。
C-14-04　그녀는 머리가 좋고 성격도 밝습니다.

일본인은 성실하고 친절합니다.
C-14-05　**日本人は 真面目で 親切です。**

彼女は 朗らかで 楽天的です。
C-14-06　그녀는 명랑하고 낙천적입니다.

私の 彼女は スリムで 元気です。
C-14-07　내 여자친구는 날씬하고 건강합니다.

彼は 立派で 素敵です。
C-14-08　그는 훌륭하고 멋집니다.

이번 일본여행이 즐거우면 또 오겠습니다.
C-14-09　**今回の 日本旅行が 楽しければ また 来ます。**

天気が よければ 富士山へ 行きましょう。
C-14-10　날씨가 좋으면 후지산에 갑시다.

顔が かわいければ 年は 関係ない。
C-14-11　얼굴이 귀여우면 나이는 관계없다.

背が 高ければ 人気も 高い。
C-14-12　키가 크면 인기도 많다.

주말에 한가하면 일본에 갈 계획입니다.
C-14-13　**週末 暇なら 日本へ 行く つもりです。**

体が 元気なら 他の 物は 要らない。
C-14-14　몸이 건강하면 다른 것은 필요 없어.

運動が 嫌なら 音楽でも 聴け。
C-14-15　운동이 싫다면 음악이라도 들어라.

さよなら。
C-14-16　안녕.

일본의 산이라면 후지산이 유명합니다.
C-14-17　**日本の 山なら 富士山が 有名です。**

私は 彼女との 約束を 守らなければ ならない。
C-14-18　나는 그녀와의 약속을 지키지 않으면 안 된다.

彼女が 来たら 私は 行く。
C-14-19　그녀가 오면 나는 간다.

彼女が 来るなら 私は 行く。
C-14-20　그녀가 온다면 나는 간다.

 부록 : 청취 및 **발음 연습용 대본**

제14과 Multi Plus
일본어 생활표현 & 여행회화!

14+01. 일본어 여행회화 : 의류쇼핑 표현!

ちょっと 小さいです。
M+14-01 　좀 작네요.

もっと 大きい サイズですか。
M+14-02 　좀 더 큰 사이즈입니까?

赤い 物は ないですか。
M+14-03 　빨간색은 없습니까?

この スカートが ちょうど いいです。
M+14-04 　이 스커트가 딱 맞네요.

はい、それを ください。
M+14-05 　네, 그것을 주세요.

14+02. 일본어 여행회화 : 쇼핑과 계산하기

デパートは どこですか。
M+14-06 　백화점은 어디입니까?

お土産は 何が いいですか。
M+14-07 　선물은 무엇이 좋습니까?

この 人形と おもちゃを ください。
M+14-08 　이 인형과 장난감을 주세요.

お勘定 お願い します。
M+14-09 　계산 부탁합니다.

かしこまりました。
M+14-10 　잘 알겠습니다.

제15과 일본어 표현력 도우미, 조동사 (1)
돈가스는 일본에서 처음으로 만들어졌습니다.
**トンカツは 日本で 初めて
作られました。**

돈가스는 일본에서 처음 만들어졌습니다.
C-15-01 **トンカツは 日本で 初めて
作られました。**

나는 일본인 친구에게 초대받았다.
C-15-02 **私は 日本人の 友達に 招待された。**

彼は スマートホンを 盗まれました。
C-15-03 　그는 스마트폰을 도둑맞았습니다.

子供は 母に 褒められました。
C-15-04 　아이는 어머니에게 칭찬받았습니다.

毎年 新しい パソコンが 発売されます。
C-15-05 　매년 새로운 컴퓨터가 발매됩니다.

그녀는 일본어로 대답할 수 있습니다.
C-15-06 **彼女は 日本語で 答えられます。**

彼は 辛い 料理が 食べられる。
C-15-07 　그는 매운 요리를 먹을 수 있다.

**私は ソウルの 名所を 日本語で
案内できます。**
C-15-08 　나는 서울의 명소를 일본어로
안내할 수 있습니다.

彼女は 韓国へ 来られますか。
C-15-09 　그녀는 한국에 올 수 있습니까?

 Practical, **Useful** and
Easy-To-Understand Lessons!

● 청취연습과 회화연습을 위한 MP3 리스트!
● 본문의 문장들을 재구성한 학습용 스크립트!

우리들은 일본어를 말할 수 있습니다.
C-15-10 **私達は 日本語が 話せます。**

彼は 日本語が 読めます。
C-15-11 그는 일본어를 읽을 수 있습니다.

韓国で 日本の マンガが 買えます。
C-15-12 한국에서 일본 만화책을 살 수 있습니까?

私は 難しい 漢字を 書く ことが できます。
C-15-13 나는 어려운 한자를 쓸 수 있습니다.

그의 부모님은 일본어 토론회를 보셨습니다.
C-15-14 **彼の ご両親は 日本語の 討論会を 見られました。**

この 文章は 前田さんが 書かれた ものです。
C-15-15 이 글은 마에다 씨가 쓰신 것입니다.

校長が 新しい 先生を 紹介されます。
C-15-16 교장선생님이 새로운 선생님을 소개하십니다.

先生が 講義室へ 来られます。
C-15-17 선생님이 강의실에 오십니다.

제15과 Multi Plus
일본어 생활표현 & 여행회화!

15+01. 일본어 여행회화 : 디즈니랜드 관광

ディズニーランドへ 行く ツアーが ありますか。
M+15-01 디즈니랜드에 가는 투어가 있습니까?

お昼は 観光料金に 含まれて いますか。
M+15-02 점심은 관광요금에 포함되어 있습니까?

入場券は いくらですか。
M+15-03 입장료는 얼마입니까?

チケット 3枚 ください。
M+15-04 티켓 3장 주세요.

韓国語で 書かれた ガイドブックは ありますか。
M+15-05 한국어로 쓰여진 가이드북이 있습니까?

15+02. 일본어 여행회화 : 교토 관광

写真を 撮っても いいですか。
M+15-06 사진을 찍어도 좋습니까(됩니까)?

記念品が 買える 所は ありますか。
M+15-07 기념품을 살 수 있는 곳이 있나요?

金閣寺は 何時まで 開いて いますか。
M+15-08 금각사는 몇 시까지 열려 있습니까?

歌舞伎は どこで 見られますか。
M+15-09 가부키는 어디에서 볼 수 있습니까?

祇園祭は 一年に 一回 行われます。
M+15-10 기온마쓰리는 1년에 한 번 거행합니다.

15+03. 일본어 여행회화 : 온천 관광

日本は 温泉観光で 有名です。
M+15-11 일본은 온천관광으로 유명합니다.

 Practical, Useful and Easy-To-Understand Lessons!

부록 : 청취 및 발음 연습용 대본

● 청취연습과 회화연습을 위한 MP3 리스트!
● 본문의 문장들을 재구성한 학습용 스크립트!

温泉に 行く時は タオルを 準備しなければなりません。
M+15-12　온천에 갈 때는 수건을 준비해야 합니다.

日本人は 垢すりを しません。
M+15-13　일본인은 때를 밀지 않습니다.

日本旅館では 浴衣に 着替えます。
M+15-14　일본 여관에서는 유카타로 갈아 입습니다.

温泉には 時間に よって 男湯と 女湯が 変わる 所が あります。
M+15-15　온천에는 시간에 따라 남탕과 여탕이 바뀌는 곳이 있습니다.

제16과 일본어 표현력 도우미, 조동사 (2)
선생님은 학생에게 일본어를 배우게 합니다.
先生は 学生に 日本語を 習わせます。

선생님은 학생에게 일본어를 배우게 합니다.
C-16-01　**先生は 学生に 日本語を 習わせます。**

彼女は 私に タバコを 辞めさせた。
C-16-02　그녀는 나에게 담배를 그만두게 했다.

彼女は 私に 映画の チケットを 予約させます。
C-16-03　그녀는 나에게 영화 티켓을 예약시켰습니다.

彼女は 私に 飲み物を 買って 来させた。
C-16-04　그녀는 나에게 음료수를 사서 오게 했다.

일본인 여성과 일본어로 말했다.
C-16-05　**日本人の 女性と 日本語で 言わせられた。**

子供は 母に パーティーの 服を 着せられた。
C-16-06　아이는 어머니가 시켜서 파티 옷을 입었다.

私は 父に 勉強させられました。
C-16-07　나는 아버지 때문에 공부하였습니다.

私は 彼女の 頼みで 来させられた。
C-16-08　나는 그녀의 부탁으로 왔다.

나는 일본에 가고 싶다.
C-16-09　**私は 日本へ 行きたい。**

日本人と 友達に なりたいです。
C-16-10　일본인과 친구가 되고 싶습니다.

昨日は 日本の ドラマが 見たかった。
C-16-11　어제는 일본 드라마가 보고 싶었다.

彼は 日本旅行を したがっている。
C-16-12　그는 일본 여행을 하고 싶어 하고 있다.

나는 멋진 일본인 애인을 가지고 싶다.
C-16-13　**私は 素敵な 日本人の 恋人が ほしい。**

私は 新しい 車が ほしいです。
C-16-14　나는 새 차를 가지고 싶습니다.

はっきり 言ってほしい。
C-16-15　확실히 말해주길 바란다/ 말해 주었으면 좋겠다.

彼は お金を ほしがっていない。
C-16-16　그는 돈을 가지고 싶어하지 않는다.

제16과 Multi Plus
일본어 생활표현 & 여행회화!

16+01. 일본어 생활표현 : 약속을 정할 때

今度の 週末 暇ですか。
M+16-01　이번 주말에 시간 있으세요?

午前中には 時間が ありません。
M+16-02　오전 중에는 시간이 없습니다.

何時だったら 来られる。
M+16-03　몇 시라면 올 수 있어?

そちらで 時間を 決めて ください。
M+16-04　그쪽에서 시간을 정해 주세요.

そちらで 場所を 決めて ください。
M+16-05　그쪽에서 장소를 정해 주세요.

16+02. 일본어 생활표현 : 약속을 변경할 때

雰囲気が いい 場所に 変更できないの。
M+16-06　분위기가 좋은 장소로 변경할 수는 없어?

**よろしければ 約束を
変更できませんでしょうか。**
M+16-07　괜찮으시다면 약속을 변경할 수 없을까요?

約束の 時間を 少し 早めに したいです。
M+16-08　약속 시간을 조금 빨리 하고 싶습니다.

**明日の 約束を
キャンセルしなければならない。**
M+16-09　내일 약속을 취소하지 않으면 안된다.

**すみません、
急に 具合が 悪く なりまして。**
M+16-10　미안합니다, 갑자기 몸이 안좋아져서요.

16+03. 일본어 생활표현 : 약속에 늦을 때

彼は 遅れて くると 思います。
M+16-11　그는 늦게 올 것이라 생각합니다/늦게 올 겁니다.

どこかへ 行って 時間を つぶそうか。
M+16-12　어딘가에 가서 시간을 때울까?

あとで 着きます。
M+16-13　나중에 도착합니다.

待たせて ごめん。
M+16-14　기다리게 해서 미안해.

遅れて 本当に 申し訳 ございません。
M+16-15　늦어서 정말로 죄송합니다.

제17과 일본어 표현력 도우미, 조동사 (3)
그는 내년 일본에 올 것 같다.
彼は 来年 日本へ 来るらしい。

그는 내년 일본에 올 것 같다.
C-17-01　**彼は 来年 日本へ 来るらしい。**

明日は 雪が 降るらしい。
C-17-02　내일은 눈이 올 것 같다.

彼は 幸せらしい。
C-17-03　그는 행복한 것 같다.

Practical, Useful and
Easy-To-Understand Lessons!

彼女の 話し方は 女らしい。
C-17-04　그녀의 말투는 여자 같다/여자답다.

그는 자주 일본 노래를 듣는 것 같다.
彼は よく 日本の 歌を 聴くようだ。
C-17-05

彼は 日本に 友達が いるようだ。
C-17-06　그는 일본에 친구가 있는 것 같다.

彼女は 映画の 主人公が 好きなようだ。
C-17-07　그녀는 영화 주인공을 좋아하는 것 같다.

街は いつも 祭のようだ。
C-17-08　거리는 언제나 축제인 것 같다/축제 같다.

그녀는 일본에서 유명한 연예인인 것 같다.
彼女は 日本で 有名な 芸能人みたいだ。
C-17-09

彼は どこかで 会ったみたいだ。
C-17-10　그는 어딘가에서 만난 것 같다.

**お店だけ 見ても
おいしくないみたいだ。**
C-17-11　가게만 봐도 맛없을 것 같다.

彼は 何となく 真面目みたいです。
C-17-12　그는 왠지 성실한 것 같습니다.

오늘 일본은 비라도 올 것 같다.
今日の 日本は 雨でも 降りそうだ。
C-17-13

明日は 晴れそうだ。
C-17-14　내일은 맑을 것 같다/갤 것 같다.

彼が 買った 服は 高そうだ。
C-17-15　그가 산 옷은 비쌀 것 같다.

彼女の 部屋は きれいそうです。
C-17-16　그녀의 방은 깨끗할 것 같습니다.

오늘 일본은 비가 온다고 한다.
今日 日本は 雨が 降るそうだ。
C-17-17

彼が 日本から 来るそうだ。
C-17-18　그가 일본에서 온다고 한다/온대.

日本は 物価が 高いそうです。
C-17-19　일본은 물가가 비싸다고 합니다.

彼女は 日本語の 先生だそうだ。
C-17-20　그녀는 일본어 선생님이라고 한다/
선생님이래.

제17과 Multi Plus
일본어 생활표현 & 여행회화!

17+01. 일본어 생활표현 : 집에서 전화할 때

もしもし。田中さんの お宅ですか。
M+17-01　여보세요. 다나카씨 댁입니까?

花子の 友達の 太郎ですけど。
M+17-02　하나코 친구인 타로입니다만.

家に 帰ったら 電話して ほしい。
M+17-03　집에 돌아가면 전화해 줬으면 해.

りえは 今 家に おりません。
M+17-04　리에는 지금 집에 없습니다.

**すみません。
電話番号を 間違えました。**
M+17-05　미안합니다. 전화번호를 틀렸습니다.

17+02. 일본어 생활표현 : 전화를 사용할 때

大きな 声で 話して ください。

M+17-06 큰 소리로 말씀해 주세요.

電話が 遠くて よく 聞こえません。

M+17-07 전화가 멀어서 잘 안들립니다.

子供が 携帯を 持たせないように して ください。

M+17-08 아이가 휴대폰을 가지지 않도록 해 주세요.

公共の 場所では 電話を 控えて ください。

M+17-09 공공장소에서는 전화를 삼가해 주십시오.

電車内では 携帯を 使っては いけない。

M+17-10 지하철 내에서는 휴대전화를 사용해서는 안 된다.

17+03. 일본어 생활표현 : 회사에서 전화할 때

加藤さんと 通話したいです。

M+17-11 가토 씨와 통화하고 싶습니다.

恐れ入りますが どちら様でしょうか。

M+17-12 죄송합니다만, 어느 분이십니까/어디십니까?

あいにく 加藤は 外出して おります。

M+17-13 공교롭게 가토는 외출 중입니다.

お電話 変わりました。

M+17-14 전화바꿨습니다.

少々 お待ちください。

M+17-15 잠시 기다려 주세요.

제18과 일본어를 좀 더 디테일하게, 부사 (1)
한국과 일본은 매우 가깝습니다.
韓国と 日本は とても 近いです。

한국과 일본은 매우 가깝습니다.
C-18-01 **韓国と 日本は とても 近いです。**

현재 한일 관계는 도저히 이해할 수 없다.
C-18-02 **現在 韓日の 関係は とても 理解できない。**

日本語は あまり 難しくないです。

C-18-03 일본어는 그다지 어렵지 않습니다.

あの 二人は まるで 双子のように 似て いる。

C-18-04 저 두 사람은 마치 쌍둥이처럼 닮았다.

まだ 彼は 日本から 来ませんでした。

C-18-05 아직 그는 일본에서 오지 않았습니다.

그는 일본 여자를 만나 가슴이 두근거렸습니다.
C-18-06 **彼は 日本の 女性に 会って 胸が どきどきしました。**

彼女は にこにこ 微笑んで います。

C-18-07 그녀는 방긋방긋 미소짓고 있습니다.

彼女の 肌は つやつやして います。

C-18-08 그녀의 피부는 반들반들합니다.

今夜の 合コンで 彼は うきうきして いる。

C-18-09 오늘 밤 미팅에 그는 들떠 있다.

부록 : 청취 및 발음 연습용 대본

● 청취연습과 회화연습을 위한 MP3 리스트!
● 본문의 문장들을 재구성한 학습용 스크립트!

C-18-10
그는 일본어가 술술 나온다/유창하다.
彼は 日本語が ぺらぺらだ。

C-18-11
犬が わんわん 吠える。
개가 멍멍 짖다.

C-18-12
学生達が こそこそ 話を する。
학생들이 소곤소곤 이야기를 한다.

C-18-13
彼女は 一人で くすくす 笑って いる。
그녀는 혼자서 낄낄 웃고 있다.

C-18-14
일본 도쿄의 야경이 반짝반짝 빛난다.
日本 東京の 夜景が きらきら 輝く。

C-18-15
足が 痛くて ゆっくり 歩いた。
다리가 아파서 천천히 걸었다.

C-18-16
新しい 自転車が めちゃくちゃに なる。
새 자전거가 엉망진창이 되다.

C-18-17
二日酔いで 頭が ずきずきする。
숙취로 머리가 욱신거린다.

제18과 Multi Plus
일본어 생활표현 & 여행회화!

18+01. 일본어 생활표현 : 남녀 사귀기

M+18-01
私達は ただ 友達の 関係です。
우리들은 단지 친구 사이입니다.

M+18-02
彼女の 彼氏は 本当に 格好いい。
그녀의 남자친구는 정말로 잘생겼다.

M+18-03
誰か いい 人 紹介して ください。
누군가 좋은 사람 소개시켜 주세요.

M+18-04
**彼は 無愛想だけど とても
ロマンチックな 人です。**
그는 무뚝뚝하지만 매우 낭만적인 사람입니다.

M+18-05
彼女に 会うと どきどきする。
그녀를 만나면 두근거린다.

18+02. 일본어 생활표현 : 밸런타인데이와 초콜릿

M+18-06
一目ぼれ しました。
첫눈에 반했습니다.

M+18-07
**君が 好きだよ。
(君を 愛してるよ。)**
너를 좋아해. (너를 사랑해.)

M+18-08
チューしても いい。
뽀뽀해도 돼?

M+18-09
私達は 今 幸せです。
우리들은 지금 행복합니다.

M+18-10
あなた なんか もう うんざりだ。
당신 따위 이제 지긋지긋해.

18+03. 일본어 생활표현 : 결혼하기

M+18-11
あの 二人は お似合いの カップルです。
저 두 사람은 잘 어울리는 한 쌍입니다.

M+18-12
私と 結婚して ください。
저와 결혼해 주세요.

부록 : 청취 및 발음 연습용 대본

● 청취연습과 회화연습을 위한 MP3 리스트!
● 본문의 문장들을 재구성한 학습용 스크립트!

M+18-13
一緒に 幸せに なろう。
함께 행복해지자.

M+18-14
新婚 ほやほや。
갓 결혼한 사이.

M+18-15
結婚生活って いろいろ 大変だね。
결혼생활이란 여러 가지로 힘드네.

제19과 일본어를 좀 더 디테일하게, 부사 (2)
그는 일본 소설을 재미있게 읽습니다.
**彼は 日本の 小説を おもしろく
読みます。**

C-19-01
그는 일본 소설을 재미있게 읽습니다.
**彼は 日本の 小説を おもしろく
読みます。**

C-19-02
質問に 優しく 答えます。
질문에 상냥하게 대답합니다.

C-19-03
女性は 誰もが かわいく なりたがる。
여자는 누구나가 사랑스럽게 되고
(사랑스러워지고) 싶어 한다.

C-19-04
彼女と 親しく 付き合って います。
그녀와 친하게 사귀고 있습니다.

C-19-05
그는 일본어를 능숙하게 말합니다.
彼は 日本語を 上手に 話します。

C-19-06
部屋を きれいに 掃除します。
방을 깨끗하게 청소합니다.

C-19-07
毎日 真面目に 働きます。
매일 성실히 일합니다.

C-19-08
彼女を 大切に 守ります。
그녀를 소중하게 지키겠습니다.

C-19-09
일본 후지산의 높이는 3.776m 입니다.
**日本の 富士山の 高さは
3.776mです。**

C-19-10
学生は 先生の 優しさに 感動する。
학생은 선생님의 상냥함에 감동한다.

C-19-11
彼女の 美しさは 誰にも 負けない。
그녀의 아름다움은 누구에게도 지지 않는다.

C-19-12
私の 武器は 若さだ。
나의 무기는 젊음이다.

C-19-13
일본어의 간단함은 발음에 있다.
日本語の 簡単さは 発音に ある。

C-19-14
この 村の 静かさは 昔 そのままだ。
이 마을의 조용함은 옛날 그대로다.

C-19-15
彼の 親切さで 子供の 命を 救った。
그의 친절함으로 아이의 목숨을 구했다.

C-19-16
学生達に あいさつの 大切さを 教える。
학생들에게 인사의 소중함을 가르치다.

Practical, Useful and
Easy-To-Understand Lessons!

제19과 Multi Plus
일본어 생활표현 & 여행회화!

19+01. 일본어 여행표현 : 도난 및 분실

パスポートを 亡くして しまったんです。

M+19-01　여권을 잃어버렸습니다.

忘れ物を したんですが。

M+19-02　물건을 잃어버렸는데요.

運悪く 地下鉄で すりに 遭いました。

M+19-03　운 나쁘게 지하철에서 소매치기를 당했습니다.

うちの 子供が いなくなりました。

M+19-04　저희 아이가 없어졌어요.

泥棒だ。

M+19-05　도둑이야!

19+02. 일본어 여행표현 : 경찰 신고

早く 警察を 呼んで ください。

M+19-06　빨리 경찰을 불러 주세요.

警察に 届けたいんです。

M+19-07　경찰에게 신고하고 싶습니다.

この 書類に 正確に 記入して ください。

M+19-08　이 서류에 정확하게 기입해 주세요.

カードを 停止して くれませんか。

M+19-09　카드를 정지해 주시지 않겠습니까?

盗難届けの コピーを もらいたいです。

M+19-10　도난신고서 사본을 받고 싶습니다.

19+03. 일본어 여행표현 : 응급상황

この 近くに 病院は ありますか。

M+19-11　이 근처에 병원이 있습니까?

救急車を 呼んで ください。

M+19-12　응급차를 불러 주세요.

早く 病院に 連れて 行って ください。

M+19-13　빨리 병원에 데려다 주세요.

韓国大使館に 連絡して ください。

M+19-14　한국대사관에 연락해주십시오.

危険です。助けて ください。

M+19-15　위험합니다. 도와주세요.

제20과 의문사와 접속사 정리
일본 친구는 언제 한국에 옵니까?
日本の 友達は いつ 韓国に 来ますか。

일본 친구는 언제 한국에 옵니까?

C-20-01　**日本の 友達は いつ 韓国に 来ますか。**

今 何時ですか。

C-20-02　지금 몇 시입니까?

ソウルの どこに 住んで いますか。

C-20-03　서울의 어디에 살고 있습니까?

부록 : 청취 및 발음 연습용 대본

● 청취연습과 회화연습을 위한 MP3 리스트!
● 본문의 문장들을 재구성한 학습용 스크립트!

彼女の 性格は どうですか。
C-20-04　그녀의 성격은 어떻습니까?

언젠가 일본 홋카이도에 가고 싶습니다.
いつか 日本 北海道へ 行きたいです。
C-20-05

彼女は おいくつですか。
C-20-06　그녀는 몇 살입니까?

**ソウルから 東京まで どのくらい
かかりますか。**
C-20-07　서울에서 도쿄까지 어느 정도 걸립니까?

**この 服と アクセサリーは
全部で いくらですか。**
C-20-08　이 옷과 액세서리는 전부 얼마입니까?

일본은 섬나라입니다.
그리고 한국과 가깝습니다.
**日本は 島国です。
そして 韓国と 近いです。**
C-20-09

**授業は 五時に 終わります。
そして 夕方 コンパが あります。**
C-20-10　수업은 5시에 끝납니다.
　　　　　그리고 저녁때 모임이 있습니다.

**彼女は 買物して、それから 家に
帰りました。**
C-20-11　그녀는 쇼핑하고, 그리고 나서 집에
　　　　　돌아갔습니다.

**彼は 頭も よくて、
それに スポーツも うまい。**
C-20-12　그는 머리도 좋고 게다가 스포츠도 잘한다.

일본은 지진이 많은 나라다.
그렇기 때문에 재해 대책이 잘 되어 있다.
**日本は 地震が 多い 国だ。
だから 災害の 対策が よく
できて いる。**
C-20-13

**約束の 時間になった。
しかし 彼女は 来なかった。**
C-20-14　약속 시간이 되었다.
　　　　　그러나 그녀는 오지 않았다.

彼女は 美しい けれども 優しくない。
C-20-15　그녀는 아름답지만 상냥하지 않다.

では、また 明日。
C-20-16　그럼, 내일 또 (봅시다).

제20과 Multi Plus
일본어 생활표현 & 여행회화!

20+01. 일본어 여행회화 : 호텔 예약

今夜 ホテルを 予約したいんですが。
M+20-01　오늘 밤 호텔을 예약하고 싶습니다만.

明日 シングルルームは 取れますか。
M+20-02　내일 싱글룸은 잡을 수 있습니까?
　　　　　(예약할 수 있습니까?)

一泊で いくらですか。
M+20-03　1박에 얼마입니까?

もっと 安い 部屋は ありませんか。
M+20-04　더 싼 방은 없습니까?

Practical, Useful and
Easy-To-Understand Lessons!

 부록 : 청취 및 **발음 연습용 대본**

● 청취연습과 회화연습을 위한 MP3 리스트!
● 본문의 문장들을 재구성한 학습용 스크립트!

朝食は 付きますか。
M+20-05　아침 식사는 포함입니까?

20+02. 일본어 여행회화 :
일본의 전통 여관 이용

今日は 空部屋が ございません。
M+20-06　오늘은 빈 방이 없습니다.

この 部屋に します。
M+20-07　이 방으로 하겠습니다.

**お部屋は 11階の 1106号室に
なります。**
M+20-08　방은 11층 1106호입니다.

露天風呂は 何時まで 使えますか。
M+20-09　노천온천은 몇 시까지 사용할 수 있습니까?

お部屋まで ご案内 いたします。
M+20-10　방까지 안내하겠습니다.

20+03. 일본어 여행회화 :
룸서비스 관련 표현

モーニングコールを お願い します。
M+20-11　모닝콜을 부탁합니다.

朝食は どこですか。
M+20-12　조식(아침 식사)는 어디에서 합니까?

ルームサービスは できますか。
M+20-13　룸서비스는 됩니까?

ドライヤーが ほしいですが。
M+20-14　드라이어가 필요합니다만.

部屋を 変えて もらいたいです。
M+20-15　방을 바꾸고 싶습니다.

제21과 일본어의 조사 총정리
이 일본어 사전은 내 것입니다.
この 日本語の 辞書は 私のです。

이 일본어 사전은 내 것입니다.
C-21-01　**この 日本語の 辞書は 私のです。**

彼女は いつも 来るのが 遅い。
C-21-02　그녀는 언제나 오는 것이 늦다.

この メモは 私の 書いた 物です。
C-21-03　이 메모는 내가 쓴 것이다.

今 どこに 行くの。
C-21-04　지금 어디에 가니?

어제 일본인 친구가 왔습니다.
C-21-05　**昨日 日本人の 友達が 来ました。**

**東京も いいですが、
京都にも 行って みたいです。**
C-21-06　도쿄도 좋습니다만,
교토에도 가보고 싶습니다.

私は 彼女の 心が わからない。
C-21-07　나는 그녀의 마음을 모르겠다.

何が ほしいですか。
C-21-08　무엇을 갖고 싶습니까?

이것은 일본어로 뭐라고 말합니까?
C-21-09　**これは 日本語で 何と 言いますか。**

彼は 日本へ 行きましたか。
C-21-10　그는 일본에 갔습니까?

부록 : 청취 및 발음 연습용 대본

● 청취연습과 회화연습을 위한 MP3 리스트!
● 본문의 문장들을 재구성한 학습용 스크립트!

いつか また 会いましょう。

C-21-11 　언젠가 다시 만납시다.

私は 行くか どうか 悩んで いる。

C-21-12 　나는 갈지 어떨지 고민하고 있다.

나는 그녀에게 일본어로 메일을 보냈다.
私は 彼女に 日本語で メールを 送った。

C-21-13

私は 友達に 本を あげた。

C-21-14 　나는 친구에게 책을 주었다.

彼女は 東京に 住んで います。

C-21-15 　그녀는 도쿄에 살고 있습니다.

週末は 釣に 行きます。

C-21-16 　주말은 낚시하러 갑니다.

일본의 계절에는 봄과 여름과 가을과
겨울이 있다.
日本の 季節には 春と 夏と 秋と 冬が ある。

C-21-17

ここでは 空と 海の 境界が 見える。

C-21-18 　여기에서는 하늘과 바다의 경계가 보인다.

彼を 見ると、何だか わくわくする。

C-21-19 　그를 보면 왠지 설레인다.

黒木と 申します。

C-21-20 　구로키라고 합니다.

제21과 Multi Plus
일본어 생활표현 & 여행회화!

21+01. 일본어 여행회화 : 공항 면세점 쇼핑표현

先生の お土産は 何が いいかな。

M+21-01 　선생님 선물은 뭐가 좋을까?

これは 最近 一番 人気の ある ものです。

M+21-02 　이것은 최근에 가장 인기있는 물건입니다.

お土産では 何が いいでしょうか。

M+21-03 　선물로는 어떤 것이 좋을까요?

この 伝統人形は いくらですか。

M+21-04 　이 전통인형은 얼마입니까?

包んで ください。

M+21-05 　포장해 주세요.

21+02. 일본어 여행회화 : 선물할 때 주의할 점

お酒は 何本まで 免税に なりますか。

M+21-06 　술은 몇 병까지 면세가 됩니까?

ウォンで 支払いできますか。

M+21-07 　원으로 계산할 수 있습니까?

日本円で いくらですか。

M+21-08 　일본 엔으로 얼마입니까?

何 パーセント 割引ですか。

M+21-09 　몇 % 할인됩니까?

Practical, Useful and **Easy-To-Understand** Lessons!

부록 : 청취 및 발음 연습용 대본

● 청취연습과 회화연습을 위한 MP3 리스트!
● 본문의 문장들을 재구성한 학습용 스크립트!

日本人の 好きな お土産は 何ですか。
M+21-10　일본인이 좋아하는 선물은 무엇입니까?

21+03. 일본어 여행회화 : 공항에서 이동 시 표현

リムジンバスの 乗り場は どこですか。
M+21-11　리무진버스 정류장은 어디입니까?

スカイライナーの 切符 売り場は どこですか。
M+21-12　스카이라이너 매표소는 어디입니까?

上野駅に 着いたら 教えて いただけますか。
M+21-13　우에노역에 도착하면 가르쳐 주시겠습니까?

この バスは 成田空港まで 行きますか。
M+21-14　이 버스는 나리타 공항까지 갑니까?

電車が まいります。 ご注意 ください。
M+21-15　전철이 들어옵니다. 주의해 주세요.

제22과 일본어의 품위를 더해주는 경어표현 (1)
일본어 선생님의 성함은 무엇입니까?
日本語の 先生の お名前は 何ですか。

여기는 일본에서 유명한 금각사입니다.
C-22-01　**ここは 日本で 有名な 金閣寺です。**

彼は メールを 送ります。
C-22-02　그는 메일을 보냅니다.

私は カフェで 本を 読みます。
C-22-03　나는 카페에서 책을 읽습니다.

あの 方は 日本語の 先生ですか。
C-22-04　저 분은 일본어 선생님입니까?

일본어 선생님의 성함은 무엇입니까?
C-22-05　**日本語の 先生の お名前は 何ですか。**

ご家族は 何人ですか。
C-22-06　가족은 몇 명입니까?

お電話 代わりました。
C-22-07　전화 바꿨습니다(받았습니다).

私が お客さんを ご案内します。
C-22-08　제가 손님을 안내하겠습니다.

화장실은 저쪽에 있습니다.
C-22-09　**お手洗いは あそこに あります。**

ここに 暖かい お茶が あります。
C-22-10　여기에 따뜻한 차가 있습니다.

부록 : 청취 및 발음 연습용 대본

● 청취연습과 회화연습을 위한 MP3 리스트!
● 본문의 문장들을 재구성한 학습용 스크립트!

**私は 子供達に お菓子を
あげました。**

C-22-11　나는 아이들에게 과자를 주었습니다.

**カードに ご住所と 電話番号を
書いて ください。**

C-22-12　카드에 주소와 전화번호를 써주세요.

제22과 Multi Plus
일본어 생활표현 & 여행회화!

22+01. 일본어 여행회화 : 국제전화

**12月 24日の 東京行きを
予約したいです。**

M+22-01　12월 24일 도쿄행을 예약하고 싶습니다.

出発時刻を 確認したいです。

M+22-02　출발시각을 확인하고 싶습니다.

予約の 変更は できますか。

M+22-03　예약 변경은 가능합니까?

**予約を 取り消して
いただきたいんですが。**

M+22-04　예약을 취소해 주셨으면 합니다만.

あいにく この フライトは 満席です。

M+22-05　공교롭게 이 비행 편은 만석입니다.

22+02. 일본어 여행회화 : 일본 배낭여행

国際線の 出発ロビーは どこですか。

M+22-06　국제선 출발 로비는 어디입니까?

搭乗開始は 何時ですか。

M+22-07　탑승 개시는 몇 시입니까?

窓側の 席に して ください。

M+22-08　창 측 좌석으로 주십시오.

**パスポートと 航空券を
拝見します。**

M+22-09　여권과 항공권을 보겠습니다.

手荷物は いくつですか。

M+22-10　수하물은 몇 개입니까?

22+03. 일본어 여행회화 :
일본에서 항공편 이용

私の 席は どこですか。

M+22-11　제 자리는 어디입니까?

席を 変えても いいですか。

M+22-12　좌석을 바꿔도 됩니까?

ブランケット 一枚 お願い します。

M+22-13　담요 한 장 부탁합니다.

免税品を 注文できますか。

M+22-14　면세품을 주문할 수 있습니까?

ちょっと 通っても いいですか。

M+22-15　잠깐 지나가도 되겠습니까?

 Practical, Useful and
Easy-To-Understand Lessons!

제23과 일본어의 품위를 더해주는 경어표현 (2)
선생님은 언제 일본에서 돌아오십니까?
**先生は いつ 日本から お帰りに
なりますか。**

C-23-01
선생님은 언제 일본에서 돌아오십니까?
**先生は いつ 日本から お帰りに
なりますか。**

C-23-02
週末は どこへ 行かれますか。
주말은 어디에 가십니까?

C-23-03
名刺は お持ちですか。
명함을 가지고 계십니까?

C-23-04
少々 お待ち ください。
잠시 기다려 주십시오.

C-23-05
선생님은 다음 주 일본에 가십니다.
先生は 来週 日本へ いらっしゃいます。

C-23-06
たくさん 召し上がって ください。
많이 잡수세요.

C-23-07
この 映画は ご覧に なりましたか。
이 영화는 보셨습니까?

C-23-08
社長は 今 どこへ いらっしゃいますか。
사장님은 지금 어디에 가십니까(계십니까)?

C-23-09
선생님에게 일본소설을 보내드리겠습니다.
先生に 日本の 小説を お送り します。

C-23-10
どうぞ よろしく お願い します。
잘 부탁드리겠습니다.

C-23-11
ここで お待ち 致します。
여기서 기다리겠습니다.

C-23-12
電話番号を ご案内 します。
전화번호를 안내하겠습니다.

C-23-13
저는 일본에서 온 가와이라고 합니다.
私は 日本から 来た 河合と 申します。

C-23-14
私は 本屋に おります。
저는 서점에 있습니다.

C-23-15
ちょっと 拝見しても いいですか。
조금 봐도 괜찮겠습니까?

C-23-16
行って 参ります。
다녀오겠습니다.

제23과 Multi Plus
일본어 생활표현 & 여행회화!

23+01. 일본어 여행회화 :
일본 입국심사표현

M+23-01
パスポートを 見せて ください。
여권을 보여주세요.

M+23-02
旅行の 目的は 何ですか。
여행목적은 무엇입니까?